中国图书馆人物口述史 第一集

国家图书馆中国记忆项目中心 编

国家图书馆出版社

图书在版编目（CIP）数据

中国图书馆人物口述史. 第一集 / 国家图书馆中国记忆项目中心编. —北京：国家图书馆出版社，2022.7
ISBN 978-7-5013-7340-6

Ⅰ.①中… Ⅱ.①国… Ⅲ.①图书馆学家－生平事迹－中国－现代②图书馆事业史－中国－现代 Ⅳ.① K825.41 ② G259.297

中国版本图书馆CIP数据核字（2021）第180057号

书　　名	中国图书馆人物口述史（第一集）	
	ZHONGGUO TUSHUGUAN RENWU KOUSHUSHI（DI-YI JI）	
著　　者	国家图书馆中国记忆项目中心　编	
责任编辑	邓咏秋　　刘健煊	
责任校对	郝　蕾	
封面设计	云水文化	

出版发行	国家图书馆出版社（北京市西城区文津街7号　100034）
	（原书目文献出版社　北京图书馆出版社）
	010-66114536　63802249　nlcpress@nlc.cn（邮购）
网　　址	http://www.nlcpress.com
排　　版	北京金书堂文化发展有限公司
印　　装	北京科信印刷有限公司
版次印次	2022年7月第1版　2022年7月第1次印刷

开　　本	710mm×1000mm　1/16
印　　张	20
字　　数	260千字
书　　号	ISBN 978-7-5013-7340-6
定　　价	98.00元

版权所有　侵权必究

本书如有印装质量问题，请与读者服务部（010-66126156）联系调换。

《中国图书馆人物口述史》编委会

◎ **编委会主任**

饶　权

◎ **编委会执行主任**

韩永进　熊远明

◎ **编委会副主任**（按姓氏笔画排序）

汪东波　程焕文　雷树德　霍瑞娟

◎ **编委会委员**（按姓氏笔画排序）

马云川　历　力　田　苗　任　重

全根先　全　勤　刘伟成　刘　实

汤更生　孙建军　杜希林　李芬林

李　培　李　楠　张久珍　张红扬

张　岩　陈　坚　林　明　周云岳

黄　鹏　韩　彬　廖永霞

主　编

　　田　苗

副主编

　　韩　尉　戴晓晔

本集主编

　　戴晓晔

目录

序 / 1

前言 / 1

黄明信口述史 / 1
    我的家庭 / 4
    我在拉卜楞寺的学习与生活 / 8
    我与国家图书馆藏文古籍 / 26

关懿娴口述史 / 39
    出生环境 / 42
    从私塾到高中 / 44
    负笈西南联大 / 49
    大学毕业教中学 / 52
    远赴美国求学与工作 / 53
    转英伦攻读图书馆学 / 54
    任职于香港大学图书馆 / 56
    回内地参加祖国建设 / 57

执教北大图书馆学系 / 58

我的一点人生感观 / 60

熊道光口述史 / 63

我的家庭 / 66

我的青少年时代 / 69

在武汉大学的学习与生活 / 81

在革命洪流中锻炼成长 / 94

新中国成立初期的主要工作 / 119

万县专署工作时期 / 128

在国家图书馆的工作和生活 / 133

沈燮元口述史 / 145

学生时代 / 148

耕耘图书馆 / 152

治学成就 / 158

同人眼中的沈先生 / 166

刘德原口述史 / 175

家庭环境 / 178

经历战乱 / 180

读私塾 / 182

从私塾教员到第三文化馆阅览股股长 / 183

在首都图书馆工作的30年 / 189

任职中国图书馆学会秘书长 / 212

筹办爱乡图书室 / 225

我对图书馆工作的一些体会 / 231

袁正祥口述史 / 237

  求学经历 / 240

  走上工作岗位 / 259

  "文革"结束后的满怀激情 / 267

  挚爱写作和阅读 / 270

  离休生活 / 272

  从事图书馆事业的收获 / 275

  家人的支持 / 278

  女儿、同行眼中的袁正祥 / 280

序

一

"图书馆是国家文化发展水平的重要标志,是滋养民族心灵、培育文化自信的重要场所。"2019年9月8日在国家图书馆建馆110周年之际,习近平给国家图书馆老专家的回信中指出:"110年来,国家图书馆在传承中华文明、提高国民素质、推动经济社会发展等方面发挥了积极作用。一代代国图人为此付出了智慧和力量。"[①]

在习近平给国家图书馆老专家回信精神的鼓舞下,国家图书馆中国记忆项目中心编撰出版《中国图书馆人物口述史》(1—5集),十年磨一剑,将心血和智慧倾情奉献给中国图书馆界,翻开了中国图书馆史研究,乃至世界图书馆史研究的新篇章,开启了中国图书馆人物口述史研究的新时代。

图书馆的历史不仅是社会文化发展的历史,而且是图书馆人传承文明、服务社会的历史。在过往的图书馆历史研究中,馆舍、藏书、技术、方法、制度、服务和学术等一直是研究的重点,然而,作为图书馆历史主体的图书馆人却一直是研究的薄弱环节。这一则是因为图书馆人向来奉行"为人作嫁衣"的图书馆服务精神,乐于奉献而不愿自显;二则是因此留下的图书馆人物记录和史料十分有限,以致研究图书馆人物十分不易。

改革开放后,以谢灼华主编的高等学校图书馆学课程教材《中国图书

---

① 《习近平给国家图书馆老专家的回信》,http://www.xinhuanet.com/politics/2019-09/09/c_1124978597.htm。

和图书馆史》（武汉大学出版社，1987年第1版，2005年第2版，2011年第3版）为先导和标志，我国图书馆史研究开始进入蓬勃发展时期。

在通史的研究上，从傅璇琮、谢灼华主编的《中国藏书通史》（上下册）（宁波出版社，2001年），任继愈主编的《中国藏书楼》（全3册）（辽宁人民出版社，2001年），到韩永进主编的《中国图书馆史》（全4册）（国家图书馆出版社，2017年），完整、系统、翔实地书写了三千年的中国图书馆历史。

在断代史的研究上，程焕文著《晚清图书馆学术思想史》（北京图书馆出版社，2004年）、王蕾著《清代藏书思想研究》（广西师范大学出版社，2013年）、刘鹏著《清代藏书史论稿》（知识产权出版社，2018年），展现了中国古代藏书发展至鼎盛时在晚清百年未有之大变局中向近现代图书馆的转变。

在专门史的研究上，董乃强主编《中国高等师范图书馆史》（人民教育出版社，2002年），孟雪梅著《近代中国教会大学图书馆研究》（国家图书馆出版社，2009年），中国科学技术协会主编、中国图书馆学会编著《中国图书馆学学科史》（中国科学技术出版社，2014年），李彭元著《中华图书馆协会史稿》（国家图书馆出版社，2018年），张书美著《中国近代民众图书馆研究》（江西人民出版社，2020年）等各具特色。方卿、傅兴荣主编的"武汉大学信息管理学院百年纪念丛书"（武汉大学出版社，2020年），包括武汉大学信息管理学院编《世纪历程：武汉大学信息管理学院百年院史（1920—2020）》，肖希明、宋恩梅主编《世纪筑梦：武汉大学信息管理学院百年纪念文集》，徐丽芳、彭敏惠主编《世纪映象：武汉大学信息管理学院百年画册》和彭敏惠编著《文华图专珍稀史料图录》4部，堪称中国图书馆学教育专门史之鸿篇巨制。

在地方史的研究上，以江苏、浙江、湖南的相关研究成果最为丰硕，叶瑞宝主编《苏州藏书史》（江苏古籍出版社，2001年），曹培根、李向东主编的《常熟藏书史》（江苏凤凰教育出版社，2015年），李向东、曹培根著《常熟图书馆史（1915—2014）》（江苏凤凰教育出版社，2015年），顾志兴著《浙江藏书史》（上下册）（杭州出版社，2006年），顾志兴著《杭州藏书史》（中国社会科学出版社，2011年），沈小丁著《湖南近代图书馆史》（岳麓书社，2013年）等，可见一地藏书之盛和图书馆之兴。

在史志的研究上，以万群华、张冀明主编《湖北省图书馆百年纪事》（北京图书馆出版社，2004年）和李致忠主编《中国国家图书馆馆史（1909—2009）》（国家图书馆出版社，2009年）等"百年馆史"为标志，在新世纪出现了图书馆史志编撰的高潮，涌现了一大批图书馆史志。馆史方面，有谢林主编的《陕西省图书馆馆史》（上下册）（三秦出版社，2009年），王芳、刘锦山主编《东胜区图书馆史（1979—2018）》（国家图书馆出版社，2019年）等公共图书馆馆史；有李景文主编《河南大学图书馆史》（河南大学出版社，2012年），李嘉琳主编《山西大学图书馆史》（三晋出版社，2012年），陈有志、郑章飞编著《湖南大学图书馆史》（湖南大学出版社，2019年）等高校图书馆馆史；还有顾晓华主编《中国地质图书馆史》（地质出版社，2011年）等专业图书馆馆史。馆志方面，则因国家地方志编撰政策的推动起步更早，成果十分丰硕，有熊学明主编《九江图书馆志》（新华出版社，1994年），《南京图书馆志》编写组编纂的《南京图书馆志（1907—1995）》（南京出版社，1996年），邓大鹏主编《宁波图书馆志》（宁波出版社，1997年），《浙江图书馆志》编纂委员会编《浙江图书馆志》（中华书局，2000年），王金生、郭秀海主编《济南图书馆志》（济南出版社，2003年），张欣毅主编《宁夏图书馆志》（国家图书馆出版社，2009年），《常熟图书馆志》编纂委员会编《常熟图书馆志》（广陵书社，2015年）等一大批单独出版的图书馆志，还有许多散见于各省、市、县地方志中的图书馆志。

在史料的整理上，以李希泌、张椒华编《中国古代藏书与近代图书馆史料（春秋至五四前后）》（中华书局，1982年）为嚆矢，徐雁、王燕均主编《中国历史藏书论著读本》（四川大学出版社，1990年）赓续其事。迈入新世纪后，图书馆史料整理的规模日益宏大，卷帙浩繁者接踵而至，有王强主编《近代图书馆史料汇编》（全41册）（凤凰出版社，2014年），王余光主编《清末民国图书馆史料汇编》（全22册）（国家图书馆出版社，2014年），王余光、范凡编《清末民国图书馆史料续编》（全20册）（国家图书馆出版社，2016年），姚乐野、马振犊主编《近代图书馆档案汇编（第一辑）》（全4册）（国家图书馆出版社，2021年）。

  在人物的研究上，从20世纪80年代开始，全国各地相继举办杜定友、刘国钧、李小缘、洪有丰、毛坤、刘季平等图书馆学家的周年纪念活动，出版了马先阵、倪波编《李小缘纪念文集》（南京大学出版社，1988年），北京大学信息管理系、南京大学信息管理系、甘肃省图书馆合编《一代宗师：纪念刘国钧先生百年诞辰学术论文集》（北京图书馆出版社，1999年），党跃武、姚乐野主编《毛坤先生纪念文集》（四川大学出版社，2010年），国家图书馆编《刘季平与中国图书馆事业改革发展论文集》（国家图书馆出版社，2018年）等纪念文集和《沈祖荣文集》（武汉大学出版社，2013年），韦庆媛、邓景康主编《戴志骞文集》（全2册）（国家图书馆出版社，2016年）等图书馆学家文集。其中以谭祥金主编，程焕文、吴晞、赵燕群副主编的"图书馆学家文库"最为宏富，已出版《李华伟文集》（上下卷）（中山大学出版社，2011年），《谭祥金　赵燕群文集》（上下卷）（中山大学出版社，2010年），《杜定友文集》（全22册）（广东教育出版社，2012年），《李德竹文集》（中山大学出版社，2012年），《谢灼华文集》（中山大学出版社，2014年），《胡述兆文集》（上下卷）（中山大学出版社，2014年），《周和平文集》（上中下卷）（中山大学出版社，2016年），共计33册，蔚为大观。在图书馆人物传记上，以程焕文著《中国图书馆学教育之父——沈祖荣评传》（台湾学生书局，1997年）为先声，续有王子舟著《杜定友和中国图书馆学》（北京图书馆出版社，2002年），黄增章、杨恒平著《中国图书馆事业开拓者：杜定友》（广东人民出版社，2009年），郑锦怀著《中国现代图书馆先驱戴志骞研究》（中国海洋大学出版社，2017年），等等。在图书馆人物年谱上，以程焕文编《裘开明年谱》（广西师范大学出版社，2008年）为开端，续有谢欢著《钱亚新年谱》（上海古籍出版社，2021年）。

在图书馆史研究的组织上，中国图书馆学会图书馆学术研究委员会于2009年专门设立图书馆史研究专业委员会，以程焕文、徐雁、王蕾统领其事，每年组织图书馆史研究学术研讨会，推动图书馆史研究的繁荣和发展，在国际上颇有影响。

尽管如此，在图书馆史的研究上，图书馆人物口述史的研究一直十分匮乏，直到彭斐章口述，柯平、刘莉整理的《图书馆学家彭斐章九十自述》（国家图书馆出版社，2020年）问世，才算有了图书馆人物口述史著作的出版。如今，《中国图书馆人物口述史》以五集齐发的恢宏气势付梓刊行，毫无疑问，开启了中国图书馆人物口述史研究的新时代。

《中国图书馆人物口述史》作为国家图书馆中国记忆项目中心奉献给图书馆界的一项重大学术成果，经历了十个春秋三个阶段的艰辛磨砺，每个阶段都充满了智慧和欣慰，感人至深。

二

2011年3月，国家图书馆在征询创新建议时，社会教育部提出开展口述史采集工作的建议。周和平馆长高度重视口述史采集工作在抢救和保护文化遗产，特别是非物质文化遗产中的重要作用，对这一建议十分赞同。鉴于联合国教科文组织有世界记忆项目、美国国会图书馆有美国记忆项目，周和平馆长提出把口述史采集工作命名为"中国记忆"，以此作为国家图书馆馆藏资源建设的增长点，一方面以国家图书馆馆藏文献资源为基础，建立传统文献与口述资料相结合的专题资源库，另一方面，将口述史采集工作拓展到中华文化的其他领域，建立新的口述史馆藏。

2011年10月，国家图书馆社会教育部组成中国记忆项目组，开始着手中国记忆项目的前期调研和项目策划。

2011年12月，国家图书馆将中国记忆项目列为2012年重点项目，旨在整理中国现当代重大事件、重要人物专题文献，采集口述史料、影像史料等新类型文献，收集手稿、信件、照片和实物等相关文献，形成多载体、多种类的专题文献资源集合，并以在馆借阅、在线浏览、多媒体展览、专题讲座等形式向公众提供服务。由此，国家图书馆开创了记录口述历史、保存口述文献、传承民族记忆、服务终身学习的"中国记忆"新事业。

2012年4月，中国记忆项目的第一个试点项目——东北抗日联军专题文献资源建设正式启动。中国记忆项目组邀请抗联历史专家史义军、姜宝才参加抗联老战士口述史料采集团队，在查阅、收集资料的基础上共同制订了口述史料采集计划和方案。在前后共十年的时间内，项目组成员从北京开始，先后前往辽宁、湖北、新疆、广东、吉林、黑龙江、山东等地，采访100多位抗联老战士、抗联后代与研究专家，获得130多小时的视音频口述史料、14小时的东北抗联战迹地影像资料，以及大量历史照片、盒式录音带、老战士日记手稿和非正式出版物。在此基础上，中国记忆项目组编选形成了一个立体的、全媒体的专题资源集合。

2012年，中国记忆项目还相继开展了"渤海积善堂手卷""汶川志愿者""当代重要学者"等口述史专题项目，不断积累经验。

2013年，中国记忆项目开始启动非物质文化遗产系列专题资源建设项目，从年初的"传统年画"，到年中的"大漆髹饰"，再到年末的"蚕丝织绣"，以点带面，连点成片，全方位地记录和展现非物质文化遗产项目的技艺精髓和艺术特色，为非物质文化遗产的传承探索了新的途径，并由此形成了中国记忆项目非物质文化遗产资源应用与宣传推广的独特模式。

三

在中国记忆项目开展试点项目的同时，汤更生等深感20世纪中国图书馆事业的发展与繁荣来之不易，离不开一代又一代图书馆人的艰苦奋斗和竭诚奉献，图书馆人正是推动事业发展前进的不竭动力。许多离退休的图书馆专家学者都是新中国图书馆事业的建设者和杰出贡献者，记录他们的生活经历、事业成就，乃至思想情感，从而弥补中国近现代图书馆史料的阙如，已成为非常必要且亟须完成的紧迫任务。为此，社会教育部从21世纪初便陆续开展"我的国图故事"和"国图记忆"图书馆员口述史的采集工作，用影像手段记录和保存身边的国家图书馆人的人生经历和事业成就。

我清楚地记得，在开展此项工作之初，他们曾征求过我的意见，我自然举双手赞成。后来他们不止一次地在我面前感叹抢救性口述史采集工作的重要性：多位国家图书馆资深专家在采集口述史后不久便相继驾鹤西去，他们采集的口述史已成为这些资深专家留给世人的唯一口述史影像资料，堪称绝响。"我的国图故事"和"国图记忆"图书馆员口述史采集工作深深地触动了中国记忆项目组成员们的心灵，一种崇高的历史使命感和事业责任感油然而生，驱使他们开始在全国范围内开展图书馆人物口述史的采集工作。

2015年12月，中国图书馆学会年会在广州举行。中国记忆项目中心与中国图书馆学会学术研究委员会地方文献研究专业委员会和图书馆史研究专业委员会于12月16日至17日共同组织2015年中国图书馆学会年会第六分会场，主办中国记忆项目资源共建共享研讨会。研讨会由国家图书馆社会教育部（中国记忆项目中心）汤更生主任和廖永霞副主任主持，国家图书馆馆长、中国图书馆学会理事长韩永进，中山大学图书馆馆长、中国图书馆学会副理事长程焕文和湖南图书馆副馆长雷树德分别代表主办机构做开幕致辞，国家图书馆以及各地公共图书馆、高校和研究机构图书馆等全国 31 家图书馆的馆长、负责人和专家参加会议。这是中国图书馆界的第一次口述史专题学术研讨会，受到全国图书馆界的广泛关注和高度重视①。

　　在 12 月 16 日下午的研讨会开幕式上，福建省图书馆馆长郑智明代表与会单位宣读了国家图书馆中国记忆项目中心起草和发起的《全国图书馆界共同开展记忆资源抢救与建设倡议书》（以下简称《倡议书》）。国家图书馆、首都图书馆、中国科学院文献情报中心、北京大学图书馆、北京大学信息管理系、天津图书馆、河北省图书馆、辽宁省图书馆、吉林省图书馆、黑龙江省图书馆、苏州图书馆、浙江图书馆、杭州图书馆、福建省图书馆、江西省图书馆、山东省图书馆、湖北省图书馆、武汉大学图书馆、湖南图书馆、广东省立中山图书馆、深圳图书馆、中山大学图书馆、广西壮族自治区图书馆、广西壮族自治区桂林图书馆、重庆图书馆、云南省图书馆、陕西省图书馆、甘肃省图书馆、青海省图书馆、宁夏回族自治区图书馆、新疆维吾尔自治区图书馆等共计 31 个单位在开幕式上联合签署《倡议书》。

　　《倡议书》宣示："自信与共识，来自于我们共同的记忆。我们是谁？我们从哪里来？记忆成为了历史，而历史造就了我们。有了共同的记忆，我们才能记住我们所走过的路，才能记住我们曾经的辉煌与苦难；有了共同的记忆，我们才能传承我们的文化，守护我们的价值，捍卫我们的尊严。""我们的记忆正在经受着考验。在我们身边，传统文化遗产赖以生存的土壤正在改变，很多精湛的技艺、悠久的习俗正在逐渐式微、消失；在我们身边，很多重大历史事件的亲历者、见证者正在垂垂老去，随着他们

---

① 参见《2015 年中国图书馆学会年会第 6 分会场》，https：//www.lsc.org.cn/cns/contents/1173/411.html。

同样老去的还有他们对国家、对民族的记忆；在我们身边，诸多伟大的学者、科学家、艺术家已年近古稀，他们的思想还没有完全地表达，他们的智慧还等待着人们去聆听、去记录；还有着许许多多的普通人，他们平凡而朴实，但他们对家庭、对家乡、对过去的记忆却独特而细腻，而他们的故事却无人知晓；更有着大量的承载着人生经历和历史细节的笔记、书信、照片，随着其主人生命的消失，而各自飘零乃至湮灭。""图书馆是人类文明的传承之所。抢救记忆，保存记忆，是历史和时代交给我们——图书馆人的使命。我们要将包括口述史料、影音文献、个人文献等在内的记忆资源建设，当作我们新的航线、新的田野，去勇敢探索、辛勤耕耘。我们要采用口述史访问的方式，将这些原本只存在于人们脑海之中的珍贵记忆保存起来；我们要采用影音拍摄的方式，把濒临消失的传统技艺、传统艺术和文化现象记录下来。"①

为此，《倡议书》提出以下五点倡议：（1）面向读者、面向社会征集记忆资源，纳入馆藏体系，并主动开展抢救性采访工作；（2）对馆藏记忆资源进行摸底，并汇总成馆际记忆资源联合目录；（3）将馆藏记忆资源开放，为读者提供服务，并利用各种传播手段进行推广；（4）组建工作队伍，培养记忆资源采访加工、编目、服务等专门人才；（5）探索建立记忆资源建设的馆际沟通与合作机制，最终形成全国图书馆界记忆资源共建共享平台②。

12月16日下午，北京大学信息管理系教授王子舟在研讨会上做题为"记忆功能退化将使图书馆走向濒危"的主题发言，国家图书馆中国记忆项目负责人田苗、新疆维吾尔自治区图书馆馆长历力、首都图书馆北京记忆项目负责人丁小蕾和湖南图书馆"天下湖南网"负责人夏雨雨分别介绍本单位建设记忆资源的实践项目。

---

①② 《全国图书馆界共同开展记忆资源抢救与建设倡议书》，《国家图书馆学刊》，2016年第1期，110页。

12月17日上午,中国记忆项目资源共建共享研讨会正式宣布:自2016年起,全国图书馆界将开展中国记忆项目"图书馆学家专题"记忆资源的合作共建,对为我国图书馆事业做出重要贡献的图书馆学家和老一辈图书馆人进行口述史的采访和影音资料收集,以便为中国记忆项目更多专题记忆资源的共建共享探索理想的合作模式。

"图书馆学家专题"既是全国图书馆界最具有"先天性"合作基础的记忆资源建设专题,也是图书馆进行记忆资源抢救最责无旁贷的首选专题。我亦曾在"图书馆学家专题"发布时畅言:"选择图书馆学专家作为中国记忆项目记忆资源共建共享的起点和突破口,是从我们'自己的'口述史开始。我们在收集口述史、保存中国记忆的时候,首先要把我们图书馆人自己的记忆保存下来,让它能够延续下去。"[①]

在"图书馆学家专题"发布后,中国记忆项目中心副主任廖永霞主持"图书馆学家专题"工作坊。工作坊以中国记忆项目中心副主任廖永霞的《记忆资源建设流程与标准规范探索》、中国记忆项目组研究馆员全根先的《"图书馆学家专题"项目解读》、中国记忆项目组副组长韩尉的《中国记忆项目图书馆学家专题资源建设实施计划》和中国记忆项目负责人田苗的《中国记忆相关技术指标和操作方法》4个主题报告为基础,针对记忆资源的采编、加工、保存、服务、共享等各环节的标准、规范、技术、设备、知识产权及分享机制等操作性问题进行了工作坊培训和交流探讨,为2016年全国图书馆界全面开展中国记忆项目"图书馆学家专题"记忆资源的合作共建奠定了工作基础。

2016年,中国记忆项目中心将"图书馆学家专题"正式定名为"中国图书馆界重要人物专题",旨在对我国现当代图书馆界重要人物和为我国图书馆事业发展做出过突出贡献的人士进行口述史访谈,并收集照片、

---

① 《2015年中国图书馆学会年会第6分会场》,https://www.lsc.org.cn/cns/contents/1173/411.html。

信件、笔记、日记、手稿、音视频资料、出版物（包括非正式出版物）等相关文献，形成专题资源，为图书馆事业发展和图书馆历史研究积累和保存第一手资料。

"中国图书馆界重要人物专题"资源建设是我国首次开展的全国性图书馆界重要人物记忆资源建设工作。为此，中国记忆项目中心在广泛调查的基础上，拟定了"中国图书馆界重要人物专题"受访人物名单，制订了详细的工作方案，采用中国记忆项目中心提供经费资助和业务指导、受访人所在单位完成具体采访工作的方式，与共建单位共同开展口述史采集工作。

根据中国记忆项目专题资源建设的抢救性原则，拟先采访年龄较长的、身体情况欠佳的图书馆界重要人物。共建单位亦可自行提出拟采访人选，报请中国记忆项目中心、项目专家小组审定后，组织口述史的采访工作。口述史采集要求采访人与受访人进行不少于1小时的前期沟通，或对受访人进行至少1次试访后，再正式开始口述史采访。每位受访人的口述史料净时长应不少于3小时。

自2015年12月迄今，已有28家共建单位实际参与"中国图书馆界重要人物专题"资源建设，开展了48位图书馆重要人物的口述史采集工作。28家共建单位采访的48位受访人如下：国家图书馆负责采访朱岩、黄明信、熊道光，北京大学图书馆负责采访吴慰慈、张树华、庄守经，北京大学信息管理系负责采访关懿娴、周文骏，天津图书馆负责采访刘尚恒、陆行素、王知津，深圳图书馆负责采访沈迪飞，云南省图书馆负责采访李孝友，陕西省图书馆负责采访武复兴、武德运，宁夏回族自治区图书馆负责采访高树榆，新疆维吾尔自治区图书馆负责采访袁正祥，桂林图书馆负责采访郭志高、唐国英，南京大学信息管理学院负责采访倪波，南京图书馆负责采访沈燮元、卢子博，湖南图书馆负责采访李龙如、张安珍，清华大学图书馆负责采访关肇邺，中山大学信息管理学院负责采访谭祥金、赵燕群，首都图书馆负责采访刘德原，中国科学院文献情报中心负责采访孟广均、辛希孟，浙江图书馆负责采访林祖藻，武汉大学图书馆负责采访彭斐章、谢灼华、詹德优、沈继武、燕今伟、俞君立，广东省立中山图书馆负责采访黄俊贵，甘肃省图书馆负责采访潘寅生，《图书馆建设》编辑部负责采访王科正、夏国栋，辽宁省图书馆负责采访韩锡铎，湖北省图书馆负责采访阳海清，中国盲文图书馆负责采访沃淑萍，广西壮族自治区图书馆负责采访麦群忠，山东师范大学图书馆负责采访张厚涵，内蒙古大学图书馆负责采访乌林西拉。

如今，在这48位受访人物中，关懿娴、庄守经、倪波、谭祥金等已相继仙逝，其口述史影像记录愈显弥足珍贵，由此可见"中国图书馆界重要人物专题"资源建设意义之深远重大。

四

2020年，中国记忆项目中心与国家图书馆出版社共同策划本套书的编辑出版工作，第一批图书（1—5集）获得2021年度国家出版基金资助。

本套书采用分批分册的方式出版。第一批共五册（1—5集），每册收录五至六名图书馆事业代表人物的口述史，共计收录29位图书馆学家和图书馆专家，他们年龄都在80岁以上，按人物生年排序分集成册。

第一批收录的这29位图书馆人物，既有著名的图书馆学家，也有杰出的图书馆专家，都是新中国图书馆学术与事业的建设者、亲历者和见证者。他们的口述历史从各个不同的角度生动地展现了新中国图书馆学术与事业发展的历程，放射着图书馆理念和图书馆精神的光芒，共同组成了一幅绚丽多彩、可歌可泣的新中国图书馆事业历史画卷，堪称中国图书馆历史研究成果中的瑰宝，独一无二，不可复制。

本套书从创意策划到编辑出版，经历了从周和平、韩永进到饶权、熊远明四位国家图书馆馆长的薪火相传，浸润着汤更生、田苗、廖永霞、韩尉等中国记忆项目中心同人和共建单位合作者的辛勤汗水，是心血的凝聚、智慧的结晶、精神的弘扬，不仅开创了中国图书馆口述历史的新时代，而且在全球图书馆界树立了一座令人景仰的口述史学术丰碑，对于中国图书馆记忆的保存乃至全球图书馆口述史的发展具有重要的文献价值、学术价值和实践价值。

翻阅《中国图书馆人物口述史》（1—5集），宛如转动五彩斑斓的万花筒，读者从中可以窥见中国图书馆人的闪光精神，可以洞察中国图书馆事业的激荡变化，更可以穿越时空倾听图书馆前辈发自肺腑的心声；又仿如步入知识的殿堂，向图书馆前辈致敬，向图书馆事业膜拜，受图书馆精神洗礼。

是为序。

程焕文[*]
2022年2月14日
于中山大学康乐园竹帛斋

---

[*] 程焕文，中山大学信息管理学院教授，国家文化遗产与文化发展研究院院长，教育部高等学校图书情报工作指导委员会副主任委员，中国图书馆学会副理事长，国际图书馆协会和机构联合会管理委员会委员（2017—2021）、文化遗产咨询委员会委员。

前　言

口述历史不是一件轻松的事情，记忆是有重量的。人们的经历，装在心里，就成了记忆。这些记忆一旦说出口，被我们听到，就成了历史。历史有多重，记忆就有多重。

2015年起，国家图书馆和全国图书馆界的同人们一起担负起了这份重量。在那一年于广州举办的中国图书馆学会年会中国记忆项目资源共建共享研讨会上，全国30家图书馆以及北京大学信息管理系共同发出了《全国图书馆界共同开展记忆资源抢救与建设倡议书》，并启动了第一个中国记忆资源共建共享项目——中国图书馆界重要人物口述史。从那一年开始，我们走出图书馆的大门，走进一位位前辈的家门，寻访他们的故事，叩启他们的心门。截至目前，全国共有28家单位参与了这一项目，共开展了48位图书馆人物的访问工作。受访人物中，有图书馆业界的老馆长，有图书馆学界的老教授，也有图书馆各相关领域的老专家。此次出版的第一批中国图书馆人物共29人的口述史，是受访人中年龄较大、访问开展较早的一批成果。

图书馆人，默默奉献、甘为人梯，总是关心别人多、为人服务多，没有太多的机会讲自己。在访问中，前辈们终于有机会将自己作为主角，讲述自己的故事，也让我们能够领略他们的人生，走进他们的内心世界。

人类很多美好的情感、优良的品德发源于童年，来自父母，来自故乡。接受访问的前辈们都生于动荡的岁月，大多家境贫寒，年幼时便吃过很多苦。即便在那样困难的岁月里，他们依然有幸在父辈、师长的影响下受到了中华传统文化的熏陶。是什么塑造了他们的精神世界？是老师教刘德原唱的第一首歌——《苏武牧羊》；是关懿娴垂垂暮年还能背诵的《李陵答苏武书》；是谢灼华在大人们围坐讲古时听到的忠烈故事；是在夜归的船上，倪波耳畔响起的《松花江上》；更是幼年阳海清要刻在石头上的"精忠报国"；是年少的沈迪风将名字中的"风"改为"飞"背后的岳飞情结……在他们最早的记忆里，闪烁的是中国传统文化的光亮，是中国人未曾断绝的家国情怀、英雄情结。

他们的童年都曾经历过战争的苦难。一些人父母早逝，还有些人流离失所。在访问中，我们能感受到他们对侵略者、对战争的恨，对战乱中民众遭遇的深切同情。那是在刘德原家门前落下的炮弹，是在沈继武头顶上盘旋的敌机；是詹德优村口的断桥，是韩锡铎被毒打的爷爷，是赵燕群被炸毁的家园；又是黄明信等联大师生西南三千里的远征，是1949年11月的一个夜里熊道光写下的"迎接解放宣言"……战争的苦难磨砺了他们坚强的性格，也铸就了他们建设祖国、振兴中华的信念。

在这些口述史中，我们能清晰地看到前辈们的奋斗之路。每一个人的成才与成功都离不开不懈的努力和拼搏。我们看到贫穷的土家族孩子张安珍，筚路蓝缕，千辛万苦，终于考取了武汉大学；也看到年轻的彭斐章，坐了八天九夜的火车，远赴苏联求学深造。当被问起为什么选择图书馆作为自己的专业（职业）时，他们的答案各有不同：或是个人明确的理想，或是受到中学老师的指点，或是完全出于偶然。但冥冥中，这又是一种必然。因为他们很小就爱上了阅读，早就成了书籍的朋友。还因为马克思、列宁、克鲁普斯卡娅、梁启超、李大钊、毛泽东等都曾在图书馆里工作或学习，这使得图书馆在他们心中成为一个神圣的地方。前辈们都十分怀念自己的大学时光，在讲述中，回忆他们的青春，他们的同学，他们刻苦的学习，丰富多彩的生活、兴趣爱好与社会活动。当然谈论最多的，还是他们的老师。王重民、刘国钧、赵万里、沈祖荣、皮高品、徐家麟、桂质柏……这些在中国图书馆历史中闪光的名字，在他们的记忆里是那样鲜活、生动。在前辈们身上,我们能看到这些图书馆界巨人的影子,也能感受到文脉的赓续、薪火的传承。

在他们奋斗的路上,也离不开榜样的力量。在访问中,前辈们也都说出了他们内心的楷模:潘寅生继承导师刘国钧的志向,一生扎根西北边疆;沈燮元将顾廷龙视为恩师,在他的指引下走进图书馆和古籍研究的大门;谭祥金最钦佩刘季平馆长,在他的带领下投身北京图书馆新馆建设;还有卢子博心中的钱亚新,赵燕群心中的徐家麟……当我们在仰望他们的时候,也能看到他们曾仰望的闪闪星斗。在前辈们的口述中,反复出现了一个名字——周恩来总理。潘寅生和韩锡铎聆听了周总理为首都大学毕业生所做的报告后,受到感召奔赴工作岗位;刘德原回忆起按周总理有关古建修缮与利用的指示,修缮后的国子监交由首都图书馆利用;乌林西拉谈到在周总理关怀下,全国高校图书馆支持内蒙古大学图书馆的建设;谭祥金讲述了"文革"期间按照周总理的指示,图书馆界派团赴美考察,周总理还直接关心北京图书馆新馆建设……让前辈们记忆最深的,是1975年周总理在重病中做出的指示:要尽快地把全国善本书总目录编出来。正是为了实现周总理的遗愿,全国图书馆界的同人们用了近二十年的时间,终于完成了《中国古籍善本书目》的编纂。图书馆前辈口述史中提到的这些史料反映了党和国家领导人对中国图书馆事业的重视和关心。

在口述史中所占篇幅最大的,还是前辈们对自己职业生涯的回顾。他们从不同的角度回忆起许多共同的事件:新中国成立后各地的图书馆建设,统编图书馆学教材,编制《中国图书馆分类法》,编撰《中国古籍善本书目》,筹建中国图书馆学会和高校图工委,参与国际学术交流,推动海峡两岸学术交流,设立图书馆学硕士博士点、参加1996年在北京召开的国际图联大会,等等,为我们呈现出新中国图书馆事业发展的大事记。在业界工作的前辈,讲述最多的是馆舍的建设、馆藏的建设、读者的服务、业务的发展;在学界工作的前辈,回忆最多的是学科的建设、教材的编写、学生的培养、学术的交流。做老师的,心里想的永远是学生;做馆员的，心里想的永远是读者。

在中国图书馆事业中，前辈们的身份各不相同。他们有的是守护者，用一生守护馆藏、研究古籍文献，维系中华的文脉；有的是开拓者，扎根基层与边疆，建设起一座座图书馆，服务一方读者；有的是燃灯者，在讲台上、学术上辛勤耕耘，换得中国图书馆界人才辈出、桃李争春；有的是引领者，带头筹建新馆、改革业务、组建协会，使得图书馆的事业能够不断发展壮大；还有的是探索者，站在时代大潮的前端，着眼新科技的发展，为图书馆未来的发展开创新的局面。

接受访问的老前辈们，多已彼此相识几十年。他们有的是师生，有的是同学，有的是同事，有的是朋友，还有的是夫妻。在访问中，前辈们细致地讲述了彼此的交往经历，展现出他们之间的深厚情谊。这让我们感到，中国的图书馆界是一个守望相助的大家庭，新中国图书馆事业所取得的成绩，是大家不分彼此、同心协力的共同成果。不仅如此，受访者还多次谈到国际图书馆界的友人：倾心培养彭斐章的苏联导师艾亨戈列茨，20世纪70年代多次访问中国的美国图书馆学家林瑟菲，等等，他们开阔了中国图书馆人的视野，为中国图书馆的发展贡献了力量。此外，受访者还提到王省吾、陈炎生、李华伟、卢国邦等华人图书馆员，他们在促进中外图书馆界交流与合作中发挥了重要作用。前辈们还多次提到从20世纪80年代末便开始的海峡两岸图书馆学术交流，台湾图书馆界的王振鹄、胡述兆、沈宝环等学者，大陆图书馆界的彭斐章、潘寅生、谭祥金等学者，积极推动两岸的学术互访，体现出两岸图书馆人无法割舍、血浓于水的人文纽带。

中国的图书馆人，早已将个人的命运和国家的命运紧密地结合在一起。受访的图书馆前辈，都经历了解放前的山河动荡，都参与了新中国成立后的艰苦创业；都见证了"文革"期间图书馆事业所遭受的打击与损失，也都全身心地投入到改革开放后蓬勃发展的图书馆事业中。在访问中，前辈们都对人生、事业进行了认真的总结与思考。他们诚恳地反思了事业发展中的困境、挑战与不足，不避谈自己的失误与遗憾。他们回首往事的时候，对人生的波折早已从容淡泊，宠辱不惊，但在讲述中，我们仍能感受到他们对年轻图书馆人的谆谆嘱托、对中国图书馆未来发展的殷殷期望，仍能感受到他们对图书馆事业那份深深的爱。

在他们心中，图书馆究竟意味着什么？是潘寅生深夜跋涉的时候，身上背着的沉重书箱？是关懿娴在英国毕业后经由香港回北京时，手中握着的单程车票？是彭斐章与导师在深夜的莫斯科火车站最后的惜别？是李孝友念念不忘的《澹生堂藏书约》中的"天下人之书，天下人共读"？……"此心安处是吾乡"，在读完这130余万字的文稿后，我们终于明白，在他们的心中，图书馆就是那个能让他们安心的地方。

口述史采集工作也留下了很多的遗憾。有些受访人由于健康原因中途去世，未能完成访问，成为永远的遗憾。还有一些访问，由于我们自身的水平有限、准备仓促，本还可以问到更多、更深入的信息，却未能如愿。在工作开展的过程中，我们也收获了许多感动。首先是全国图书馆界同人们对此项工作的齐心协力，争分夺秒，全力以赴。这是我们第一次组织全国范围的资源共建共享项目，在设计、组织、保障方面存在很多缺点与不足。幸得各共建单位和国家图书馆出版社的同人们大力支持、通力合作，才让这个项目有始有终，得以阶段性地完成。

最让我们感动的，还是前辈们对我们的支持与信任。卢子博在访问中说："口述历史这件事对我而言，可以说是我晚年生活中最重要，也是最开心的一件事。"是他们认真地准备、细致地讲述、严谨地审稿，才让我们的工作产生了有价值的成果。截至本书出版时，已经有十余位受访人离开了我们。这些访问记录了他们最后的日子，是他们对人生最后的总结、对事业最终的嘱托。有些前辈甚至将我们的访问作为告别。每每读到谭祥金临终前留给赵燕群最后的话，参与工作的同志们无不动容。

世界多么美好！我的双亲——姆妈，海伯，感谢你们给我生命，让我在这个世界上生活了八十三年。

我，一个湘西穷苦的孩子，是党、祖国、老师培育成长起来的，我很珍惜，尽自己所能为图书馆事业贡献我的全部智慧和力量。此刻离别，我衷心感谢。

……

我走了。我爱你们！

一座图书馆，有没有灵魂？如果我们将馆舍视作她的身躯，馆藏视作她的心脏，读者视作她的血液，服务视作她的脉搏，那么，我们可以将图书馆人视作图书馆的灵魂。因为有了图书馆人，图书馆才有了生命，才能履行她传承文明、服务社会的天职。我们记录与保存的，不仅是图书馆前辈们个体的经历。他们的记忆，是中国图书馆界共同的发展历史，是中国图书馆人共有的精神殿堂。

当庄守经回忆起1980年在西安参加图书馆业务研讨会、谋划建立高校图工委的时候，他说，"我感到自己在被历史召唤"。此刻，所有参与中国图书馆界重要人物口述史工作的同人们，也有相同的感受。一代人有一代人的使命。今后我们将继续开展此项工作，访问更多的图书馆人，保存更多图书馆人的记忆，并将这份记忆的重量化作责任与动力，一直担在我们的肩上！

有图书馆在，人类的记忆就不会中断。

有图书馆人在，人类的文明就没有黄昏。

田　苗[*]

2022年6月

于国家图书馆学津厅

---

[*] 田苗，国家图书馆中国记忆项目中心副主任，国际口述历史协会副主席。

黄明信口述史

吴邦伟　访问
全根先　整理

第一批中国记忆"中国图书馆界重要人物专题"共建共享项目

实施单位

国家图书馆

建设时间

2016年6月至2018年10月

工作团队

负 责 人：田　苗

策　　划：全桂花

访　　问：吴邦伟

文稿整理：全根先

影音记录：孙诗雨　韩晔瞳　陈泰歌

外　　联：刘文敏

资　　料：黄大永

黄明信，男，汉族，1917年12月出生，2017年5月去世，湖北沔阳人。藏学家。国家图书馆研究馆员。曾任中国藏学研究中心干事，西藏天文历算学会副理事长。1938年毕业于清华大学历史系，1941年至1949年在甘肃拉卜楞寺佛学院学习藏文与佛学，获然绛巴学位。1949年后入中央民族事务委员会参事室工作，1953年任民族出版社藏文编译室副主任，1979年调入北京图书馆。主要编著有《中国逻辑史资料·因明卷》《藏汉历算学词典》等。在藏文古籍著录及西藏天文历法等研究领域做出了重要贡献，2010年获第二届中国藏学研究珠峰奖荣誉奖。

我的家庭

我的祖籍是湖北省沔阳县,位于长江与汉水之间,现在分为两个市:靠长江的部分原名新堤,现名洪湖市;靠汉水部分原名仙桃镇,现在名为仙桃市。我家在仙桃镇农村①。

2003 年黄明信先生于家中

---

① 黄先生记不清确切的出生地,兹根据有关其三叔黄钰生的文章核定,当为今仙桃市西流河镇茭排村。参见张晓维:《南开元老黄钰生》,《科学时报》2009 年 9 月 1 日。

祖父母

我们黄家并不是名门望族。我对祖父的相貌毫无印象，可能因为他去世较早。我应该见过他，可能见到的时候我很小吧。他的名字叫黄廷瑛，这是在七月十五中元节烧包袱①，写包袱皮时我的婆婆②教给我的。

我祖母的名字叫卢美源。祖母的名字我是怎么知道的呢？是通过她给我的一个银的水盂。磨墨的时候不是用水吗，准备水需要有一个小水盂，我10岁生日的时候，她给我一个水盂，水盂上刻着她的名字。我祖母还是和我很亲的。后来她在南开大学办过一个幼儿班。我叔叔不是在南开大学吗，那时我祖母也住在南开大学。在南开大学校工家属中有好多孩子，她相当于为这些孩子办了一个学前班。她找了一个体育教员（好像姓袁）的夫人教孩子，自己还编一些儿歌。

我祖父是在一个布铺里做管账的，现在叫会计，并不是什么很高级的人物，可是人比较老实。这个布铺在卢家对面，卢家看他老实，就把姑娘许给他了，有一点招赘的性质吧。

我的父亲

我父亲黄立猷是日本留学归国的，学农科。回国后，他做过由三贝子花园③改成的农事试验场场长、直隶高等农业学堂教务长、农商部参事上行走、吉林森林局局长和两任县官（山东省莱阳县、利津县），积蓄了些钱，买了三处房产，还养活家里上上下下十几口人。我现在奇怪：他官不大，又非肥缺，哪里来的那么多钱？他收藏碑帖，明朝以前的他都要。他

---

① 农历七月十五日称中元节，俗称鬼节，祭祀先人，汉族地区有放河灯、焚纸锭的习俗。中元节烧包袱是黄先生家乡的习俗，即用金纸、银纸叠出元宝，装在一个纸袋子里头，写上名字到路口去烧。
② 婆婆在这里指祖母。
③ 三贝子花园又称"继园"。1906年，清政府在西直门外乐善园、继园、广善寺、惠安寺旧址上筹建"农事试验场"。其东侧为动物园（北京动物园的前身）。

的斋名叫作万碑馆，其实不足一万种，约有八千多种。他把这八千多种碑帖加上所见到的列作目录，题名《石刻名汇》，共四册，自费印出，同时编印出来的还有《金石书目》两册。这两种书国家图书馆金石组都有。多年之后，家中已经没有此书。2011年，我却从网上购得这两种书的台湾影印本。他在日本留学时，曾加入孙中山领导的同盟会，我在他的书房里看到过证物。1927年国民革命军北伐时，他在其战地政务委员会里任民政处第二科科长。北伐结束后，第一科科长仇鳌①被任命为湖南省民政厅厅长，父亲希望做湖北省民政厅厅长。省主席说，他虽然是湖北人，但长时间未在家乡，大家对他不熟悉，最好先做一任一等县县长，取得政绩，再任命他做厅长。于是他先去做咸宁县长，他为了最快地取得"政绩"，杀害了几个农民运动领袖，后来被农民武装杀死了。

黄明信与母亲、兄弟姐妹
左起：黄松三（弟）、黄惠（兄）、黄书琴（妹）、杨芝瑛（母）、黄明信、黄燕生（姐）

---

① 仇鳌（1879—1970），湖南湘阴人。早年留学日本，1905年加入中国同盟会，是同盟会早期会员。辛亥革命后担任国民党湖南支部主要负责人。1949年参加争取湖南和平解放。新中国成立后，曾任全国政协委员、民革中央委员、湖南军政委员会委员、中南军政委员会政法委员会委员。

我的母亲

我母亲家里很穷。我母亲不是湖北人,是北京通州人。她的父亲在沔阳会馆看门。我们老家不是湖北沔阳县吗,每个县有个会馆。所谓会馆,就是外地人到北京来应考时住的地方。我母亲16岁时,我父亲已经快30岁了,家里已经有了一个太太,仗着他有势力,就把16岁的姑娘娶了。我母亲没有上过学,小名之外没有学名,杨芝瑛这个名字不是父母给取的,而是结婚时丈夫给取的。

我母亲嫁给我父亲的时候,刚16岁。她的哥哥在沔阳会馆是给那些人做饭的,到我们家里来时都不能进前门,怕人笑话,只能进后门。我母亲没上过学。我10岁左右的时候帮着我母亲记账,厨子口头报,我就得写下来,我母亲在旁边就问这是什么字,于是她就记住了,这样记住了好多字。因而刚解放的时候,街道组织家庭妇女读报,她能够念报,大家对她很尊敬。所以,她特别拥护共产党。共产党来了,她的地位提高了。

黄明信与家人在一起
前排左起:林陆(外甥)、杨芝瑛(母)、林建和(外甥女)、黄明信,
后排左起:周元(外甥女)、黄书琴(妹)、黄卫达(长女)

我父亲去世时，我母亲只有34岁，所谓壮岁居孀，靠有限的一点房租拉扯5个孩子，并尽可能地供孩子上大学，实在不容易。除我二姐上大学是我三叔供给之外，其他几人皆由母亲供读。我哥哥有先天性神经病，在农业大学上完二年级，抗日心切从军去了，后来在云南那儿死了。我和妹妹都是大学毕业。我的弟弟名叫黄松三，高中毕业，考入大学本来不成问题，他自己参加了空军。离抗战胜利还有半年左右时，有一天，他的一个同事起床稍微晚了一点儿，经过湖南的时候已经天亮了，于是他们的飞机就被日本人打下来了，就牺牲了。他的名字现在在南京烈士名录里能看见。台湾那儿也有抗日战争牺牲的烈士碑，都有他的名字。总之，我母亲不像软弱的女人，把子女捆在自己身旁，而是放他们出去，服务社会，抗日救国。她的胸襟很开阔。后来，我没有跟她在一起住，她主要是跟我妹妹住。

我在拉卜楞寺的学习与生活

随清华大学西征，至湟川中学任教

我中学毕业以后，考上了清华大学，具体情况后面会讲到。现在主要讲我在拉卜楞寺的学习与生活情况。

原来我在学校（清华大学）的时候，根本没有想到学习藏文。那时候，我一门心思就是想出国留学，去英国或者美国。后来，到（大学）第四年，抗日战争起来了，北京待不住了，北京被日本兵占了。我们就跑到长沙，北大、清华跟南开，三个学校合在一起，组成长沙临时大学。不久，日本兵把武汉占了，长沙已经不安全了，学校又从长沙搬到昆明。要搬到昆明，得先到香港，从香港到安南（今越南），再从安南坐窄轨铁路到昆明去。可是，那个时候安南还是法国人的殖民地。他们先去的人说，法国人海关检查的时候很不客气,把箱子里的衣物乱扔,欺负中国人。我们不愿受法国人这种欺负。从长沙到昆明有三千里地,当时正在修公路,很不好走。我们就步行,有三百多个人,检查身体,身体都挺棒,从长沙步行三千里路走到昆明,后来被称为一个"壮举",是很不容易的。

黄明信1935年于清华大学图书馆

这一路,我们看到许多少数民族,如苗族、彝族、壮族,他们语言不一样,文字也不一样,甚至有的没有自己的文字。我们这才体会到中国之大,还有这么多不同的民族、不同的语言,很多人从此就改变主意,决定研究少数民族。我想,大家都研究这些,我也不容易出人头地,我要到人更少的地方,到新疆或者到西藏去。当时,我也不知道天高地厚,以为自己可以做多大的事情似的。

我要到新疆或者是西藏去,可是一下去不了,于是我就想先去青海。

怎么去不了呢？当时，九世班禅①要回西藏去。我原来是打算跟班禅一块回去的，没想到，班禅在青海故去了，就没有去成。新疆原来是可以去的，但后来新疆政治态度变了，把毛泽东的弟弟毛泽民等人关进了监狱②，所以新疆也去不了了。

自1938年到1940年，我在青海西宁管理中英庚款董事会湟川中学③做教员。中英庚款就是庚子年的赔款。庚子年就是1900年，八国联军侵华，中国战败了，签订了这个条约（即《辛丑条约》），要中国赔款，用海关收入作担保。后来，美国带头，说是庚款他们不要，把钱退给我们。清华大学就是庚款办的。清华大学跟一般国立学校不一样，就是它有钱。为什么它有钱呢？就是有庚款，用庚子赔款办的，于是有人以为是美国办的清华大学。其他国立学校有时经费不足，教员薪金打折扣，清华的教员薪金不打折扣，因为它是有庚款作保障的。

英国专门成立了中英庚款董事会，怎么使用庚款，由这个董事会来决定。英国的庚款被投资到粤汉铁路，即从汉口到广东的铁路，用铁路赚的钱来资助研究和留学生费用等。它还派出了一个西北考察团，由顾颉刚做团长，在西北考察了一遍之后，决定在兰州设立一个科学教育馆④，因为兰州的中学比较落后，物理、化学、生物这些实验设备他们都没有。中英庚款董事会就决定在兰州设立一个科学馆，做物理、化学、生物实验。所有当地的几个中学，自己没有这些科学实验的仪器设备者，都可以到这个科学馆来。另外，中英庚款董事会还成立了三个中学，天水一个、肃州

---

① 指第九世班禅（1883—1937），藏传佛教格鲁派（黄教）首领。本名确吉尼玛。
② 1942年，新疆省边防督办、省政府主席盛世才背信弃义，投靠蒋介石，于9月17日将毛泽民、陈潭秋等共产党员逮捕，并于1943年9月27日将他们秘密杀害。
③ 管理中英庚款董事会湟川中学，即今湟川中学，始建于1938年，由管理中英庚款董事会拨款建立，学校创建人为北京大学教授王文俊。
④ 甘肃科学教育馆，即甘肃省博物馆前身，1936年至1938年梅贻宝、顾颉刚等参与筹建，1939年元旦正式成立。

（今甘肃酒泉）一个、西宁一个。我去了西宁的这个中学，就是湟川中学，因为那地方有条河，叫作湟川。

我是通过李书华①去湟川中学教书的。李书华是我父亲在保定时候的学生，后来他去法国时，我父亲给他过帮助。他后来主持北平研究院。他认识教育部次长杭立武，他跟杭立武推荐了我。湟川中学的校长是德国留学归国的，他是教育部部长朱家骅②的学生，是北（京）大（学）的。那里的数学教员、化学教员都是北大的，可以说是北大的天下。我由于是李书华找教育部次长推荐的，校长没法拒绝，便允许我去了。我去了之后，还有人问我："这里是北大的天下，你怎么进来了？"我在湟川中学待了两年。

我在湟川中学时一开始教国文、史地课。第二年下学期，教导主任刘鸿宾因结婚请假，他担任的两门数学课，一个由化学教员回永和担任，另一个无人接。我就自告奋勇，因为我高中的数学学得很踏实。第一堂课，我一站上去，学生都笑了。我知道，这是因为一个文科教员来教数学，他们觉得有点稀罕。于是，我先问学生，这一节课有什么难题？也就是让他们先考考我。他们所提的难题，我轻松地解答了出来。他们服气了，我才往下讲。此外，我还代替体育教员上过体育课。校长看我教学能力比较全面，因而在我为学藏文准备离开时，提出把我的薪金从90元提高到120元，想要留住我，我未接受。

拉卜楞寺的清贫生活

我到青海以后，就知道藏文的重要了。除了藏族，蒙古族、纳西族、

---

① 李书华（1890—1979），河北昌黎人。物理学家、教育家。早年留学法国，回国后曾任北京大学物理系教员、系主任，中法大学教授、代理校长，北平研究院副院长等职。晚年定居纽约。
② 朱家骅（1893—1963），浙江吴兴（今湖州市）人。地质学家、教育家、政治家。早年留学德国，回国后曾任北京大学地质系教授兼德文组主任、中央大学校长、国民政府教育部部长等职。

土族等好几个民族，念的都是藏文经，所以我就下决心学藏文。湟川中学有藏文课，我就跟着学，一星期两个小时，也学不了多少。我觉得，要学好藏文，两个小时是不够的，必须得自己去学。当时，顾颉刚领着一批学生，由中英庚款董事会出资，到西北考察。其中有个人叫王树民①，他在湟川中学跟我住同屋，他跟我讲拉卜楞寺的重要。因为在安多藏区，最有名的是塔尔寺②，但也有很多蒙古人到拉卜楞寺③学，甚至在苏联境内的布里亚特人（蒙古族的一支），都有三四十人到拉卜楞寺来学。

我去拉卜楞寺，不是为了信仰，而是由于：第一，在我以前，就有燕京大学社会系的教授李安宅④夫妇在那儿了，他们是研究社会学的。我想李安宅的研究毕竟是从寺外研究，再深入必须从寺内研究。第二，经济原因。我在湟川中学教了两年书，攒了三百块钱够一年花的。我跟中英庚款（董事会）有点关系，中英庚款有个奖学金，我想我能够申请到，所以就到拉卜楞寺去了。到了拉卜楞寺以后，情况有变化。中英庚款是在粤汉铁路——从汉口到广州铁路上投资，从那可以赚钱。日本人当时已经到了湖南，粤汉铁路断了，没有收入了，这个奖学金没有了。我原来希望得到中英庚款补助的，如今也得不到了，可是半路退回来，我又不甘心。若在当地就业，便不能专心学习、研究；入寺后的收入还能勉强维持生活，继续学业。于是，我便受戒出家，进入寺院。

自1940年秋到1948年春，我在甘肃夏河拉卜楞寺学习藏文，研究藏传

---

① 王树民（1911—2004），字逸民，号曙庵，天津武清人。1936年毕业于北京大学历史系，曾任河北师范学院历史系教授。
② 塔尔寺，又名塔儿寺，创建于明洪武十二年（1379），是藏传佛教格鲁派创始人宗喀巴的诞生地，位于青海省西宁市湟中区。
③ 拉卜楞寺，建于清康熙四十九年（1710），位于甘肃夏河县，被誉为"世界藏学府"。
④ 李安宅（1900—1985），河北迁西人。社会学家。1938—1941年李安宅与妻子于式玉在拉卜楞寺开展藏学研究，后撰成《藏族宗教史之实地研究》（即《拉卜楞寺调查报告》）。

佛教八年。这八年里，前几年没有别的事，专门在寺院里头学习因明学①。后来我做了参议会的秘书、喇嘛学校的教导主任，就没有很好地学习了。所以说起来是八年，我在那学藏文、藏传佛教，实际上就是前边五年是专心学，后来三年别的事多，就没有好好学，实际上也是没有真正学透。

先说一下拉卜楞寺喇嘛的衣食情况。喇嘛穿的衣服，由于气候寒冷，上身多穿一件背心，下身三层或两层裙子，没有裤子，小便时不是站着，而是蹲着。其实，这没有什么奇怪的，汉族人穿裤子也是战国时期赵武灵王"胡服骑射"后才有的。

饮食方面，每家院里都有一口井，自己汲用。比较讲究的人饮水不用井水，而用河里的活水。日常饮食中的酥油、糌粑提供丰富的脂肪和碳水化合物，而缺少青菜、维生素C，因而导致牙龈出血、牙根动摇。我曾长期居住在那里，以致四十几岁就把牙齿全部拔掉，改用总义齿。当地的人可能是经过"天演"淘汰，留存者都能适应这种环境吧。

住的方面，本寺没有集体僧舍，都是个人私有的。活佛府邸和同乡会有较大的院房，有马棚，供施主来居住。寄居旁人房屋的人，有义务汲井水、扫院子，下雪时及时上屋顶扫除积雪、修补裂缝，以防融化后渗漏。僧舍只能用土平顶，不允许用砖瓦顶。我初入寺时，没房子住，就住到卓尼（县）同乡会。同乡会有一个马圈，马圈旁边有一间房子，在其西南角，终年不见阳光，很潮湿，没人愿意住，我只好住在那里头。后来借到一间面向东南的房屋，我就觉得很幸福了。经济宽裕之后，我买了个一居室的房子。

我在拉卜楞寺头一年生活是很困难的。寺院里边有"经常布施"，就是有施主给布施。布施给钱、酥油，勉强可以维持生活。除了布施，一般的小喇嘛自己家里都还给钱。自己家里没有钱的，完全靠布施也可以活，可是比较困难。我当时没有收入，只能靠布施，生活比较困难。布施主要是给吃

---

① 因明学，又称因明，指古代印度的逻辑学。

的，给酥油、糌粑，有的酥油是比较陈腐的，长了绿霉。糌粑陈旧、受潮了之后也不好吃，可是没别的办法，我就靠布施的那点儿酥油、糌粑，还有钱勉强维持生活。

我入寺当喇嘛的全套服装是和一个还俗的人交换得来的，没有钱买新的。我穿的那个靴子都张了嘴了，师父看见了之后，觉得很可怜，靴子穿到这个程度还在穿，于是把他穿过、准备扔了的靴子给我。那个时候，我的生活就是这么困难。

我在那里认识了李安宅。他原是燕京大学教授，后来去四川华西大学建立了一个边疆研究所，钱不是华西大学给的，而是他自己找的。他有些办法，弄了些钱，在研究所里给了我一个助理研究员的名义。我拿助理研究员的钱，多少钱不记得了，反正经济条件是比以前好一点了，每个月他都给寄。那个时候，物价变化很快，寄来后我马上换成银圆，这样生活就能好一点。

这时，蒋介石搞所谓民主，各省各县都成立参议会。拉卜楞寺在甘肃省夏河县。夏河县那个时候成立参议会，议长是拉卜楞寺阿莽仓活佛，他是拉卜楞寺寺主嘉木样呼图克图①的弟弟，掌握实权。参议会得有个秘书，由省里面直接指定。当时在省政府里有个认识我的人，叫张心一②，这个人是早期清华留美的，我因为是清华的，所以见过他，他是甘肃河州（今甘肃临夏西南）人。一般甘肃省里民政厅、财政厅的人，都是中央直接派过来的。财政厅，就是孔祥熙、宋子文他们给派的；民政厅是陈立夫他们派的。教育厅就找了当地甘肃省的人。这个张心一虽然不是哪个系统的

---

① 呼图克图是蒙古语的音译，有"长寿者""化身"等含义。清朝中央政府曾册封藏传佛教上层大活佛以"呼图克图"的封号，民国时期延续这一制度。此处嘉木样呼图克图指第五世嘉木样活佛（1916—1947），藏名丹贝坚赞，汉名黄正光，拉卜楞寺寺主。
② 张心一（1897—1992），又名继忠，甘肃临夏人。农业经济学家，曾任南京金陵大学农业经济系教授、甘肃省建设厅厅长。

人，可他资历比较好，是金陵大学教授，用英文写过著作。甘肃省主席说省政府里有甘肃本省的人，就是张心一。他因为跟清华有关系，成立参议会的时候，他就推荐我去做秘书。一个县的秘书，按理说我是不大看得起的，可是，第一，阿莽仓是参议会的议长，第二，我是张心一推荐的，所以我就接受了这个职位。秘书又有一份收入，每月大概有二三十块大洋。

青年黄明信

另外，1944年成立拉卜楞寺青年喇嘛职业学校时，我是教导主任，也有一份薪水。所以，我有三份收入，生活就比较好了，还自己买了一所小房子。我的生活条件改善了，可是学业受到了影响。本来，我学因明是很扎实的，是从头学起的，前几年学的都是主要的名词术语，到最后一部分才讲因明理论，那个时候我事情多了，就没有学好。所以，我的学问是夹生的，我的因明没有学透。

拉卜楞寺的僧侣生活

请求入寺，并无日期限制，随便哪一天都可以。一般说来，十二月底及六月底为最多。因为正月及七月有大规模的法会，有较多的布施可拿。

重法不重钱的人,尤其是活佛们,大都在二月十七日(冬季大法会那天)入寺。由于喇嘛自小出家,在寺中自然需要一个年长的人照管。这照管者,多是他的伯叔之属,藏语伯叔为"阿喀",于是阿喀就成了照管者的代名词。阿喀并不限于亲伯叔,亲戚或同乡都可以,再不然请人介绍一个也可以。这些阿喀之所以愿意收子弟①,除了情面的嘱托以外,主要目的是子弟长大以后可以伺候他。一个喇嘛若没有子弟,年老以后的境况是很苦的。

拉卜楞寺有六大学院。无论子弟的来源怎样,阿喀要做的第一件事是带他去受戒。传戒的喇嘛是自由选择的。有资格传戒的喇嘛,总是众所推服的活佛或高僧。受戒以后,请一个他所预备入的那个学院的毕业生,带他到那个学院的法台②面前,去请求入院。这个带他去的人,便算是他的世间师父。理论上,世间师父对他所带去请求入院的徒弟,有照管的责任。但是,实际上照管的责任由阿喀承担。不过,阿喀大都具有上述条件,所以世间师父往往就是他的阿喀罢了。至于到底入哪个学院,是由他的父母和阿喀商议决定,也有父母替孩子找阿喀的时候,已经考虑过入哪个学院,那么就没有商议的必要了。

本来,照黄教③的教理,是先显后密,当是先入显宗学院④,毕业后再转入密宗学院。但是,事实上,显宗学院毕业的人,大都不肯再入密院,而以毕业生的资格留在显院;相反的,新学生却很多直接入密宗各院。一般的理由是自己的阿喀(照管人)不在显院,照顾无人。而另有见解的也大有人在,例如我邻居的一个活佛,由家乡带出两个小喇嘛,一个

---

① 子弟,这里用"子弟",以别于学法的"徒弟"。
② 法台,又称赤巴,系寺庙负责人。
③ 黄教,即格鲁派,藏传佛教教派之一。"格鲁"意为"善规",该派强调严守戒律,故名。又,该派喇嘛戴黄帽,故俗称黄教。创教人是宗喀巴。
④ 显宗学院,即藏传佛教研习因明学、般若学、中观学、俱舍学和戒律学的教育机构,课程以五部大论为主。显宗,佛教的宗派之一,与密宗相对。

入了续部下院，一个入了医学院，而活佛自己则是在显院。我问他："为什么不送他们入显院?"他回答说："显宗的教理研究好了固然极好，但十个人里能学得像个样子的不过两三个，其余的大都一无所成，甚至有连度母赞①都背不出来的。所以我这两个子弟，大的比较伶俐，叫他学医兼及历算等，回去可以活人济世；小的比较迟钝些，叫他练嗓子，学仪规，将来回去做个经头，应酬经忏，总可以不成问题的。"总而言之，是恐怕"画虎不成反类犬"之意。青海、甘肃一带，有显院的寺，不过屈指可数的十几个，其他没有显院的地方，更认为就算学好了，回去也无用处。

入寺的时候，会由一个在寺院里有资格的人带你去找赤哇（院长），赤哇给你指定老师。有一个世俗老师，指导生活，一般就是领你去的那个人；另外再指定一个讲法的老师。你也可以自己要求，我希望某个人做我的老师，只要你希望不是太大，比如你希望的这个老师资格太高，那不一定同意，一般中等的老师，赤哇点头就可以。于是，世俗老师就领你去讲法的老师那里。讲法老师有时候觉得自己学问还不太够，你这个学生，我还教不了你那么多，就会介绍比他高一级的人。

一般来说，除了赤哇指定的老师，你可以自由听讲，只要在学程范围内，你找两个、三个老师都可以。所以，有时候在老师门前会蹲着好几个人，等上一班的人出来，你再进去。每个年级好几个活佛中有个主要活佛，这个年级一般就以这个活佛的名字来命名。我上的那个扎仓②，叫根敦达尔吉扎仓，不说某一年某一级。这个根敦达尔吉，地位比较高一点。他师父的学问也比较高一些，所以我就在他那个师父那儿听讲。有不少人除了自己指定的师父，也跟根敦达尔吉听讲。

所入的年级，在密宗各院上、中、下三级中，只有下级可入。显宗学

---

① 度母赞，藏传佛教流传广泛的一种经典，藏民大多会念。
② 扎仓，又名札仓，系藏传佛教所特有的佛学研究场所，实际上是寺院内部的佛教学院。

院一般应入红白色级，即一年级，但在其他寺院已经学过几年、自信有相当程度的，可请求插入第五级——因明级。又因为本寺寺主嘉木样大师原是拉萨哲蚌寺果芒扎仓的堪布①，所以果芒扎仓的学僧也可以他们在拉萨的资格，插入相当的年级，无须经过考试。别处学僧若来此请求直入律学部，则须得到寺主特许。世间师父把准许证交给传法师父后，再由法师带着徒弟到总司仪及掌堂师（院司仪）处报到，入寺仪式就完成了。

入寺以后的生活，按时间支配，可以分为公共集会时期和个人自修时期两部分。在公共集会时期，整日都有殿会和法会，没有空闲；在个人自修时期，除清晨的殿会以外，上午是自修时间，中午和下午是听讲时间，晚间是复习时间。公共集会时期每年有九次（闰年十次），每次自十五天至三十天不等，每次的殿会和法会的时间安排和内容，都有不同。每三次公共集会时期间隔着一个个人自修时期，自九天至十七天不等。

集会期间，殿会每日两次，在殿内举行。早会由拂晓至日出，午会约在中午十一时一刻至十二时半，都以念诵为主。法会每日三次，春、夏、秋三季在露天法苑内举行，冬季和雨天在殿内举行。早会自日出至十一时半，午会自一时至日没（午殿会与午法会之间有院茶，约半小时），晚会自天黑开始，约三小时。晚会散时，冬季在九时，夏至前后则至十一时。高年级者以念诵祈福为主，散去较早，中、低年级留下继续辩经，最低一级散去时，已至深夜。大抵殿会中注意修福，法会中注重修慧。青年人偏重智慧者，喜欢参加法会，殿会隔数日去一次。老年人偏重福德者，喜欢参加殿会，法会则不常到。而且事实上若每天两次殿会、三次法会都参加，委实连吃饭时间都没有，只能在殿会上用茶。所以，掌堂师们也就不过于苛求，只要间或到一下就成了。

所学功课有三种：一是短篇经颂的背诵，由"经头"考试，每次集会

---

① 堪布，藏传佛教寺院僧职名，大寺院扎仓和中小寺院的最高主持人。

时期背一次，因明部毕业后即无。二是辩论讲义的背诵，每半年考一次，由法台主持，每次十余至一百长叶不等，由法台指定背诵其中一段。升入律部以后算是毕业了，不再参加考试。三是辩论，考试不定期，约每年一次，由寺主主持，所有的人都要参加。短篇经颂及辩论讲义的背诵，由世间师父负责督促，辩论则由传法师父指导。辩论的成绩视个人的智力而定，好坏不十分要紧。短颂和讲义的背诵，则是起码的条件，尤其是短颂，若不及格，不但学僧受罚（申斥、体罚磕头、颈上挂水桶），连他的世间师父都要受斥责。

以辩论见长的人，我们可以称之为"书僧"。书僧很受人重视，出路也很宽。各级级长都是本级的好书僧，穷苦的可以做小活佛的侍读，衣、食、住都由该活佛供给。到般若部毕业后，就算是"格西"①了。格西里每年还有四至八个然绛巴的荣誉学位可考。藏文然绛巴是"硕学之士"之意。取得然绛巴学位后，在经堂就有了固定的座位，而且不必再应一般的差役了。

所有的学僧俱舍部毕业升入律学部以后，可以称之为"研究僧"。研究僧除比较受人尊重外，并没有什么特权。本寺闻思院（显宗学院）的研究僧约有一千多人，其中约有二十至三十个多然巴（又作"多然巴格西"，佛学中一个较高的学位等级）待位者。但是，本寺多然巴每年只取两名，所以至少要等待十年以上，才有取得学位的机会。这十几年中，他们殿会可以完全不出席，法会却一次都不准缺席。无故缺席一次，据说有罚金子一两的规定。

除了考学位，研究僧大都一面研究，一面以授徒传法为乐。其中学问道德兼优者，多被正在学习期内的活佛们聘为经师，负责指导活佛的经典及言行。他们的衣、食、住都由活佛供给，此外，也有送束脩者，但无数

---

① 藏语音译，意为"善知识"，指能引导启发他人向上、增善去恶乃至证悟成佛的人，泛指高僧。

额约定。唯因学问大的有些脾气也大，为顾及脾气等条件，所以活佛的经师不一定都是第一流的学者，平均起来水平比多然巴要高些。就聘者以家境不裕者较多。本寺活佛甚多，所以这种机会很不少。

取得然绛巴学位

有人以为，我大学毕业之后在拉卜楞寺八年，一定得到了最高学位，其实不然。因为在拉卜楞寺，藏族的学位制度跟西洋的学士、硕士、博士系统根本不一样，没法儿比较。拉卜楞寺的学位跟拉萨也不大一样，拉萨那儿是拉然巴、措然巴、林赛巴、多然巴四级，拉然巴是最高学位。拉卜楞寺那儿只有两个学位，一个叫多然巴，一个叫然绛巴。多然巴在拉萨是第四级学位，比较低，在拉卜楞寺是比较高的学位。什么叫多然巴呢？多然巴，意为石坪士，是指曾经在本院经堂前石坪立宗的学者，在拉卜楞寺，要经过二十年左右（待位）。"然绛巴"这个名词，本是广博、渊博的意思，可是不能译成博士，恐怕有人以为跟西洋的博士一样，所以我就用然绛巴这个音译。

藏族的这个考试，并不是说有多少题目来考你。它是口头辩论，有人说是立宗，我专门有篇文章讲这个①。这个立宗，不是我说出一个什么观点或者论点，也不是他说。那么，是谁说呢？是有人提出来一个观点或者一个论点，我回答是或不是，对还是不对。所以这个事情不能说是哪一个人决定的。他提出来，我说对，他就要想办法证明这个不对；我要说这个不对，他就得证明这个对，我们两个人展开辩论。所以，不能说这个论点是他提的，也不能说这个论点是我提的，是双方怎么样互相对答来决定的。所以有人说，在我的因明研究中，我提出了好几个论点，别人都驳不倒我，这个是他们不了解藏传佛教辩论情况，想当然地编造出来的。

---

① 指黄明信所撰《藏传佛教的口头辩论——立宗答辩的组织形式与答辩规矩》一文，收入《黄明信藏学文集》，中国藏学出版社，2007年。

辩论者提出的论点，一般都是他的师父替他设计出来的，而且告诉他，如果对方承认的话，你怎么去驳他；如果对方不承认的话，你怎么去驳他，事先要做好多准备。

辩论以前，先有一段两人的互相对话，问对方哪本书他看过没有，书的内容、主要论点是什么。别人问的那些书，我未必全都看过。不过，我们坐在那儿的是一个年级集体，其中两个人叫作"把门儿"，是能够开口回答的。他可以跟后面的人商量，对方问到什么书，如果他没有看过，后面的这些人里有一个人看过就行，而且要能够说出来这个书的主要论点是什么，叫作"盘道"。先是很大范围地说，后来逐渐缩小范围，缩到一本书、一本书的某句话怎么讲。你必须说出你怎么理解，而这句话确实是有不同理解的，可以这么理解，也可以那么理解。他为什么要问到这儿呢？因为将来他问的那个问题——最后他要引经据典——就引这句话。他先跟你说好了，你是这么理解的。说好以后，他又从头说起，最后引经据典，说出这句话来。这句话的理解反正有不同，当初你说了你是怎么理解的，那你不能再改了。所以，所谓的考试，就是这样回答，没有什么考不考取的问题。

拉卜楞寺的多然巴学习年数比较多，十三部经学完以后，还得待位，就是没有正式考以前，要经过十几年。然绛巴不要求所有的经都念完，不是五部大论①嘛，第三部《入中论》分新旧两个级，《入中论》新级完了就可以考。不是自己报名，是赤哇指定的，他认为成绩不错的、可以考的，选四个人。这四个人，就要经过我们所说的考试，就是答辩。

每个人正式的答辩要两天：第一天是四个多然巴来问，时间比较短；第二天是十二个多然巴来问，时间很长，结束的时候就天黑了。总共要有十六个人来问，要回答十六个人的问题。这十六个人，象征十六个长老或

---

① 五部大论，指《释量论》《现观庄严论》《入中论》《俱舍论》《戒律本论》，系僧人必须修习的五部经典。

尊者。问答完了之后，就算是然绛巴答辩结束了。可是，关于然绛巴的事情还没完，考完了，天黑了要回去，别人要去献哈达。我回去的时候，是戴着帽子回去的，迎接的人看见我来了，都弯着腰恭迎。我赶紧把帽子摘掉了进去，然后迎接的人一个一个献哈达，最后自己的师父也来献哈达，正式的仪式才算是结束了。

我考的时候，实际年级还没到《入中论》。虽然按我原来登记的年级已经到了，可是它可以自动退级，比如这部分我还没学好，我可以再退一级。尤其是一年级的时候，小孩子才十二三岁，一般就一年一年地退，到十六岁了，年岁大了，理解力比较强了，才跟着一级一级上去。我到拉卜楞寺时，在同年级里年岁是比较大的，可是我等于是从头学起，等于是从一年级学起。最后我登记的级别是够然绛巴了，实际上我还没有学到《入中论》级别，是老师专门给我补的课，把《入中论》的主要论点跟我讲一遍。讲之前，我没有学过，就自己看书。辩论的东西，不经过实际辩论，光看书是不行的。

考试不是设定一个范围嘛，我的范围不是《入中论》里的，而是《般若经》[①]里的。按僧龄长短，四个人的问题不一样，考问的范围一个比一个难。我虽然年纪比较大，可是在寺院里学龄比较低，我是第一个。头一个问题，是关于因明著作。因明著作，后来是讲陈那[②]和法称[③]的，在他们之前有世亲[④]和无著[⑤]。世亲有关于因明的著作，而那个著作究竟是不

---

① 《般若经》，全称《大般若波罗蜜多经》，大乘般若类经典，由唐玄奘译成汉文，共六百卷。
② 陈那（Dignāga，约440—520），古印度大乘佛教瑜伽行派大师，新因明学说的奠基人。
③ 法称（Dharmakīrti，约600—680），古印度大乘佛教僧人，新因明大师，瑜伽行派理论家，从陈那弟子学法。
④ 世亲（Vasubandhu，4、5世纪），无著之弟，古印度佛教哲学家，大乘佛教瑜伽行派理论体系的创始人之一，著有《阿毗达磨俱舍论》等。
⑤ 无著（Asaṅga，4、5世纪），古印度佛教哲学家，大乘佛教瑜伽行派理论体系的建立者之一，著有《瑜伽师地论》《摄大乘论》等。

是世亲的著作,是有争论的,我的问题就在那个上头。那个问题比较简单,它不是义理问题,而是个历史问题,我就在那个范围回答,后面的问题都是关于内容的、哲理的。

当时,跟我一块儿考的那几个人学问都不怎么样。赤哇指定的学生,有的是他真的认为这个学生不错,也有的是人情、面子。其中有一个,我知道是卓尼的人,他是一个元老的侄孙子,推荐给赤哇。甚至还有花钱买的,当然这是个别的,主要是赤哇认为好的学生。赤哇指定了以后,要做准备,还要找施主。如果你在家乡有一定的威信,会有施主,施主一般就在扎仓里头。我在闻思学院,大部分人都在闻思学院,大概有一千多人。其他几个学院都是密宗的,人都不多,二三百人吧。

辩论之前,得找一个施主。施主得有相当的钱,请人来吃包了,一般能请一二百人。交际范围比较广或者地位比较高的人,请的客会更多一些,需要一定的开销。同时,你若考然绛巴,就有义务找人来,给本扎仓的人放一次布施,全扎仓的都有。请人吃饭花销比较小,放布施的钱比较多。考朵然巴者,应该给全寺放一次布施,那需要相当大的一笔开销。有一种变通的办法,就是如果当时有人正准备放布施,你可以找他,在念布施者的名字,请求寺院给他护佑的时候,把你的名字也写上就成了。反正他放布施的时候,你给他添一点儿钱,添几十也可以,添一二百也可以。放一次布施,得上千块钱吧。

按道理讲,放的布施,应当是寺院里供给茶,施主供给糌粑跟酥油,所以那个钱只是代替糌粑、酥油的,可多可少。布施的方式有几种:一种是施主来每个人面前,一个一个地给,一般是酥油、糌粑,也可以给现金;还有一种是施主排着队,从经堂走出去,一个一个地给。有时候,施主拿来的不是现金,是几头牛或者几匹马,事先有人给他估价,这匹马值多少钱,然后多少个人分。施主排队出去的时候就数人,比如一百二十人,这一百二十个人就分这匹马,或者八十个人分这一头牛。

考完了学位以后，会被师父领着在寺院里拿着香、串行走，等于告诉大家这个学生考取了然绛巴。还有就是在正月会赤哇开讲以前，你得坐在那儿，回答一些低年级的人的提问。

青年喇嘛职业学校

当时，嘉木样的弟弟阿莽仓跟他的哥哥黄正清①掌管具体事务。所有人到了拉卜楞寺，希望见到寺主。他们就说，嘉木样在坐静，不见客，所以外边的人就见不着他。可是，嘉木样不甘心如此。

那时，一般的喇嘛光念经，不注意写字，也不会记账。于是，嘉木样就办了一个学习班，教学生写字、写信、记账。后来，他成立了拉卜楞寺青年喇嘛职业学校。国民政府的教育部部长朱家骅，很注意边疆民族的事情。这个学校由教育部直接管理，校长是教育部任命的，而且教导主任也由教育部任命。一个中等职业学校的教导主任，一般是由校长任命的，可是拉卜楞寺青年喇嘛职业学校的教导主任却由教育部直接任命。因为那个校长嘉木样管不了，所以，他就通过我这个教导主任来掌握这个学校。

那么，学校的学生是从哪来的呢？青年喇嘛就是由嘉木样下令给他的拉卜楞寺的六个扎仓，让每个扎仓选出十个学生，成立一个班。原来的干部班叫甲班，新成立的这个叫乙班，乙班的学生年龄都很小。学校的房子，用的是嘉木样给他父亲的一个花园，在那个花园的房子里上课。但是，这不是长久之计。拉卜楞寺本身一些守旧的人不喜欢这个学校，就怂恿嘉木样的父亲，要把这个房子收回，学校没有房子就办不成了。

后来，因为没有房子，学校当时只能供热茶，学生自己带着糌粑、酥油在学校里吃。这也不是长久的办法。我就向教育部说了这个情况，说学校最好是公费，搞一个印刷班，一个医药班。搞印刷跟医药的设备，都需

---

① 黄正清（1903—1997），藏名洛桑泽旺，藏族，四川顺化（今理塘）人。1928 年任拉卜楞寺番兵司令部游击司令（1934 年改为拉卜楞保安司令部司令），1949 年 9 月率部起义。1955 年被授予少将军衔，曾任甘肃省副省长、甘肃省政协副主席等职。

要钱，学校办公也需要钱，于是我就代表嘉木样去南京国民政府教育部，要求教育部给钱。教育部还真给了。我马上就汇回去，换成大洋，四万现大洋。

这中间，我回北京来看我母亲。我在北京这段时间里，嘉木样得了天花去世了。别的人都是小的时候得过天花，而他小时候没得过天花，到三十岁才得天花，很难治愈，就去世了。各个扎仓原来因为嘉木样有势力，他们不能不听，每个扎仓各派十个人去青年喇嘛职业学校。这个时候嘉木样去世了，他们就把学生召回去了。没有学生了，这个学校就空了。我跟教育部讲了这个情况，教育部的人说，希望我做校长。我说这个校长我做不了。过了有一年多，最后教育部才同意了，学校解散了。

后来，快解放了，黄正清他们就往老家四川跑，我就回到了北京。

1949 年岁末，黄明信与夫人江伟珉在清华大学礼堂门前合影

我与国家图书馆藏文古籍

木斋图书馆

说起我与图书馆的缘分,可以追溯到我的祖辈和父辈。我的祖辈中,我的大舅爹创立了木斋图书馆。我的叔父曾是天津图书馆馆长。我自己则在国家图书馆结束我的职业生涯。

我的祖母出身于一个大家族。她的哥哥叫卢靖①,字木斋,我们管他叫大舅爹,管他的夫人叫大舅婆。卢木斋在天津是很有名的。他也是沔阳人,做过直隶提学使。他是研究数学的。那个时候中国跟日本打仗打败了,中国从外国买来了枪炮,可是炮打不准,不知道计算的方法。于是,他就研究这个,出了一本书,叫《火器真诀释例》。那本书就是讲炮的角度跟远近有直接的关系,用三角函数。中国人过去不懂这个,他因为研究这个,被李鸿章赏识,就把他请到武备学堂做算学总教习。后来,民国时的一些政要,如冯国璋、王士珍、段祺瑞等,都曾是武备学堂的学生。

提学使是考举人的主考,考完以后,所有中举的人都算他的学生,都要来拜见师尊,递一个名帖,跟着名帖要有束脩,就是学费。过去学费不是给学校,是直接给老师本人的,所以他就"阔"起来了。他拿这些钱投资于实业,如启新洋灰公司、开滦煤矿,还有造纸公司。他的钱都用在这些方面了。从这儿赚了钱之后,他就开始办学校。开始是给家里的孩子请了个教员,后来亲戚、朋友也都到他这儿来,然后就发展成为小学,小学又发展成中学。他办了好几个中学。天津南开中学是全国知名的,他在南

---

① 卢靖(1856—1948),字勉之,号木斋,湖北沔阳人。近代著名藏书家、实业家、数学家。1927年,他捐10万元兴建南开大学图书馆,又捐出其私人藏书十余万卷,作为新馆藏书基础。南开大学为纪念他,将图书馆命名为木斋图书馆。

开大学也是重要校董，1927年捐给南开大学10万大洋，办了一个图书馆，就叫木斋图书馆，很漂亮。那时候，10万大洋是很大一笔钱了。木斋图书馆办了10年，到1937年全面抗日战争开始的时候，被日本的大炮炸毁了。1951年，木斋图书馆在原址重建，并经教育部核准，仍保留原来名称。

我记得，我和大舅爹的接触有两次。一次是我10岁的时候，他可能是70岁吧，是一个整寿。我祖母带我去天津，到他家里去过，别的事情记不大清楚了。后来，我考上清华以后，他的大女儿，也就是我的大表姑母，带我去见过他。那时，他已经在北京了，90岁，坐轮椅。我跟他说我考上清华了，他说很好。可是我一说学历史，他就不赞成。他说，还是要学点实学，实在的学问。因为他本身就是戊戌变法时代的人，讲究实业救国。我说准备将来研究科学史，他才点头。

三叔黄钰生：执掌天津图书馆

我父亲这辈，兄弟三个、姐妹三个。我的父亲是大哥，二叔被过继给他的舅舅，所以他不姓黄，姓赵，叫赵光华。本来他的舅舅要把他送到国外学医，那个时候他刚结婚，不愿意去，就在国内自己学点中医，后来还是有点成绩吧，也挂牌了，牌子上写着赵光华，我记得。他跟我有一些来往，但不是很多。

我三叔黄钰生①，上的是清华学堂，不是清华大学，是清华大学的前身，那时等于是留美预备学校。他到美国留学，学的是教育心理。留美回来以后，他就在南开大学任教。校长张伯苓②非常信任他，他在南开大学担任秘书长，许多事情都归他管。可是，后来我三叔做了天津图书馆馆

---

① 黄钰生（1898—1990），字子坚，湖北沔阳人。教育家、图书馆学家。1923年毕业于美国芝加哥大学，获教育学与心理学硕士学位，1925年受聘于南开大学，历任哲教系教授、大学部主任、学校秘书长、西南联大师范学院院长。新中国成立后，曾任天津市人民图书馆馆长、天津市政协副主席等职。
② 张伯苓（1876—1951），天津人。教育家。先后创办南开中学、南开大学、南开女中、南开小学和重庆南开中学，1919年至1948年出任南开大学校长。

长,他一生最后一段时间,就是做天津图书馆馆长,其基础就是我的大舅爹卢木斋奠定的。

据我所知,有一次,有6个教授要求给他们提高薪水,好像要提高20块还是40块,我三叔没批准,这6个教授一下就都走了,使南开大学元气大伤。这说明他在南开大学是很有权的。他的职务虽然只是南开大学秘书长,实际上他是在代替张伯苓管理这个大学。后来,在西南联大,他担任师范学院院长。西南联大原来有文科、理科,还有一科,那会儿不叫法科,具体叫什么我记不清了。另外还有个师范学院,师范学院有附小,还有附中。西南联大的附中水平是比较高的,因为那儿的教员很多都是西南联大的教员。西南联大师范学院办学的方法、方式,等于是我三叔把他的教育理想在那儿做了实验。那是他一生比较得意的工作阶段。

黄钰生与妻子梅美德

抗战胜利之后，西南联大的北京大学、清华大学、南开大学各自返回原来校址。南开大学回到天津。南开大学原来是私立的，回天津以后变成国立大学了。南开大学被日本兵占领的时候，被破坏得比较厉害，恢复的时候工程量比较大，用的钱比较多。后来，"三反""五反"的时候，有人就说是我三叔贪污，而且数量很大，所以就追究他。总务科科长还出来说自己从三叔那儿得到多少金子、金条什么，后来在天津各银行里都查了，没有。他们所揭发的那些金条什么的，任何银行都没有（证据）。这证明他没有贪污，可是还是说他有错误。于是，就把他从南开大学调到天津图书馆了。

我三叔在天津图书馆很有成绩。当时号召"向科学进军"，他在天津图书馆为"向科学进军"做了好多工作。所以，后来他当选为中国图书馆学会副理事长。一般中国图书馆学会理事长是国家图书馆馆长，副理事长是上海图书馆或是浙江图书馆馆长，天津图书馆是轮不上的。因为三叔在天津图书馆对"向科学进军"是做出了一些成绩的，所以他能够当选。副理事长虽说是虚名，可是学术地位比较高。

我三叔的一生，燕生姐写的《黄钰生年表》一文中已见大端。我们侄甥几人合写的挽联中，有"如父、如师、如友；立德、立言、立功"两语。我对三叔最早的印象，是我10岁左右时。那时我们在北京，三叔在天津，每年正月初五祖母的寿辰，他必到。暑假时，他有时也到北京来小住几天，我与他接触的机会不多。他给我留下的印象，只是这个叔叔没有长辈的架子，肯和我们一起玩，自称是我们的"大朋友"。"小朋友"这个词是常听到的，"大朋友"这个词那时我听着很新鲜。我的父亲在我13岁那年突然去世。父亲是家中的长子，由于祖父早逝，三叔受长兄培育之恩甚深，因此他对于培育长兄的5个未成年子女有很深的责任感，其实这时他自己也只有34岁。

怎样利用有限的一点遗产，抚养、教育我们5个人，三叔委实是煞费了一番苦心的。这里我只举一事，它对保护民族文物也有一定的意义。父亲的遗产里面，最有价值的是一百多箱古籍和八千多张碑帖，其中的精华是两千张墓志铭的拓片。后来，我有一次有机会见到于右任先生，他还问及过。三叔把这两千张拓片让给了清华大学图书馆，专架库藏，一方面为了得些款，存作毅侯（父亲的字）子女教育基金，一方面也为了这点精华文物不致散失。果然，在几十年的风雨中，父亲遗留的其他书籍、碑帖、字画都已荡然无存，唯独这两千张墓志铭的拓片至今仍在清华大学图书馆里安然无恙，似乎三叔当初就有所预见似的。

另外，对于我高中毕业后报考什么院系，在几个长辈之间有过一番争论。大舅爹是戊戌时代维新派人士，一向主张后辈人学"实科"（工、矿、农、医等）。婶娘教过我算学（那时不叫数学），我的物理成绩也不错，她说："如不学理科，太可惜了。"三姑父冯柳漪①和陆和九先生②都主张我学历史。我自己拿不定主意。三叔提出的方案是：入历史系，将来研究科学史。总之，我上大学报考专业，就是接受了三叔的设想。二年级时，三叔送给我三大本《黄河志》，张含英先生著的，意思是建议我考虑将来研究黄河史。后来虽然没有实现，但说明他是经常关心着我在学术上的道路、方向的。

调到国家图书馆

我是1979年调到北京图书馆③的。1978年，我从山西长治的农场被借调到成都，参加《藏汉大辞典》的编辑工作。原来是北京大学的一个教授，叫张怡荪④，受陈寅恪的启发，要编一个藏文辞典。陈寅恪曾将汉文

---

① 冯柳漪（1896—1963），即冯文潜，字柳漪，河北涿县（今涿州市）人。早年留美，后任南开大学图书馆馆长、天津市历史博物馆馆长等。
② 陆和九（1883—1958），名开钧，字和九，以字行，别署墨盦，湖北沔阳人。曾任中国大学国学系讲师等教职，精于书法、篆刻与金石学，收藏碑刻砖瓦拓本甚富，著《汉武氏石室画像题字补考》等，晚年被聘为中央文史研究馆馆员。
③ 国家图书馆前身是京师图书馆。1909年9月9日清政府批准筹建京师图书馆，馆舍设在北京广化寺，1912年8月27日开馆接待读者。后来，京师图书馆先后更名为国立北平图书馆、北京图书馆，1998年12月12日改称国家图书馆。
④ 张怡荪（1893—1983），四川蓬安人。著名藏学家、语言文字学家，《藏汉大辞典》主编。

的佛经和藏文的佛经对照看，进行汉文、藏文的比较研究。后来，张怡荪给方毅、邓小平写报告，说是他要编这个《藏汉大辞典》。当时，只有一个英文的藏文辞典，后来就批准了继续编这个辞典。编辞典需要人，就从山西把我借调到成都，编这个辞典。

我去成都参加《藏汉大辞典》编辑工作的时候，还是"右派分子"身份。去了之后过了一段时间，"右派分子"全都摘帽子，可以回到原单位。可是我不愿意回到民族出版社，我希望做点传统的藏文工作。当时北京图书馆管藏文的人叫于道泉①，他是中央民族学院的教授。他在雍和宫学过一些藏文，后来到法国也学过藏文。他的妹子叫于式玉，于式玉到过拉卜楞寺，知道我。于道泉主要是在（中央民族学院）民语系教藏文，同时兼着北京图书馆的藏文工作。他在北京图书馆不拿薪水，义务在那里干。后来，他知道我摘了"右派"帽子可以工作了，就把我介绍到北京图书馆了。

1981年元旦《藏汉大辞典》工作人员合影，一排左二为黄明信

我到北京图书馆的时候已经超过60岁了。在一般的单位，60岁就应该退休了。北京图书馆接收我，是因为北京图书馆有不少藏文书需要编

---

① 于道泉（1901—1992），字伯源，山东临淄人。藏学家、语言学家、教育家。曾于20世纪20年代后期、30年代前期在北海图书馆、国立北平图书馆工作（二者均为国家图书馆前身）。

目。藏文书的书名很长，它除了正式的名称之外前面还有很多形容词，后边也有很多形容词。编目的时候，必须把这前后的词去掉。没有一定学识的话，这个剪裁的工作是做不好的。而且作者的名字不是在书的前面。汉文书是书名底下有作者名，藏文书不是，藏文书作者的名字在书的末尾。在一大堆话里边，说是某某人写的。要从那里边摘出作者的名字来，没有一定的学力是做不了的。至于分类问题，就更加复杂了。我在北京图书馆做书名目录、作者目录、分类目录，做了不少工作。我把这份工作的经验写成了文章，后来编藏文书目录的人，大多参考我的。

另外，我还去青海塔尔寺，把那里所有的经版都印刷了一部，共有200余包，丰富了馆藏。我在北京图书馆先做这些工作，后来又做了些研究工作，写了两本书：一本是关于藏族历史人物年代的，一本是关于《至元法宝勘同总录》的。《至元法宝勘同总录》是元代僧人释庆吉祥等编著的一部佛学典籍，勘校了北传《大藏经》在藏传与汉传过程中产生的异同，是重要的佛学文献。我主要对汉藏《大藏经》目录的异同进行了研究，撰写了《汉藏大藏经目录异同研究：〈至元法宝勘同总录〉及其藏译本笺证》，2003年由中国藏学出版社出版。我在北京图书馆干了10年，后来就退休了，退休之后又返聘了10年。

1991年黄明信在北京图书馆工作

藏文古籍基本情况

我一生做学术研究，研究的成就自评两个字——夹生。我从全国最知名的两个大学之一清华大学毕业后，在藏传佛教的重镇拉卜楞寺学习了8年，这个学历足够读下来欧美学历的博士后了（硕士2年、博士3年、博士后2年，共7年）。后来，我又在民族出版社藏文编译室、北京图书馆民族语文组工作和研究，都是文化单位。按说我对于藏族文化的研究应该有较高的成就，但是惭愧得很，我的所谓研究成果总的说来是夹生的，即便是在我晚年知名度较高的藏历方面，我也并未完全吃透。何以如此？我反复思考，至今没有想明白。

我这一生在藏族文化方面做过的三方面工作，一是书目，二是因明，三是藏历，三者都未达到应有的水平。首先，书目拿不出一个通用的分类法，更不要说数字化与国际接轨。其次是因明，除《藏传佛教的立宗与口头辩论》一文外，未能拿出其他研究成果。你们如果有兴趣，可以从网上看祁顺来著《藏传因明学通论》。其三，藏历里依附于其中的数字及其遇合而讲吉凶祸福的历注项目繁多，都是些单循环，没有天文学意义，如果总结出其趋避，则有社会学意义，不应简单地斥之为迷信而不顾，我未做到。

藏文古籍，一般认为在中国少数民族文献中是数量最多的，这大概没有争论。那么，究竟有多少？我可以肯定地说，没有人能说得清。然而，满文文献和蒙古文文献是能够说清的。满文文献已经有了两次《联合目录》（《满文书籍联合目录》《全国满文图书资料联合目录》）；蒙古文文献已经有了一次《联合目录》（《中国蒙古文古籍总目》），现在正在编第二次更全面、更准确的目录，包括其汉文译文。满文和蒙古文能提供很准确的数字，而对于藏文文献，谁也提不出一个稍微清楚一些、哪怕是模糊一点的数字来。

曾经有一位很有地位的研究机构负责人，他说藏文文献"有数十万函"。细想起来，有几个问题需要研究：第一，这个数字伸缩性很大，可以是二三十万，也可以是八九十万。第二，这个"函"字，作为计量单位，在藏文里相当于什么字？其具体的量是多大？第三，这个"有"字所指的是现在有，还是历史上曾经有过？第四，这个数字里是否包括同一种书的不同版本，以及同一刻版所印出的复本？第五，这个数字里是否包括同一种书的众多写本？如果包括，就是文物的数量而不是文献的数量；如果不包括，则是著述和翻译的数量。对于表述文化发达的程度来说，后者的意义更大，也更重要。

汉文古籍的数量是否有人计算过？也许《四库全书》加上其未收书、销禁书，再加上佛藏、道藏就差不多了？我不知道。藏文古籍似尚无人做过，没有现成经验可资参考。我现在从估计方法上进行初步试探，认为主要问题有三个方面：一是计算的范围，二是计算的单位，三是资料来源。根据我的估计和猜测，藏文文献共约3000—4000帙，木刻版100万—200万块。如果参照某些出版社以2个藏文字符折合1个汉字，藏文书以德格版的《甘珠尔》①为例，每块木板即每1叶2面，每面6行，每行100—130个字符，以120个字符计，相当于每面720个汉字。汉文书大32开的，每页28×28＝784个汉字。那么，藏文书每帙以400叶计，相当于288000个汉字，即大32开的书367页，为中等厚度的书一册。因此，藏文的木刻板总数约略相当于32开中等厚度的汉文书三四千册。

关于《藏汉大辞典》修订

《藏汉大辞典》于1985年出版，其水平超过以前编撰所有的藏文辞书，国内外均评价甚高。可是，我们很快就发现了其中有一些错误，1986年第二次印刷时做了约100条修正。不过，由于当时印刷条件有限，不像

---

① 《甘珠尔》《丹珠尔》是藏文大藏经的两个组成部分。"甘珠尔"意为"佛语部"，包括显、密经律，有书1108种。"丹珠尔"意为"论部"，包括经律的阐明和注疏、密教仪轨和五明杂著等，有书3461种（种数均据德格版）。

现在电脑排版那样容易推行倒版①，只能在不动原来版面页码的基础上进行一些挖改、填补。其中，比较重要的有以下几条：

例如，918 页 rjes su gnang bavi bkav 条，藏文释文里 gling gzhi dang mtshams sbyor dang mthun vgyur bcas，汉文译为"《因缘经》、《和合经》、《随喜经》等"。其实，哪里有这些经？第二次印刷时，改为"开头有缘起，中有接续语，尾有随喜句"，见法尊②所著《密宗道次第论》。又如 608 页，sgra vbyor bam gnyis 和 sgra vbyor bam gnyis ma 两条，很明显就是同一部书，仅仅是释文不完全相同而已，第二次印刷时将第二条释文删除，只作为参见条。留下的几行空白地方，新编了一条 sgra sbyor yi ge 填补上去，未留下显著的痕迹，真是煞费苦心了。

再如，2264 页 tshal pa zhang vgro bavi mgon po gyu brag pa 与 2372 页 zhang vgro bavi mgon po gyu brag pa brtson vgros grags pa 两条，实际上是一个人。尤其是 2837 页 shar pa vjam dbyangs bzhi thog pa 与 shar ba rinchen rgyal mtshan 两条紧挨着，就是一个人而分成了两条。第二次印刷本已经改正。还有 2710 页 rung min gzhi bcu 的汉文译文里，"不逾越"多排"不"字，意义完全反过来了；此外，还有一些前后自相矛盾之处；等等。这些还只是个别人在短时期里发现的问题。虽然在 1993 年由 16 开的三大本改成大 32 开的缩印本两册时，又改正了一些错字，修订了个别词条，但是还很不彻底。尤其是广大读者在十几年使用中一定还有不少发现的问题，以及自己读书时遇到过而从这部词典上查不到的语词。

此外，这十几年藏学发展很快，领域不断拓宽，原有领域也不断地更加深入，其中一定有许多语词是这部《藏汉大辞典》没有收入的。尤其是 sgrarig pa（声明学一类的语词），当时虽然有精通这一门的毛尔盖·

---

① 推行倒版是出版术语，指因文字或标点增删以后造成本行（页）及后续行（页）的文字相应移动。这在铅活字排版时代费时费力，而且容易出错。
② 法尊（1902—1980），俗姓温，曾任中国佛学院副院长、院长。

桑木旦①先生能够写出藏文的释文，但是没有人能够翻译成汉文。这一个学科的名词术语贫乏，成为一大遗憾。现在有些年轻人学了藏族传统的声明学，又学习了西方研究的梵文，已经有条件译出，可以弥补这一遗憾。

2007年"恭贺黄明信先生九秩华诞暨《黄明信藏学文集》出版座谈会"上黄明信（左）与国家图书馆名誉馆长任继愈交谈

我们认为，现在是应该增订再版的时候了。但是，兹事体大，绝对不是一两个人能够完成的。现在恐怕又不见得有20世纪70年代末、80年代初那样集中数十个人住在一起专门进行编辑工作的条件，为此，我提出一个初步设想：

一、发动广大的藏文书籍读者群众，不论其水平如何，凡是在阅读藏文书的时候遇到《藏汉大辞典》上没有的词，自己不知其意义者，都可以提出来，我们找专家解决。经采用的词条，会给予提出者一定报酬，重要的是一定要说明这个词的语言环境，即这是在哪种书、哪一页上见到的及其上下文。

---

① 毛尔盖·桑木旦（1914—1993），藏族，四川松潘人。藏传佛教僧人、语言学家。曾在拉卜楞寺学经多年，获多然巴学位。新中国成立后在中央民族事务委员会从事翻译工作，20世纪70年代末参与《藏汉大辞典》编撰工作。

二、聘请一些专家指定若干种有代表性的典籍，请一些中等水平的人，分头认定，从头到尾仔细阅读，找出《藏汉大辞典》未收入的语词，自己能提供藏汉两种文字的释文更好，能提供其中的一种也可，只能揣得其大概意思而没有把握者也没有关系，重要的是记清楚其语言环境。在专家指定的典籍之外，自己提出当然也可以。

三、聘请专家分头解决问题。

四、集中专家集体会审。

五、汇总、整理、编辑、定稿。

我的藏历研究

在藏学界，按照古印度传统，有大五明、小五明之说。天文历算是小五明之一。我国西藏学者一致认为，必须先把内明和因明学通，然后才能学其他的明。如果先学了其他的明，再学内明与因明，就不容易学好。我在拉卜楞寺的时候，严格按照传统方法学习，先学了内明与因明。在我学习藏学的过程中，对因明的学习花的时间最长，不过还是没有学透。这一方面是因为在我学习因明学的最后一年，受到拉卜楞寺青年喇嘛职业学校事情的干扰，另一方面是因为在逻辑学方面我还缺乏一些基础。（20世纪）40年代离开拉卜楞寺时，五部大论我尚未学完，历算尚未学过。

我有点儿贡献的是藏历里跟天文学有关的部分，占星术部分没有研究。我学藏历是在（20世纪）70年代末，因为参加《藏汉大辞典》的编辑工作。这个辞典是藏汉双解、小百科性质的，其中应该有藏历方面的词条。一般研究藏历的人大多只会按照公式演算，不深究其原理，不能写好。原来辞典的藏文作者曾经深究其原理，所以写得很好，若能将其译出，一定会给词典增色，可惜没有人能准确地翻译成汉文。以前陈遵妫[①]先生写《中国天文学史》时，为了藏历曾经亲自去拉萨，找到历算研究所

[①] 陈遵妫（1901—1991），字志元，福建福州人。曾任紫金山天文台研究员、北京天文馆馆长。

所长，但是翻译人员不懂专业，无法沟通，空手而归。现在这里遇到同样问题，我想，我的藏语好，当年数学基础也好，应该能够解决这个问题，就毅然承担下来。

2016年黄明信先生接受中国记忆项目中心采访

我在藏历专家的指导下，按照藏历所给的公式和数据，做过推算日食月食的例题，还推算过金、木、水、火、土五星的位置。我将自己的记录拿给中国科学院自然科学史研究所的陈久金先生。陈先生仔细看了之后指出，用来决定闰日、空日的"太阴日"，虽然现代科学里未讲，但确有科学意义，所以闰日、空日的设置不是迷信，这下就解决了藏历不是迷信的问题。为此，藏族的历史学者非常感激我们。因为过去他们讲不清，现在我们帮他们讲清了道理。西藏自治区藏医院院长强巴赤列还要求我在论文的"恭请者"名字里写上他们天文历算研究所，这标志着藏族学界对我的贡献的肯定。这是我最引为骄傲的一件事。

（感谢西藏自治区图书馆旦增卓玛副馆长、该馆馆员扎西旺姆，西藏档案馆才让加博士等专家帮忙审校了黄明信先生口述史的相关内容。）

关懿娴口述史

王子舟　访问
张晓芳　李易宁　尹培丽　整理

第一批中国记忆"中国图书馆界重要人物专题"共建共享项目

实施单位

北京大学信息管理系

建设时间

2013 年 3 月至 2020 年 5 月

工作团队

顾　　问：王余光　张红扬　张春红
负 责 人：王子舟
访　　问：王子舟
文稿整理：张晓芳　李易宁　尹培丽
影音记录：宋庆生　周　墨　陶　磊
剪　　辑：宋庆生
校　　对：王子舟　张晓芳
外　　联：张晓芳
助　　理：张晓芳　尹培丽

关懿娴，女，汉族，1918年2月出生，2020年4月去世，广东南海人。九三学社社员。图书馆学家。北京大学信息管理系教授。曾任中国图书馆学会常务理事、国际图联图书馆学院组常务委员会通信委员。1943年毕业于西南联大外文系，后留学美国、英国。1956年起任教于北京大学，主讲英文图书编目、西文图书分类等多门课程。退休后心系国家，多次为贫困地区中小学捐资助学，并出资设立"北京大学信息管理系关懿娴奖学金"。

出生环境

我是1918年2月14日出生的,阴历是正月初四。我是家里最小的那个,前面有大哥、二姐、三哥、四姐,我是老五。

我的祖辈,从远的来说要到南宋。南宋时期,有姓关的一家人为了躲避金人,从陕西迁到南方来,从南雄珠玑巷,到现在叫作佛山市的一个镇,九江镇。原来有五个兄弟,在东南西北各占一方,富有的是西方姓关的,我们家是北方的,是穷姓,只有替人家干活的份儿。

我爷爷在家中行六。我父亲也是家中老六,前面有一个五姑妈,再前面四个都没活成;后面老七是一个姑姑;还有一个老八是叔叔,出生半年就死了,因为我祖母死了,就养不活了。因为我爷爷死得早,我父亲只念过三年书,十岁就要从乡下挑菜上街卖。父亲卖菜,五姑妈采桑,七姑姑在家做饭。我们家乡是养鱼的,鱼塘旁边就种桑树,桑叶长出来就喂蚕,卖蚕丝是我们家乡唯一对外的生意。总体来说，我的父亲可谓孤苦伶仃，自小就要负担家庭。家里除了父亲，只剩下一个姐姐一个妹妹。我父亲什么工都去做，曾向掌柜学过打算盘；后来也去过越南，风气不好就又回来了。据说，小时候买米都是拿纸袋的，只能够吃两三天。姐弟吃饭都是熬点粥，姐姐可怜弟弟工作重，总是捞稠的给弟弟喝，两姐妹就吃比较稀的。后来七姑姑也死掉了，大概是饿死的，营养不够，生病也没钱医治。当时家里连买棺材的钱都没有，他们就去有钱人家或者是比较宽裕的亲戚家，一人一块钱、五毛钱地要，广东人叫作"凑货"①，就这样子买了棺材把七姑姑葬了。

我们家乡是侨乡，去美国的不少。有些钱赚得比较多，回来就修了房子；有些就不怎么的。后来，有一个与爷爷同辈的远房姑婆可怜我父亲，替他弄了一张证去了美国，在一个堂哥的店里打工。去了大概两三年吧，采桑的姐姐在广东鼠疫大流行中死了。我父亲闻此噩耗，睡在店里的地下室，伤心得不吃不喝好几天。

父亲27岁时，听他堂哥的劝，回国娶妻成家。回到广东，父亲的七叔也去世了，只有婶婶还在。婶婶把他当儿子看待。那时候，我父亲原想找大族的姑娘结婚。但他婶婶不希望太张扬，要他找一个小族的。后来我父亲也顺从了婶婶。父亲结婚后，母亲怀了大哥时，他就回美国了，他那时要养家糊口的。我母亲的父亲是个监生，曾开馆教书，但他收的是男生。我母亲就偷学，所以她也懂一些文化，但是懂得不多、不够。"人之初，性本善"的《三字经》是我母亲偷学来教我的。父亲回美国后寄钱回来养家。待大哥7岁时，我父亲又在他堂哥的支持下把母亲和大哥都接到美国去了。到美国后，第二年生我二姐，第三年生我三哥。后来，我母亲担心孩子越生越多，家庭负担越来越重，遂坚持要回国。我四姐和我，后来都是在国内生的。我是父亲40岁时出生的。

---

① 指凑钱。感谢广东佛山市图书馆张萌副馆长请教地方人士释疑。

后来我大哥结婚了，我父亲也50岁了，他就不想在中国和美国之间来来往往了，就在香港开了一家进出口公司。但他只做出口。我们就住在他公司楼上的一层。我还记得，父亲的生意就是，买了绿豆，首先由一些妇女把破的、烂的挑出来，要好的东西才送出去。他是老实的，不是只要赚钱了不顾别人的那种人。他自己穷过，所以别人有困难他都主动照顾。我父亲不断用他的苦处教育我们——不要觉得现在有的吃、有的住就好了，做人不要只顾自己，还应该顾别人。

父亲原先的家人都不在了，就剩他一个，现在他的家人又多起来，所以他对我们这些小鬼特别疼爱。父亲的信念是全家都要幸福，男的将来得跟他学做生意，女的也要有文化。因为在近亲里面，我父亲的姐妹、我母亲的姐妹，都是没有知识的，嫁人后，不是受虐待就是受穷。比如我四姨夫是在美国做捧餐①的，靠小费赚了不少钱，但一年只给家里寄五十块，不够我姨母过活的。我父亲婶婶的两个妹妹，一个结了婚丈夫不想要她了，另一个不结婚但是又没有手艺养活自己。所以我父亲认为，女孩子最重要的还是能够自己有知识、能够自立。他让两个儿子跟他学做生意，让他们多学点英语，不要光学广东话。我大哥是在美国学的英语，三哥后来在香港也学英语。但是，我父亲对女孩好像比对男孩还重视。三个女儿他都安排上学读书了，希望将来能自立。我是虚岁8岁开始上学的。

从私塾到高中

两处私塾

我7岁（虚岁8岁）就入学了。老师是一个秀才，邻乡请来的一个老

---

① 即服务员。

先生，他教学生分男女，男生一队，女生一队。我现在还记得第一课是从《论语》开始学的："先进于礼乐，野人也；后进于礼乐，君子也。如用之，则吾从先进。"后来也有女先生来教过。

我在家乡念了一年书，就全家一起去了香港。我父亲想着儿女要念书，就又请了一个秀才来。但这个秀才来教书的目的是让我父亲把他送去美国赚大钱，因为那时候也有人在美国教《论语》什么的。秀才教我们不是从《论语》，而是从《诗经》开始教，教"关关雎鸠，在河之洲"。我那时候还不到10岁吧，就莫名其妙跟着学。后来，我父亲觉得这样不成，不实用，就找熟悉香港的人介绍，要送我们去学校。

小学：香港尊德女校

我们三姐妹去了一家叫作"尊德女校"的学校。那时候香港还跟内地一样，小学是七个年级。我二姐进去后，是从第七个年级念起的。应该说她是我们五个兄弟姐妹中最优秀的，但是死得最早的也是她。轮到我的时候，就被安排到一年级。可是那时我都快十岁了，同班的小孩都比我小。我回来就哭，我说我不干，他教的东西我都懂。后来家人跟学校协调，让我升了一级，从二年级开始。二年级第一个学期，我在期终考得第二名。那也不错吧。不过，我的姐姐总是第一名，所以说我的脑子应该是比她们差一些、笨一些的。这时期，我的姑妈和我们住在一起。这位姑妈不是亲的。早先我五姑妈因鼠疫过世，办了一个冥婚，后来男方家里的姐妹就和我们有了往来。父亲回国后，因无亲人，就接其姐姐到我家照顾孩子，成为我的姑妈。姑妈从小背我带我，很亲近。此时姑妈就安慰我："你也可以考第一名，你考到第一名我奖你一个莲花杯雪糕。"果然三年级我就考了一个第一名。这个学校的特点就是，中国的"四书"全都要念，老师都是女的，学问也不一定有多深。比如说，《论语》她就只教你念得出来，不跟你讲解，说将来大了你就理解了。我记得《上孟》《下孟》《先进》《离娄》《中庸》等我几乎全部都能念出来。现在有些段落还能背。就这样，我在那里从小学念到初一，初一没有念就跳到初二，初二那一年考到第二名。在这个学校，二姐首先毕业，四姐第二个毕业，都是第一名。轮到我毕业时，我得的是个第二名。为什么呢？那时候我大嫂生了一个孩子，那个孩子突然死掉了，就对我有一些影响。另外，我的确是三个姐妹里面脑子最差的一个，尤其在数学上，小的时候还能及格，大了以后，什么几何、代数、三角函数，考到那些就总是不及格。二姐18岁时得癌症死了。我很依赖她，我写字拿她的碑帖写，她写赵孟頫我也写赵孟頫，跟她学的。二姐一死，我就失去了依靠，这是我第一次很伤心的事。

初中：南海九江中学

女校毕业以后，我就回到家乡上中学，那所中学叫作"九江中学"。这个学校是为纪念朱九江而建的。朱九江就是朱次琦，是康南海（康有为）的老师。我去的时候，它刚刚开了半年，1932年建校的时候我父亲也捐了钱。校长（黄汉镂）26岁，刚刚从广州的国民大学毕业。九江中学里边没几个读书人，就把他捧出来了。他倒也确实对学校比较上心，立志一定要搞好这第一所中学。我和四姐是插班生，校长考了我们数学和作文，就把我们录取了，我姐原本高我一级，在这里就同班了。

我初中的国文老师是南海邻近的顺德的一个翰林，所以我从初中开始一直念的是文言，考的是文言，写的文章也是文言。这个学校里有一个原来做官的，教我们白话文，但是我心不在那里。那时，我们教务主任的岳父（邓志昂）是香港一个大富翁，校长就要他分一部分钱来给学校修一个图书馆。后来果然拿到一万块钱开了图书馆（志昂图书馆）。其中有一柜子书是新闻学的，我就迷上了新闻学。我从（初中）三年级开始，见书就去借，有巴金、茅盾、鲁迅等人的书。曹禺的书我是高中才看的。白话文的那些书基本都给我看完了。有个画画的老师还笑——你将来可以考虑做冰心。我说，冰心是诗人啊。我喜欢看故事，看苏联翻（译）过来的，比如屠格涅夫的书。我其实就是从这里面自己学的白话文。

后来（1935年）就毕业会考了，我们初中就得毕业会考，去跟全省一起考。我姐（关懿娉）考了第一名，我大概是十三名吧，我记不清楚了，就是有差距吧。我毕业的时候，大概15岁，我姐姐比我大了两岁。我母亲觉得书念得太多不好，应该早点把女儿嫁出去。我就跟她说："我不愿意，你要是给我硬定了，我就死给你看。"所以我们后来念到了高中。在高中，我们两姐妹还是同级、同班。

高中：省立广州女中

初中毕业的时候，校长推荐我们两姐妹上省立第一女中，后来叫"省立广州女中"。校长还跟南海县的教育局局长打了招呼，说我们两姐妹吧，我是差在数学，文言文、写作文比我姐强些。省立学校按分数录取，外省的人都会来。那时，我姐考进去时是第三名，而我的数学把我拉卜去，成了倒数第三名，但也算被录取了。我姐不服气，她说她应该是第二名的，那个第二名的人是在学校暑期班念过的人，她说："如果我念暑期班，我还可以得第一名呢。"其实那时候，我们还考了"执信女子中学"，居然两姐妹都第一名。但是听人家说，执信校风不好。所以最后我们都进了这所省立学校念高中。

念了高中，我的思想变化很大。因为从四面八方来的人，带着四面八方不同的一些看法、一些做法。那时候，我认识到求学不是到此为止。而我最初念初中的时候，以为念完高中也算一回事了。我们高中经历的第一个校长还好，是留美的，一年后他因为没有后台被开掉了。后来的女校长很保守。她曾说："男人三十一枝花，女人三十烂茶渣，你们该结婚就早点结婚，不要变成烂茶渣。"她的丈夫（许崇年）是许崇清①的弟弟，是未娶妻先立妾，带着个小女孩来跟她结婚的。女校长叫邓不奴。"不奴"，不做奴隶啊，但是她不见得不做奴隶。所以我们就很瞧不起这个校长。而

---

① 许崇清（1888—1969），广东番禺人。曾任中山大学校长。

且，我们还没有进校，学校就已经开始黑我们的钱了。人家岭南大学包伙吃饭，八块钱一个月，有牛奶喝；我们也八块钱一个月，不但是没有牛奶喝，天天就是一碗菜——有一点点肉，一碗汤——肥肉带菜。我过不惯这样的生活。所以说，以后考学校要小心。

关懿娴（后左）与父母、四姐（后右）合影

高中有个老师叫朱重仁（音）对我影响比较大，他是我们的班主任。"九一八"之后，他印了一大批陆游的诗，那是国破家亡之类的许多诗，就是针对着"九一八"，到现在我还能背出来。后来抗日战争开始了，学校就搬到了校长外婆的家乡，就是顺德的一个小村落，叫良滘。高中我就这样上了三年毕业了。

负笈西南联大

高中毕业以后，我们两班差不多九十多人中有七八十人去考大学，考上的有四五十人。在填志愿的时候，我姐填了一个最高的志愿——南京的中央大学，考上了。我就不知道考什么好，第一志愿好像是跟我姐一样，考中央大学中文系——我中文比较好嘛。但是因为生病打摆子①，我被接到广州，就荒废了学业，没能考上。我考上的是湖南新建的国立第一师范学院，就是钱锺书所写的《围城》里边的学校。但是我父亲不愿意，他说应该两姐妹一起去。所以我就没有去湖南第一师范学院，跟我父亲说明年再考，一定考上我姐的学校，我父亲才放心。

我先是跟我姐走，从广东坐洋船到河内，再经昆明到四川。我姐进了中央大学念农业管理。我就说："你学什么农业管理啊，你都没有后台。"这些是搞政治的，不是搞真正的农业的。她自己也后悔，但是已经没法了，就这样念下去了。我没地方住，当时复旦一个老同学找我去住，我就去了。春季学期我考进了复旦统计专修科。念完6个月以后，听说复旦那时候有一个很出名的教授，叫孙寒冰，是搞新闻的，我就转到了新闻系。复旦当时的新闻系也是不错的。但是有一个问题，进去以后我发现主事的副校长是吴南轩，是一个大CC派②。我一听说是CC派，就不想再留复旦了。

算来算去，我还是决定考最好的、最难考的西南联大。那时我有一个

---

① 指疟疾。
② 又称CC系，中国国民党内以陈果夫、陈立夫为首的派系。1928年，二陈兄弟在蒋介石授意下将浙江革命同志会改组扩大为"中央俱乐部"（Central Club，简称CC），培植在国民党组织和文化教育界的亲蒋势力，还操纵控制了蒋介石政权的两大特务系统之一——"中统"。一般称这个派系为"CC系"。"CC"既是"中央俱乐部"英文的缩写，也代表"二陈"（"陈"字拼音首字母为C）。

同学，家里穷得连学费都交不起。她第一年毕业就考中央政治学校，念了半年，听到前届毕业的人都被派到西安去，阻碍那些往延安走的学生，等于是做特务，她就不愿意考中央政治学校了。所以我们两个人就一起考西南联大。西南联大是北大、清华、南开于抗战时期在后方合组的一所大学，这几所大学都是出名的学校。这一次倒运气了，1939年我考上了，是外文系。论理呢，我应该念中文系，我的中文比外文要好。我现在还能背我当初在香港念的那些书。睡觉的时候，《李陵答苏武书》《滕王阁序》这些都能背得出来。但是，招生简章上写的莎士比亚、歌德等世界文学名人，都是我一开头在图书馆就很喜欢的，所以就考了外国语言文学系。但实际上，我的英语水平是不够的，勉强吧。它若收我，我就念；它若不收，再说。只要是西南联大就好。

西南联大对我思想方面影响比较大。它有对立，三青团①很强，还有跟延安有联系的一批人——左派——就专门教辩证唯物主义。那时候有人劝我加入，但是西南联大的功课对我来讲压力很大，我再没有余力去搞别的了。三青团那派有一个学生，叫查良钊，后来去了台湾的，当时他从国外募集到救济学生的东西，全部给了三青团；而左派的人呢，就会得到延安出版的东西。其实，我高中时就在图书馆看到不少从延安寄出来的印刷品了。我自己有这个意识——中间派，我说是中间偏左。而右派的人在西南联大是不吃香的，所以应该说我首先接触的还是左派。而且在初中还是高中的时候，老师就已经跟我们讲了，国民党曾经在广州东校场杀过一千人，就是现在的烈士陵园旁边的一大片地，原来清朝的时候把它当作校场的。他们把一些左倾的分子、怀疑的分子，都推到那儿，有一千多人，开机关枪扫射死了。所以我们的老师劝我们，什么党都不要参加，保住性命最要紧。但是我对国民党这样的行为，是反对的。

在西南联大时，我去中文系听过沈从文的课。但是他口音太重，我听

---

① 即"三民主义青年团"，抗日战争时期中国国民党成立的青年组织。

不下去。沈从文其实也不错的。外文系的老师都是留英、留美的,全用英文讲课。他们好的一点是,能把中文跟外文做比较,所以就有吸引力。我后来到美国密歇根大学念研究生的时候,我是觉得密歇根的老师不如我们西南联大的教授。做毕业论文时,我的指导教授是吴宓老师,他出了一个《红楼梦》跟某个外国人的作品比较的选题。但是我对于那个外国人毫不知情,只对《红楼梦》有兴趣。我跟他一讲,他就说,你也可以做翻译。但是《红楼梦》不容易翻好的,所以我就放弃了。我的毕业论文是翻译的另外一本书,从英文翻成中文,叫 *Vanity Fair*(《名利场》)。后来有中国人翻译出版了这本书,好像是钱锺书的妻妹①。

在西南联大读书那些年,我算是一个中等学生吧。有好些英文挺好的同学,后来都出国出得很快。1943 年 8 月,我从西南联大文学院外国语文学系毕业,当时 27 岁。我的西南联大毕业证书现在还在清华,我没要。它当时发给了我一个做国内证明用的,证明上有西南联大三校校长的签名。

关懿娴 1943 年毕业论文,
吴宓先生在扉页题字

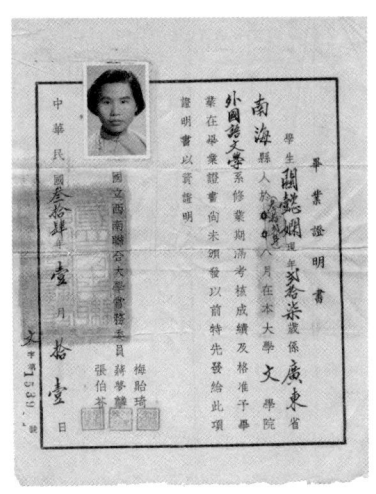

关懿娴西南联大毕业证明书

---

① 指杨绛的妹妹杨必(1922—1968),她在中华人民共和国成立后翻译出版了《名利场》。

大学毕业教中学

西南联大毕业以后,那时候找工作很难。最初吴宓老师曾经介绍我去正中书局做编辑。他向中文系的老师推荐说,关懿娴是西南联大外文系里中文最好的一个人。但是中文系的老师另外介绍了中文系的人。而且,我一听是正中书局①,这个是蒋介石的东西,我不碰,就算了。

我毕业之后在两家清华中学教过书:一家是贵阳的清华中学,一家是重庆的清华中学。英语、中文我都教过。在重庆时,我先是在国立师范中学教书。那个学校工资、待遇特别高,除了发给月薪,还按家里人口发米。我老老实实按一个人领,但实际上我一个人领两斗米都吃不完。不过,到了重庆市立的高中师范学校,是你要不要都给你很多大米,后来光是卖米就有好些钱了,工资也高。但是那个校长是国民党的人,而我新招来的学生有的在南开念过初中,他们喜欢看《新华日报》。《新华日报》是共产党报。那个校长就在我讲课时,在窗外边听,数我的学生订了多少份《新华日报》。所以,我觉得这个学校不适合我。我教书是要挑学校的。

后来我就离开这个学校了。那时候,我姐的一个同学的哥哥,叫周光宇(音),湖南人,他把我推荐给重庆的清华中学。那所中学的校长是清华的学生,他最初让我教毕业班英文,我说不成,我最高能教高二年级的英文。那个清华中学当时在国内是比较好的,最重要的就是没有那么多乱七八糟的事情。学生也很喜欢听我的课。一直到我来了北大,有的学生打听到我在这里,还来找我。我在那个学校教书没多久就去了美国。

---

① 正中书局是一家隶属于国民党中央的出版机构。

远赴美国求学与工作

我父亲在我大学毕业的时候去世了。他觉得那时国内的生活不好,写了遗嘱,要哥哥们把我们在中国的三母女接到美国去,跟他们一起过。他说,如果不那么做,就要把他的骨头寄回来跟母亲同葬。所以,在清华中学教书没多久,我就去了美国。

1950 年关懿娴(左一)在纽约和同学(左二)、四姐、姐夫合影

我去美国的确也是想多学些东西。到美国后，我去密歇根大学念了一年研究生。那里的老师多是本校毕业生留校的。我在西南联大的老师，是美国最好的大学——哈佛大学毕业的，都比密歇根的老师强。所以我念了一年，就不打算念了。

当然，坐在家里吃干饭我也不甘心。恰有密歇根大学的同学考 UN（联合国）的中国翻译，他就告诉我说翻译招完了，你可以考抄写。我想，家里吃饭我不在乎，因为家里是干饭馆的；住嘛，我就住在哥哥家里。我报考了抄写，考上后在联合国语言事务处的会议与总务部门做抄写，从 1950 年 4 月到 1952 年 5 月工作了两年。我有目的地存钱，攒下了 5000 块美金。

转英伦攻读图书馆学

1952 年，我拿着那 5000 块美金坐大西洋的船到英国去。我就是从那时候开始学图书馆学的。伦敦大学有图书馆学系，所以我最初想考伦敦大学。但是后来伦敦大学告诉我说，今年不收中国学生，只收别的国家的学生。他就叫我到 Library Conference，即图书馆委员会去问，那里有许多设有图书馆学的学校的信息。我就拿着我西南联大的证书去了。到了那里，有一个教育委员接待了我，问我的资历。我就告诉他，我是西南联大毕业的——西南联大是北大、清华……他说 understand，知道是哪个学校了，就介绍我去一个叫作 North West College 的学校。

我在那儿学习了两年，从 1952 年 9 月到 1954 年 6 月，学的都是一般性的图书馆课程，如管理、分类、编目。除了一般性课程，还要求对某一种学问有比较深入的掌握，那我就搞英国文学史。教我英国文学史的老师原先是教我英文的，他主要研究的是英国文学史。他说，你对我们英国文学史的看法，跟我们英国人的看法不一样。我说，是不是我有许多中国味道啊？他说，我不知道，反正你们对我们的东西好像了解得更多一些。

关懿娴1954年获英国图书馆协会专业资格考试通过证明

那时系主任对我还挺关心，问我有什么困难。我说，有一位当馆长的老师讲课，我不那么懂。他就介绍了一个好学生给我，借他的笔记给我抄。我抄了他的笔记，就理顺了。结果我们全班20个人去考英国图书馆协会的图书馆员专业资格考试，就两个人合格，一个是借笔记给我抄的那个人，另一个就是我。这个考试是全国性的，在我看来比我们高考还更受重视，因为只有通过这个考试才能取得合格馆员的资格，这是任职于各类图书馆的必备条件。我通过了这个考试，获得申请普通会士（Associate of Library Association，ALA）的资格，但是我没有拿这个资格证书。除了西南联大那个，我什么资格证书都没拿。我为什么不拿呢？因为我如果拿了，就要找个好工作，一年用几十英镑交会费，才能保住这个资格。那我说，中国不那么重视那种东西，我自己对这样的东西也不是很重视。我觉得，第一，人还是得有真才实学；第二，做人更重要。我对学生的要求也是一样的。

在英国的时候,我有朋友也在英国、法国念书,就带着我去旅游。所以,欧洲几个出名的地方,如维也纳,我也都去过了,还有瑞士、意大利、西班牙等。

任职于香港大学图书馆

英国毕业以后我就回香港找我母亲去了。那时候我母亲在香港,我要听从父亲的遗言,把母亲送去美国。

恰恰那时香港大学经济系的一个毕业生就在香港大学图书馆工作,馆长派他到英国去考那个(英国图书馆协会专业资格考试)资格证书,他没考上,而我考上了。那个人和我之间有一个共同的西南联大的同学,他就做中间人,把我介绍到香港大学图书馆。于是,我就在那儿搞编目工作,差不多有10个月。

后来我提出要将母亲送到美国去时,馆长还挽留我。她以为我要跟我母亲到美国去,就说给我英国人待遇,拿工资用英镑计,另外再给两年一次探亲假。待遇倒很好,那时候若用英镑而不用港币支付,我在香港买两栋房子都行。我说,我不干。我没有告诉她我要回内地,因为一旦跟她说了,香港方面很可能就会通知美国领事馆。在我以前就有人被美国领事馆用客船扭回美国去了。所以我就托了朋友陪我母亲去美国,我自己就回内地了。

我出国那时候,国共内战,结局还没分清。有人就说,你好了,你去了国外可以不回来,就躲过去了。但是我说,不然。我是明讲的,蒋介石输了,我一定回来;除非是共产党输了,我就不回来了。

回内地参加祖国建设

我从香港回来内地那一天，印象是很深刻的，过程也比较顺利。

我是到中国旅行社去登记的。我把我的情况跟他们讲，我说我去内地是单程的，他们不需要把我接回来。他们说，你多等几天，就给我定了日子，1955年10月8日。那天早上恰好钱学森一家，还有其他40多个美国留学生，坐克利夫兰总统号轮船来香港，停在尖沙咀码头外鲤鱼门。中午我们从香港的尖沙咀坐火车到深圳，在深圳倒车进广州。所以我就很有幸，跟钱学森同车，从深圳坐到广州。深圳海关有英国警察把关，因为我给那个香港的旅行社相当多的钱，他就去跟英国警察打招呼，英国警察也收钱。那时我只有美国护照，给他看了护照，就过了河到深圳。我到深圳不久，就遇到一个叫作闵恩泽的四川人，他们夫妇是学石油的，我们三个人作为留英美的留学生去广州住宿。我一共带了10件行李，连我父亲的古董青花瓷等都带回去了。

来到北京，我就住到留学生招待所里。钱学森就被科学院接去了。我呢，是国家分配。当时太老实，没有提要求，我也不懂。别人说："你提清华也成啊，也是你母校啊，提北大也成啊。"我都不敢谈，就只有"服从命令"这样一个想法。后来就把我分到卫生部的一个图书馆（中央卫生研究院图书馆），那里是医学科学方面的，跟协和是有点联系的。那个馆长是从美国人当年在武汉开的文华图专毕业的。他觉得没有跟他打招呼就分配来一个女留学生，所以他就有意地——如果从我们图书馆角度看——给我最低的职位，就是借书还书的地方。而我的组长是一个初中毕业生，我替他清理开架书库——读者随便插、拿书，书就找不到了，我就得替他把书全部整理了，用了很多时间。我那一年连续来了十几个留学生，但是都安置得不够好。

1956年1月，周总理发表了《关于知识分子问题的报告》。读了这个报告书，我觉得馆长对我的安置不好。第一个月给我100块钱，还过得去；第二个月只给我80块。我说，哪有减钱的问题啊？他的意思就是说，少几天。我就说，那以后我就80块。80块钱是不够用的。反正他对待那些医学方面的留学生还可以，就挑剔图书馆学的留学生。我想着就先做下去再说。后来，有一个武大毕业的学生，刚分来不久，他就觉得馆里待我太不像样了。他写信回武大：我们这边回来个留学生，可以做教师的，你快点向教育部要人。教育部的人问我：你愿意去武大吗？我说不愿意，因为武大我没有熟人，北大清华里边有我的老师什么的。所以，教育部也不勉强我。周总理《关于知识分子问题的报告》发表后，很多人讲："你怎么不到北大去教书啊？北大有图书馆学系。"我那时才知道北大有图书馆学系。于是，我就去找我原来的老师袁家骅教授。他知道我，很快跟系主任介绍，我们见了面，就办了调动。

执教北大图书馆学系

到了北大图书馆学系，系里让我在一个月之内开设一门课。讲什么呢？就讲讲英国的图书馆吧。这个对我不是太难的事。那时候，学生听课要听苏联的，有苏联专家。后来我参加评职称的时候，跟学校另外两个人一起，这两个人实际上等于都是我的朋友：一个叫周珊凤，是在美国拿的大学毕业证书，周珊凤的父亲周诒春曾是清华大学的教授、校长；一个叫刘志强（音），刘志强是留法的，他在美国念完就到巴黎念，没有拿到什么证书。其中，周珊凤评了六级，刘志强评了七级。学校就说，如果参照周珊凤我就评六级，参照刘志强我就评七级。那些同事没有听过我的课，只来了一个听过我课的学生。这个学生说：关老师应该跟周珊凤一级。为什么呢？他说，我们听过苏联专家的课，关老师讲得比苏联专家明白，讲得比苏联专家好。于是，这个六级讲师便定了下来，我的工资就高了一些。还有一个就是免费医疗，这个最重要，是叫作"老六级"的人才能够享受的待遇。我现在吃那么些药大大小小，都是从学校拿的，不用钱。

关懿娴 1961 年在北大执教时期

评副教授好像是我后来（1978 年）去英国考察的时候。我和一个武大的副教授（陈光祚）参加考察团。武大那个副教授，在我刚刚来北大开课的时候，他听过我的课，然后毕业后分到武大去，出了一本书，升了副教授。去英国考察要印卡片。当时北图的馆长（刘季平）原先在新四军待过，后来做过教育部副部长，他决定考察团不分开印卡片，要印大卡片。印大卡片就要排名，那排名的话，我是老师，那个（陈光祚）是学生；一个是北大，一个是武大。那关懿娴排在什么地方啊？馆长（刘季平）问我，我只说，我是北大六级讲师。那个馆长就很生气，他说，哪里有学生评到副教授，而你是老师，又是留学生，怎么只得个讲师？他马上找学校的副校长、书记问是什么原因。后来我评副教授的事就解决了。但是呢，馆长提了一个要求，就是要我去做翻译。他原来是有翻译的，这个翻译原来是替一些美国兵做翻译的，用词不够文雅吧。我就说，做翻译员我不去，我跟我们书记说，如果作为代表我就去。我就坚持了这个，因为这个不是我的问题，我是代表北大去的。我到英国的时候，那些之前的熟人，高兴得要命。

我在系里教的课也不算很多，有专业英语、英文图书的编目、西文图书的分类、图书馆建筑、英国图书馆概述、图书馆工作组织、图书馆学引论、期刊工作等。有些是没人愿意教的，要我去负担。我就觉得，能负担我都负担吧。我不是善于言辞的人，从小到大就这样，小的时候说话，家里人都笑我不像话。

我后来在系里也当过副主任。我的一个主张就是，不是为我自己去做这个副主任，而是为系里其他的同志跟学生去做的。

我的一点人生感观

从专业成就来说，我不觉得我有多大的学术成就，或比别人强。我们系有一位周文骏同志，他能够用马列主义的观点去解释图书馆学的理论，他的发言也的确能让你听得津津有味。所以我认为他还是最高级的。他后来当了系主任。还有吴慰慈，也当过系主任，他在实干方面有他的一套。当时我们有一个学生叫杜克，做过什么文化馆的副馆长①，就想升吴慰慈去当一个图书馆馆长。但是吴慰慈不愿意当馆长，他就宁愿守着做他的那个图书馆学教授。

---

① 回忆有误。杜克，1982年至1989年任文化部图书馆事业管理局局长。1989年图书馆事业管理局改称图书馆司，杜克任司长。

往远了说，王重民先生是搞古代目录学的，中文系的老教授像魏建功、游国恩，都曾向他请教。对他那一套我是佩服的。老实讲，我的中文古文功底不算差，但是我理解不了他的东西。我们系九三学社小组里，我就是低级人物嘛，就常常要听听那些老先生的，我觉得他们都是高级的。刘国钧先生吧，他在国外学的东西跟回来做的差得太远。他原来是威斯康星大学的哲学博士，做老子研究，这个当时在国外就少有。但是他干什么都尽力，也当过系主任。

我希望图书馆学系的老师和学生能关注图书馆普及的问题。普及，就是不单只在学校有、大学有，其他地方也都能够普及。在这个方面，我觉得英国做得比较好。美国嘛，做大的东西它有钱，但是英国人做得比较细腻。

至于我自己，我认为有点走错了。我还是愿意回图书馆工作，不搞编译目录也可以，我也搞过出纳嘛。就有一样我不想搞的是参考咨询，人家问你就要答复，这个我就受不了。我最佩服的还是梁思庄。她最满意的是编目，但是她真正做的，就是我们各系的老先生遇到解决不了问题的时候必须来找她，而她都能够解决。她懂若干种外文，不只晓得英文、法文，连少数民族的语言文字，她都能够懂。但是她人生很不幸。她女儿写了《梁启超和他的儿女们》，我有这本书，写梁思庄写得不多。梁思庄去世的时候，我好像刚好不在中国。以前，我星期六总到她那里去看电视的。我们都是广东人，讲广东话都通，她是江门的。她病得重的时候只能够坐轮椅，从8点到9点人最多的时候，也要阿姨把轮椅推到图书馆的南门，看人家进进出出，然后回来，天天如此。没有哪个人像她那么爱图书馆的。图书馆像是她的孩子一样。很可惜，我了解她太少，没有走到她的内心去。否则嘛，很值得写一写。

我现在只是说，要走什么时候走都成。我单身一人，遗嘱都写好了。我怎么来怎么去，不留骨灰。在外我还有一堆侄子侄女，个别侄孙女专门回来要我写家史。我说，我一碰家史就心疼，因为都得从我父亲写起，太苦了。但是，尽管如此，我觉得我父亲的心、他做的许多事都是跟共产党相当一致的。他自己不剩什么，有了钱不是归自己用，都是拿去他认为最需要的地方。所以这一点上，我应该说是从父亲那学到的。我自己是舍不得用太多钱的，我好像从小就不是爱用钱的人。比如说我们两姐妹，我姐姐拿的钱由她去分配，我没有太多要求。我对现在学生的那些贫困情况，都是听来的多，真正知道的还很少。我自己从小学、中学、大学过来，也有遇到许多穷的，就是家境不富裕的朋友。我宁愿自己节省一点，还是要接济人才。替国家接济人才，被接济的人也能够发挥才干，这才算公平。不是说我家里有钱就能够怎么样。我倒是没有这种想法。

反正，从我对自己的评价来讲，我是中等人才。别人说我好，我不一定就是好。有好些东西我自己是解决不了的。唉！事情太多，也是太长了。我现在吧，还能记得的，就是小学校背的那些古文。我背一段《李陵答苏武书》吧：

子卿足下：勤宣令德，策名清时，荣问休畅，幸甚，幸甚！远托异国，昔人所悲；望风怀想，能不依依！昔者不遗，远辱还答，（慰诲勤勤，有逾骨肉，）陵虽不敏，能不慨然！

自从初降，以至今日，身之穷困，独坐愁苦。终日无睹，但见异类。韦韝毳幕，以御风雨；膻肉酪浆，以充饥渴；举目言笑，谁与为欢？胡地玄冰，边土惨裂，但闻悲风萧条之声。凉秋九月，塞外草衰。（夜不能寐，）侧耳远听，胡笳互动，牧马悲鸣，吟啸成群，边声四起。晨坐听之，不觉泪下……

2013 年 5 月 15 日关懿娴先生口述于
北京大学蔚秀园 27 栋 304 居室

熊道光口述史

吴邦伟　访问
全根先　整理

第一批中国记忆"中国图书馆界重要人物专题"共建共享项目

实施单位

国家图书馆

建设时间

2016年6月至2020年10月

工作团队

负 责 人：田　苗

访　　问：吴邦伟

文稿整理：全根先

影音记录：田艳军　孙诗雨　陈泰歌　韩晔瞳

外　　联：戴晓晔　杨宵宵

资　　料：罗　霞

熊道光，男，汉族，1920年11月出生，2018年11月去世，四川万县（今重庆市万州区）人。中共党员。图书馆编目专家。国家图书馆研究馆员。1944年毕业于武汉大学经济系，1949年后，历任万县市市立中学校长，万县市文教科长、副市长，1965年调入北京图书馆工作。在工作期间，曾主持撰写《北京图书馆外文图书采访试行条例》《北京图书馆外文书刊资料采访工作意见》等，合译有《马克思恩格斯著作目录和马克思主义参考书目》等。

我的家庭

1920年11月22日,我出生在四川省万县(现重庆市万州区)三坪村冯家坪,我祖父熊显绰(字裕章)读过几年私塾,从十几岁到四十多岁一直从事耕种。他对父母极尽孝道。母亲生病,久治不愈,无奈之下,他实行"割股疗亲"①,从自己左手臂上割下一块肉作药引子,熬药给母亲吃。乡人称他为"大孝子"。他虽然文化水平不高,但头脑相当开通,重视对子孙的教育,鼓励我们读书。他说:"书能化愚。"我六七岁的时候,算命先生为我算"八字",说我命不太好。祖父听到后说:"不要紧,君子有造命之学。"他为人耿直,肯说公道话,仗义执言,乡人间闹纠纷时,多请他评理,他的话大家都信服。

我的父亲叫熊其锋,读过私塾,又断断续续教过私塾,一生信"忠恕教"。他每天要坐禅(闭目静坐)一

---

① 割股疗亲,古人所认可的一种至孝行为,割下自己的大腿肉来治疗父母的重病。

2016年熊道光先生接受中国记忆项目中心采访

两个小时，有时还要到乡场或县城的善堂①与道友、乡人集体坐禅。他为人忠厚，与世无争，常怀笑容，和善待人。

我有一位叔父，叫熊其锐（字进修），曾留学于日本东京的法政大学，任教过重庆法政专门学校，还担任过万县县立中学校长、万县参议会副议长。他阅读广泛，政治倾向是开明的。

我的母亲姓魏，我没有听说过她的名号。她和我的婶母负责为全家做饭，一人3天，轮流下厨。此外，她还要种菜、喂猪、换洗大人小孩衣服，整日整年少有休息，不幸50岁左右就病故了。听说她患胃病期间，没有得到医生的认真治疗，她就自己挖点草药，熬制服用，终于不治！这是封建主义下重男轻女、妇女痛苦深之一例，也是旧社会"吃人"之一例。母亲生前，我一点孝道也没有尽到，这是我最大的遗憾！

据说，我母亲生过6胎，全都是男孩，但只存活了3个，我是其中的老二。我的哥哥熊道成大我4岁。他在20世纪40年代中期毕业于重庆中

---

① 善堂，旧指育婴堂、养老院等慈善机构。

央大学①，以后一直在万县中学任教。我弟弟熊道毅小我3岁。他上中学期间，不好好学习，爱到外面游逛，受坏人牵引，染上毒瘾。1948年春，他在万县太龙乡被抓壮丁，以后一直杳无音信。这也是国民党反动派统治下的旧社会"吃人"之一例。我未能帮助弟弟改邪归正，把他挽救过来，这也是我的一大遗憾！

我家祖父在世时，有田地收租谷（稻子）约80石。我叔父任中学校长、教师，有工资收入，此外没有别的收入。1943年祖父去世，我父亲与叔父分家，各分得田地收租约40石。

熊道光与夫人罗霞

我于1959年结婚。爱人罗霞当时是万县专区文工团（现重庆三峡歌舞剧团）主要演员，1965年调到北京图书馆任中文外借组组长，她所在的组曾被评为先进集体，她还担任过党支部支委等工作，1994年退休。我们生有3个儿女，3人都已成家。大女儿熊伟生于重庆万州，北京外国语大

---

① 因抗日战争全面爆发，中央大学于1937年先后迁至重庆、成都等地，称"重庆中央大学"，1946年迁回南京。

学法语系毕业，曾任中国国际广播电台法语部副主任、法语首席播音员，取得了播音指导的高级职称，2007年荣获中国广播电视播音主持"金话筒奖"。小女儿熊丽生于万州，北京外国语大学亚非语系泰语专业毕业，就职于中国北方工业公司，被外派做经理，现常驻泰国。儿子熊捷生于北京，北京外国语大学英语系毕业，美国罗切斯特理工大学工商管理学硕士，现任美国一家公司商务总监。

我幼年时，家里曾背着我为我包办订婚，对方是我的表妹，为了摆脱这桩包办婚约，曾颇费周折，容后再叙。

我的青少年时代

私塾、小学时期

我约6岁发蒙读书，当时家里聘请一位塾师在我家办学，除了我和我哥入学外，还招收了六七位附近农家的孩子就读。老师对学生一个一个地教，学生各读各的书，各不相同。我开始读的有《三字经》，因为书里头两句话"人之初，性本善"，人们也叫这书为"人之初"。我还读了一本书，该书头两句为"天生物，人最灵"，书名不详①。还开始读"四书"。老师只教课文怎么读，不讲解文句的意思。老师每天教一两段课文，然后由学生大声反复朗读，直到能背熟，第二天要向老师背诵。我们对所读课文虽然能背诵，但对书中说的是什么事，讲的是什么理，大多不知。

大约在我8岁的那年（1928），我到离家约3里地的一家私塾上学，每天早饭后去学堂，中午回家，午饭后再上学堂，下午4时至5时放学回家，每天要走四趟，约13里。那时迷信鬼神，每晨上学途中，有两位比

---

① "天生物，人最灵"，出自《三字幼仪》。

我年长的同学带领我对沿途的土地庙（不论远近，凡是能看得到的）三作揖，祈求土地神的保佑。有一次偶发事件，当时我真以为是"神灵显应"。那天早晨上学时，我已走到离校不过百多米的地方，忽然发现我没有带上书本。没有书本，我背书无问题，但老师无法教新课。我心急如焚，感到要大祸临头，免不了要受老师的处分（打手板）。我就不要命地跑回家取书本。当我进校入座时，看到还有同学站在老师面前背书，老师也未察觉到我的迟到，我是"幸免于难"。那时，我真感到，自己没有白拜土地神，全靠土地神的神力相助，我才能健步如飞，完成了取书上学的任务而平安无事。我上中学以后才逐渐认识到，人是有潜力的，平时不会显现出来，在特殊情况下，潜力便发挥出来了，能够创造出奇迹，这并不是什么"神力相助"。

我10岁那年（1930），我哥带领我进新式学校——熊氏族立小学（后改名七星小学）。我的名字过去为熊道继，此时我自己将名字改为熊道光，意在要走光明之道。那时，我还不知道清朝有位道光皇帝。校舍设在黄柏乡七星山顶的一座大庙七星观内，离我家约5里地。我与哥哥读"住学"，自带大米、咸菜到校搭伙，三餐吃粥，每周星期二、星期五中午吃干饭，因为下午要写作文。校长熊特生系清末举人，崇奉孔子儒学，曾任京师国史馆编纂，应邀回万县修县志，任总撰。事毕，鉴于家乡文化教育落后，人才奇缺，他决定不再返京，留在家乡办学，亲任校长十余年，不领薪酬，并对品学兼优、家境清贫的学生尽力给予资助。

当时学校的课程中，算术、历史、地理、自然、生理卫生采用的是统编教科书，国文（语文）教科书是选自《论语》《左传》《古文观止》中的文章，此外还专设了讲《孟子》、唐诗的课程。音乐、美术的课时很少，儿歌、国歌（国民党党歌）都不会唱。体育课没有活动场所，足球、篮球、排球、网球等球类不见踪影。我们上午和下午都坐在教室里听讲、温课、做作业，课外活动极少。教室墙上有多幅校长写的标语，如"读书多，积理富""少壮不努力，老大徒伤悲""先天下之忧而忧，后天下之乐而乐"等。同学们读书学习的氛围非常浓厚，但读的多是古书，作文写的是文言文，从未见过一张报纸，一本杂志；对校外、国内外发生的事一概不知不问，真是"两耳不闻窗外事，一心只读圣贤书"。星期日是有的，这与私塾不同，但往往在星期日上午校长要抽学生去背书，或由他讲"读书法"或有关道德修养的文章，如文天祥的《正气歌》之类。

由于学校的教与学都很认真，因而学生成绩优良。1932年，万县全体高小毕业生数百人集中在县城参加第一届会考，我哥哥以第一名的成绩获奖。第二年，我参加全县城第二届会考，也是以第一名获奖，不过我补考了算术一科（当年全无补考的只有二三人）。

我读小学时，仍然迷信鬼神。后来在校长的影响下，对孔子极为崇拜，认为他学问大，道德高，是"大圣人"。我当时对五行、八卦、天干、地支这一套也很感兴趣，认为把这一套精通了，就可以预知天下的一切。

我哥哥经常督促我的学习，他对我很有帮助。他小学毕业后进入万县县立中学（在县城），还总写信鼓励我要努力健身、努力求学。我小学毕业后的暑假中，他带领我阅读蔡元培、胡适等人的一些文章，我开始接触到一些新文化的气息，感到很欣喜。此外，他还教我学英文。

万县县立中学时期

我小学毕业后，1933年秋进入万县县立中学①（初中，只招男生）。我读小学的校舍是一座古庙，跨进万县县立中学校门，住进了高大的"洋楼"，宛如进了一个新世界，真感到非常新奇和兴奋。我们班的同学约有200人，一般年龄都比我大好几岁。与我年龄相近的十二三岁的新生，全

---

① 万县县立中学，创办于1908年，其前身为万县中学堂，1912年改为万县中学校，1925年改为万县县立中学，其后数度易名。1997年更名为重庆市万州第一中学。

班只有五六人。教师都是大学毕业的，教学和管理都比较严格。我印象最深的是数学老师吴季昌，他讲课声音洪亮，精神饱满，态度严肃。繁难的四则杂题，加、减、乘、除，往往多达十几个计算步骤，对每一个计算步骤，他都要求写明理由，要求合乎逻辑程序，最后列出总的算式和最后的答案。这对培养学生的逻辑思维、理性思维是很有好处的。在我读第二学期时，吴老师曾被逮捕数日，反动派怀疑他是"共党分子"，其实不是。

国文课用的是通用教科书，课文多是文言文。我写作文，仍是用文言文写，觉得写文言文更方便些，后来才逐渐学写白话文。有一次，老师出作文题"攘外必先安内"。什么叫"攘外"？什么叫"安内"？我感到莫名其妙，老师也未做解释。幸好他还出了另外一个题目。英文是新课，我入学前，哥哥已教我认识英文字母了，还认识十几个英文单词，所以一点也不觉得难。当年学校以中文、英文、算术为主科，其中一科不及格，就得留级。第一学年结束后，我们班的同学已减少了一大半。

我读初二期间，杨吉甫①老师来校教国文，他带来一股新风，同学们对他反映很好。他没教我们班的课，但我常和一些同学课外去他宿舍看望他。他面容清瘦，说话轻言细语，态度和蔼亲切，对青少年学生富有爱心。同学们私下称他为"杨妈妈"。他在课外，还主编《川东日报》的文艺副刊。有一期要出小诗专刊，他让我写小诗投稿。我本不会写诗，在他的鼓励下，我试写了《我愿》，请他审阅。我自以为不怎样，不料过几天《我愿》居然见报了，我真感到喜出望外。

---

① 杨吉甫（1904—1962），四川万县（今重庆万州）人。教育家、现代诗人。早年考入北平民国大学预科，参加革命，新中国成立后曾任万县市副市长、万县市文联主席、四川省文化局局长等职。

我愿

　　我愿有一对强大的翅膀

　　飞到天空最高处，

　　把宇宙的一切

　　看个究竟。

　　进了中学，我感到比在小学时轻松愉快，每天下午有一两个小时的课外自由活动时间。学校有图书室（小学没有），我常去那里阅读书刊，课外阅读解放了我读私塾、小学以来的迷信思想，让我精神上感到非常愉悦。我读了北京大学教授陈大齐①的一篇讲鬼神观念起源的文章，说世界上根本不存在什么鬼神。人们为什么有鬼神观念呢？这是因为远古的人极其愚昧无知，对一些自然现象的发生无法解释，就想象有某种超自然的神力在起作用，如风伯、雨师、雷公、电母之类。他们也分不清梦幻与真实，梦中有时还能见到已故亲人，就认为人死后还有鬼魂存在（据说，现在非洲某些原始部落的人仍然认为其梦中所见的事象是真实的）。就这样，人们的头脑中逐渐形成了鬼神观念。这篇文章使我深受触动，开始打破了我对鬼神的迷信。

　　我还在图书室读过一本叫作《吴虞文录》的书，书中猛烈批判旧礼教（"礼教吃人"）、封建文化，使我深感震撼，渐渐解除了我对孔子的盲目崇拜。不过对孔子这位古代大思想家、大教育家的学说和思想，我们仍应批判继承和发扬，以建设社会主义新文化。

　　我还读了《科学概论》，觉得很艰深。其作者王星拱②是我后来读武

---

① 陈大齐（1886—1983），字百年，浙江海盐人。心理学家。曾任北京大学代校长、校长，台湾政治大学校长。口述者所说文章，疑为《辟"灵学"》，发表在《新青年》第四卷第五期。
② 王星拱（1888—1949），字抚五，安徽怀宁（今安庆）人。教育家、化学家、哲学家。

汉大学时的校长。书中说宇宙在不断膨胀，这个观点给我留下很新奇的印象。我读了《相对论浅说》①，虽然是"浅说"，仍觉得费解。我读过《非欧几何浅说》，与欧氏几何不同，其论证"三角形三内角之和大于二直角"，也是合乎逻辑的。我叔父从1935年就任万县县立中学校长，他给我买了几本科普书，例如《神秘的宇宙》《物理世界漫游》《化学奇谈》等，让我阅读。我还看过一些科学家的传记，开始崇拜牛顿、爱因斯坦，想学他们那样，将来做一个科学家，探索宇宙大自然的真理。上面那首小诗《我愿》，反映了我当时的心情。我读小学时对五行、八卦之类的兴趣也就从此消散了。

我那时还想了解人生的意义所在，为此读过一些哲学方面的书，如胡适的《中国哲学史大纲》（上册）、罗素来华讲演录②等，但总是不得其解，我还是认为自然科学所讲的才是可靠的真理。由于醉心于课外阅读，这时我对功课有所放松，这对以后升学不免产生负面影响。

那时的课外活动时间，我很少去球场（学校各类球场都有）。在读初三期间，我常打网球，由我哥哥带领着，夏天常到长江岸边游泳。

熊道光1936年在万县县立中学

石室中学时期

1936年夏，我和哥哥同时从万县县立中学毕业（他原比我高一个年

---

① 《相对论浅说》，即《狭义与广义相对论浅说》，爱因斯坦著，杨润殷译。
② 伯特兰·罗素（Bertrand Russell，1872—1970），英国哲学家、数学家。曾于1920—1921年到中国讲学，共做了近20个主题的演讲，其讲演曾结集为《罗素五大讲演》出版。

级，曾因病休学一年），家里大人同意我们升学读高中。当年万县只有四所中学，其中两所公办，两所私立，都是初级中学（现在万州已有60多所中学）。我们决定去中学最多的成都（省会）考高中。离开万县前，叔父还买票，让我和哥哥去看了一场电影（武圣神话片）。这是我们第一次看电影，感到特别新奇。与我们同行的还有4个万县中学的同学。从万县乘轮船沿长江向上游驶去，历时近两天到重庆，在重庆住一天两晚，买好汽车票，又花了近两天时间才到达成都。出乎我的意料，那时成都街上多是一、二层的平房，远不如重庆。我们6人在政府街租房住下，准备升学考试。成都有中学、师范学校十余所，其中最好的是"联中"①，我一心想考进联中。考试后发榜，我名落孙山。我考上了省立成都师范，我哥哥考上了省立绵阳中学。与我们同来的4个万县同学中，有一人考上成都县中，两人考上私立天府中学（在政府街），一人未能考上学校。升学考试完毕，我哥哥去绵阳上学，我住进了省立成都师范，那4个同学仍住在政府街。

我没考上联中，感到很苦恼。我打算在成都师范读一个学期，复习功课，下次再考联中。我在成都师范读了两三周后，感到其课程和整个学校生活与我复习功课、再考高中的要求不大合适。加之有一天，校长给我们上英文课时说，读师范要安心，如不愿意读，现在可以退学，否则以后另考学校，就要追赔学费，受到处分。于是我办了退学手续，又搬回政府街与那4个同学住在一起。4人中有3人白天去上学，只有我一人全日在房间自修。我发奋自学，决心背水一战，孤注一掷，志在必得，非考上联中不可（一般中学春季不招生）。在4个多月内，我确实下了一番苦功，每天除了三餐和晚上睡觉外，星期天也不休息，集中精力把初中的主要课程复习一遍，做英语、数学的习题。我哥哥常来信鼓励我，还抄寄英语短文

---

① 联中，全称为"成属联立中学"，即成都石室中学，因得到各府县学田支持，故称。

让我学习。

1937年1月，我再去报考联中，报考者有上千人，来自四川各地，初试考国文、英语、数学，发榜录取300人。复试考理化、生物，还有口试和体检，录取50名。这次我总算"金榜题名"了，辛勤耕耘，终获成果。圆了联中梦，我精神上感到莫大的欣慰。

联中校名的全称为"成属联立中学"，其校址是西汉蜀郡太守文翁建石室办郡学遗址，此后是历代郡学、州学、府学之所在，1940年更名为石室中学。我在联中读高中普通科第十一班（1937年2月—1940年1月）。联中教风、学风严谨、勤奋，素来有较高的教学水平。国文教材采用《经史百家杂钞》。我的古文有一定基础，学起来不难。作文用文言文。英语课教的全是英美名家的散文、短篇小说、剧本、诗歌等。我读高二时（1938年上学期），曹葆华①老师来教我们英语。他的教法较生动，常与学生交流，使我认识到英语是一门重要的学习工具，激发了我对学英语的热忱。我熟读且能背诵英文教本中的许多精彩诗文。数学课分量较重，代数、几何、三角同时开课，晚自习时间多用于演算数学习题。物理、化学的实验仪器设备较充足，两人一组在老师的辅导下做实验。

与曹葆华老师同时来校任教的，还有何其芳②老师。他教我们班读文组的国文，自编活页文选，第一篇是鲁迅的作品《娜拉走后怎样》。他首次将新闻学带进了石室中学讲堂。我当时是读理组，理想是学好自然科学，可以探索大自然的真理，有时趁空去读文组旁听何老师讲课。同学们

---

① 曹葆华（1906—1978），四川乐山人。诗人、翻译家。1927年考入清华大学外国文学系，1931年毕业后又考入清华大学研究院，1935年毕业。1937年在成都成属联立中学（今石室中学）任英语教师。1939年赴延安参加革命，1944—1961年在中共中央宣传部翻译马列著作。

② 何其芳（1912—1977），原名何永芳，四川万县（今重庆万州）人。诗人、散文家、文学评论家。1938年2月在成属联立中学教授高中国文，8月赴延安参加革命。新中国成立后，担任中国科学院文学研究所（中国社会科学院文学研究所前身）副所长、所长等职。

对何老师的反映很好，说他热爱自己的学生，课内课外、口头书面都诲人不倦，只要有利于学生，他对我们都有求必应。何老师还与卞之琳①等创办了《工作》半月刊，其上发表了著名的《成都，让我把你摇醒》。他的《论周作人事件》一文，严肃批判周作人在日本侵占下的北平出任敌伪要职。但此文却受到当时成都一些文人、作家的非议。何老师在一次上课时，再次义愤填膺地批判周作人的投敌行为，并严肃批评了那些对此事态度暧昧的人。他讲话时，声色俱厉，大义凛然，给我留下了难忘的印象，也使我受到一次深刻的爱国主义教育。

何其芳与曹葆华两位老师在联中都任教一个学期，他们先后于1938年夏、1939年奔赴革命圣地延安。他们不仅言传，更以身教指明了广大青年和知识分子前进的方向，使我深受教益。

我在高中第一学年想避免如初中时那样过多旁骛课外阅读，决心集中精力学习功课，为以后深入探索宇宙大自然的真理打下基础。我取得了较好的成绩，曾获得学校的奖励。到第二学年，对功课的学习不像第一学年那样紧张，我感到光是课本学习实不能满足自己求知的需要。学校有一座较大的图书馆，我常去借阅书刊，同其职工相熟以后，我可以直接进书库找书。有一次，我借阅了《万有文库》中的一本小书，书中讲了一个论点，认为哲学完全可以被各门科学所取代。我当时同意这种看法（我在初中时就倾心于自然科学，觉得哲学玄虚）。我把这本书的看法向同学邵正和讲了，但他有不同意见，他认为哲学有其特殊的地位，绝不是各门科学可以代替的，不过哲学有两种，唯心论哲学使人迷离，而唯物论哲学使人头脑清醒。他的这番话，引起我对唯物论的注意，使我想了解唯物论的内涵。一次，我在图书馆偶然找到一本小册子《唯物史观浅说》。什么叫唯物史观？我很好奇，我想这可能与邵正和说的唯物论哲学有关。我读了此

---

① 卞之琳（1910—2000），江苏南通人。诗人。抗战时期曾在西南联合大学任教。

书以后，感到很兴奋，觉得这本书开阔了我的眼界，使我初步了解历史唯物主义，粗浅认识了社会发展的客观规律。

我把这本书的论点向邵正和讲了，他表示赞同。同时，他又借给我艾思奇的《大众哲学》。这本书更启发了我的思想，我初步了解了辩证唯物主义。这是关于自然、社会和思维的最普遍的规律，使我好像进入了一个新的精神世界，感到非常欣快。我在初中时，曾想了解人生的意义，即所谓人生观问题。读了《大众哲学》，我体会到，一个人不应当关闭在自我的甲壳里来玄想所谓人生的意义，应当把眼光放远，认识社会，关注人民大众的现实生活，参加改造社会的实践。从此，我在课外爱读有关新哲学（辩证唯物主义、历史唯物主义）方面的书。

当时，邹韬奋创办的生活书店已在成都设分店，我从那里购买了艾思奇、郑易里翻译的《新哲学大纲》（苏联米定·拉里察维基等著），加深了我对新哲学的认识。我开始对其创立者马克思、恩格斯有了崇敬之心，约略知道苏联是崇信新哲学、实行共产主义的国家。我开始隐约意识到，中国共产党是信奉新哲学的，是坚持真理和正义的，绝不是国民党所污蔑的"杀人放火的暴徒"。但是，我对中国共产党领导人民革命的征程仍一无所知。上述三本书并不直接涉及这类主题。当年有关这方面的书是绝对查禁的，谁有这方面的书，会招来杀身之祸。

我和邵正和、吴万能（后改名吴仲垺）等同学组织过拾遗读书会，交流读书心得，出墙报《我们的园地》，宣传抗战。我发表过一篇散文诗，斥责汪精卫的叛变投敌。我们还在星期天去飞机场慰问修建机场的工人，进行抗敌宣传活动。但是，这类宣传活动不但得不到支持，还受到当局的种种压制。据传，四川大学有位教授因在机场工人中进行抗战宣传活动而被捕了。

1938年暑期，政府组织全国高中以上学生分区集中军训，总负责人为黄杰。我被分配到离成都几十里的龙泉驿进行军训。名为军训，实际上军操练得很少,听讲课的时间很多。讲课内容除个别是讲团结抗战外,多是灌输反动思想毒素。我当时已具有初步识别能力,厌恶他们的胡说,他们讲他们的,我看我的书。我读完了邹韬奋的《经历》等,很受启发鼓舞。别的同学也有不少在看小说。

1938年成都石室中学部分同学合影,中排右二为熊道光

1938年,敌机常飞成都轰炸。城内没有防空设施,空袭警报响了,我们都往城外郊区跑。有一天凌晨,三时许,空袭警报响了。我跑出南门外,到一片竹、树茂密的村落旁。我想跑得越远越安全,不料再跑了一阵,又回到了原处。随即警报解除了,我急忙跑回学校,准备上床补觉。刚一躺下,不料空袭警报又响了,我赶紧又往城外跑。

为了躲避空袭,1939年上半年,学校疏散到离成都60里的新繁镇,高中设在成都文庙内,我在那里读满高三上学期。在期考前,我得悉中央大学(简称"中大")、武汉大学(简称"武大")、浙江大学和西南联大举办统考招生,同等学力可以报考。我和邵正和、吴仲浮、袁孝愚等同学决定报考大学(我们高中毕业是在1939年冬,大学都不招生),不参加学校期考。我们请假两周,回到成都联中原校舍住宿。在这两周内,我们足不出户,全力突击备课应考。至于报考什么学科的问题，我从初中到高一是想学自然科学，探索关于大自然的真理，但从高二以后，我的志趣有了改变，我萌发了一种想法，认为我国最迫切需要的是进步的社会科学工作者，探索关于社会的真理，进行社会的改造。经济是社会的基础，因此我想学经济。再则，我高中对学英语有浓厚的兴趣，认为这是重要的学习工具。基于这些考虑，我报考的第一志愿是武大经济系，第二、三志愿是武大、中大外语系。

熊道光 1939 年高考前摄于成都

高考时，第一天上午考国文。当天下午我突发疟疾，发冷、头疼。幸好下午没有考试，我即服药治疗。第二天虽再未犯病，但仍头昏脑涨，周身不适，可是我认为机会难得，决不放弃，坚持考完。大约三天，高考完毕，我急忙赶回新繁，复习功课，准备补上期考。我对高考已不抱希望，但是，学校的补考必须过关，否则大学没考上，中学又留级，两头失落，那太难堪了！补考结果，各科都通过了。我感到无比轻松愉快，要好好休息一下，迎接下学期开学，安心读完高中三年的学业。

1939 年 9 月，学校已开学上课了。有一天我忽然接到武汉大学的录取通知书，按我报的第一志愿经济系录取了我。吴仲垿也被武大经济系录取了，邵正和、袁孝愚被中大录取。圆了大学梦，真是喜从天降，我感到无比欣慰。但是，我的叔父和哥哥不赞同我去读经济系，他们希望我读工科。我没接受他们的意见，决定和吴仲垿一道去乐山武大①上学。

---

① 因全面抗战爆发，武汉大学于 1938 年迁至四川乐山，1946 年回到武汉。

在离开联中前,还发生了一个小插曲。当时学校按上面规定,不准学生的头发超过多少寸,我们都已经剪成短发了。但是,一位训育主任认为袁孝愚的头发还不够短,责令其再剪短些。我们4个已考上大学,无所顾虑,便冲进办公室,批评这位训育主任苛刻无理,闹了一场。然后,我们就告别联中了。

在武汉大学的学习与生活

考入武汉大学

1939年9月,我和吴仲埠从成都乘木船沿岷江南下乐山,同行的还有杨仁政,他是从私立华西协和中学考上武大经济系的。乐山当年是川南的一个小县城,位于岷江与大渡河的交汇处,风景秀丽。但是,我进城一看,大街多处断垣残壁,满目疮痍。经了解,就在8月19日,日寇出动36架飞机,对乐山城进行狂轰滥炸,商业区沦为一片火海,居民伤亡无数。武大学生5人、工友2人、教师家属7人丧生。教授中60多人的家产全部或大部分被毁。学生80多人的财物全部或局部被毁。日寇侵华的滔天罪恶,于此可见冰山一角。

武大本部和文法学院设在一个宏大的文庙内,在正中的大成殿设立图书馆,左厢房为法学院办公室及教室,右厢房为文学院办公室及教室。在大成殿后面的一个较小的殿,分设校长、教务长的办公室。理工学院设在西城各处。

校长王星拱曾任北京大学教授。他在《新青年》等刊发表文章,倡导科学,反对迷信。我在初中时曾读过他的《科学概论》,不料五六年后成为他的学生,不过我没在武大学理工科。武汉大学1938年在王校长的组织领导下,克服多种艰难险阻,从武昌珞珈山西迁到四川乐山。

王校长继承北大兼收并容、民主办学的优良传统，延聘了不少高水平的教授，聘请著名教授朱光潜出任教务长，聘请曾参加过辛亥革命的赵师梅教授出任训导长。直接教过我及我旁听过讲课的教授先后有：叶圣陶、方重、李纳（英国籍）、陶因、高亨、黄方刚、彭迪先、陈家芷、刘秉麟、杨端六、张颐、杨东莼、孙家琇、刘胜亚、杨安·玛丽（瑞典人）、戴名巽等。

第一学年，我除了学国文、英文、数学、历史外，还学哲学、经济学、政治学、伦理学（逻辑学）等学科的概论。以后第二、三、四学年，学习经济系的各门专业学科，如经济思想史、财政学、货币与银行、会计、统计、经济地理、国际经济问题以及第二外国语（德语）等。

通过第一年学习，我不仅提高了在高中所学的国文、英文、历史、数学水平，还学了有关哲学、社会科学各门学科的基础知识，感到收获不少。但有两点让我觉得失望：第一，我原来希望上大学，能进一步听到有关新哲学的课，实际上完全没有，教哲学的教授根本不提辩证唯物主义、历史唯物主义。教伦理学的教授在一次讲课时，竟说"辩证法是逻辑的混乱"。第二，我原希望读大学能很快帮助我认识中国的社会经济、政治，但有关这类学科的授课都只讲欧美的学说状况，一概不涉及中国。其实，我的失望表明我那时的天真无知。在当年反动派统治下的中国，课堂教学是很难满足我这两点希望的。

第二学期以后，我想通过课外阅读解决问题。但是，课外读物却不好找，生活书店已被查封，进步出版物都遭到查禁。于是，我常跑图书馆。据悉，武大图书馆原有藏书近15万册，在学校西迁途中，图书、仪器在宜昌、万县两次被日寇轰炸，损失惨重；在乐山又遭到日寇轰炸；存放在汉口的图书则被日寇劫夺一空。据统计，武大图书馆损失图书5万多册。剩下近10万图书因怕敌机空袭，大部分被转移到乡下隐藏起来。由于经费缺乏，无力添置新书，僧多粥少，借书也困难。同馆内员工相熟以后，我可以直接进书库查书。我觉得外文书还比较好借一些，由于是外文，国民党特务的魔掌也难以插入。

印象最深的是英文版《中华苏维埃》和《1925至1927年中国革命史》。读了这两本书，我初步认识到，作为革命政党，在孙中山的"联俄、联共、扶助农工"三大政策下，共产党联合国民党进行了反帝反军阀的北伐战争，取得了节节胜利。但是国民党蒋介石背叛孙中山的三大政策，1927年发动了四一二反革命政变，大肆屠杀共产党人和革命群众。在九一八事变后，蒋介石又提出并实行"攘外必先安内"政策。这就是说，不要枪口朝外，抗击日寇侵略者、收复失地，而要枪口朝内，先剿灭共产党人、工农红军和革命群众。我这才明白，我读初中时老师出过的一个作文题"攘外必先安内"的含义——这正是上面布置下来的题目，是国民党反动派在向全国青少年放毒、洗脑。读了《中华苏维埃》，我还想到，如果全国能学习实行当年共产党领导工农红军取得数次反"围剿"胜利的战略战术，实行官兵一致、军民一致的全民抗战，我国一定能取得抗日战争的最后胜利。我当时曾想把这本书翻译成中文，但该书页数甚多，我怕占用太多学习时间而未动手。为了提高英语阅读能力，我还选读了一些莎士比亚的剧本，托尔斯泰、屠格涅夫的小说。

1940年春，我突然收到家信，说我母亲去世，并已安葬。我又得知，母亲在生病中并未得到医生的认真治疗，终于被病痛折磨而死，这使我深感悲愤！我从16岁告别父母求学他乡，不料4年前一别，竟成为与母亲的永别！我多日陷入沉思，深感母亲的死，不是一个人的问题，这是封建主义对妇女的迫害问题。于是，我读了一些有关妇女问题的书，如沈兹九①

---

① 沈兹九（1898—1989），名慕兰，女，浙江德清人。早年留学日本，1935年创办并主编《妇女生活》杂志，宣传中国共产党的抗日方针。

的《妇女问题讲话》、倍倍尔①的《妇女与社会主义》等。我认识到妇女问题是社会问题的一个重要部分，只有随着社会的解放、人民大众的解放，才会有妇女的解放，只有社会主义能使妇女获得真正的解放。我还写过几篇谈妇女问题的短文，刊登在学校的壁报上，有的同学戏称我为"妇女问题专家"。

在第一、二学期，我和吴仲垿、杨仁政等同学六七人曾办壁报《拓荒》（后改名《星火》），宗旨是宣传抗战和交流学习心得。

1940年1月的寒假，我和吴仲垿、杨仁政还参加了同学们组织的抗战宣传活动。我们从乐山出发，步行到达峨眉县，转夹江县，返回学校，共花了五六天时间。我们先为沿途大城镇的居民表演若干文艺节目，聚集人群，然后进行宣讲，受到群众的热烈欢迎。"峨眉天下秀"，但我们未能上山一游。

1940年暑假，我决定返乡。我从乐山乘小火轮南下宜宾，再东下重庆。在重庆中大（中央大学）与哥哥会合后，我们乘轮船东下万县。登万县城四望，阔别4年，可谓"国破山河在，城悲敌机凌"，过去繁华的商业区高楼都毁于日寇飞机的空袭。我们再坐木船，回到黄柏乡老家。回到家中，亦喜亦悲，喜的是抗战3年家中人都还安好；悲的是我已不能再见到母亲了。我和哥哥只能去母亲坟地拜祭，痛哭一场。哥哥随即离去别住（此前，他已过继到三祖父家），不久他结婚了。家里也要我趁假期完成婚事，对方为姑母的女儿。我表示不同意，要求解除这桩儿时的包办婚约。我想，母亲去世才几个月，我不能再做封建主义的牺牲品。但是，祖母坚持要我即行结婚。祖父和父亲虽也希望我结婚，但并不过分坚持。在僵局中，表妹生了重病，这帮助我暂时摆脱了困境，但问题仍然存在。

---

① 倍倍尔（August Bebel，1840—1913），德国社会主义者，德国社会民主党创始人之一。

1940年秋返校后，进入第二学年，由彭迪先①教授讲授经济思想史。他用马克思主义观点评述主要经济学家的经济思想，受到我们的欢迎。他是武大思想进步的教授之一，我常和赵一明等同学在课外去他家请教。还有一位进步教授陈家芷，讲授经济史，也是我爱听的课。有些教授讲课不大精彩，一些同学常常逃课，我也是其中之一。学校采取点名的办法来加以约束，但点名之后，我们便溜之，然后去旁听其他学系教授的讲课。

张颐教授是有名的研究黑格尔的专家，在哲学系讲授德国古典哲学。他曾获美国密歇根大学、英国牛津大学两个博士学位。德国古典哲学是马克思主义三个理论来源之一，我因而常去哲学系旁听张颐讲课。我当时感到他有唯心主义思想倾向。他说德国哲学，康德是根，费希特是茎，谢林是花，黑格尔是果，哲学发展到黑格尔是登峰造极，以后到费尔巴哈等人就没有什么名堂了。实际上，马克思、恩格斯批判继承、改造发展了黑格尔的辩证法和费尔巴哈的唯物主义，创立了辩证唯物主义和历史唯物主义，达到了哲学思想的高峰。

我在课余还翻阅过一本英文版讲黑格尔的书。由于我常听关于黑格尔的课，又读有关黑格尔的书，有些同学戏呼我"黑格尔"。

我还旁听朱光潜教授在外文系讲雪莱等人的英文诗，听孙家琇教授讲英文小说《傲慢与偏见》。他们都用英文讲课，讲得相当精彩，受到同学们的欢迎。

我在二三年级参加的读书团体有"文会社"，取"以文会友"之意，成员有吴仲浮、赵一明、高城庄、何文昆等十多人，全是川籍同学，还定期出壁报《文会》，有时还会举办读书座谈会。

我还参加过珞珈经济学社，其成员有十多人，除我和赵一明外，几乎

---

① 彭迪先（1908—1991），原名彭伟烈，四川眉山人。经济学家。著有《世界经济史纲》《货币信用论大纲》等。曾任中国民主同盟中央副主席、全国人大常委会委员、全国政协常委。

全是湘籍同学，其中有五六位是武大经济研究所的研究生。举办读书讨论会前，会确定一位中心发言人，一般都由研究生担任。我当时有意研究经济理论，想在毕业后再读研究所，但之后事情的发展有了变化。

报名参加中英突击营翻译

我无数次接到家信，不同意我解除订婚的要求，还表示如我坚持己见，家里可能停止供给我学费。这使我深感苦恼，终日如坐针毡，影响了我学习的心情。我想找个职业，自谋生活，从而半工半读，以求免受家庭封建主义的压迫，但又毫无门路，真是一筹莫展。

1942年春，我当时以为一个"机会"来了。1941年12月，太平洋战争爆发后，一部分英军来华参加抗日战争，与一部分中国军队组成"中英突击营"。1942年三四月份，教育部电令武大征调10名学生，参加中英突击营的翻译工作，为期一年，期满返校复学。学校据此发出布告，要求学生自愿报名参加。我当时考虑，这是一项关于抗战的工作，应当参加，我也可借此摆脱家庭束缚，从而解除不合理的婚约。于是我报了名。总计报名有80多人，由朱光潜教务长主持测试英语，试题是听写和问答题，测试后录取10名，我名列其中。学校即电复教育部，已征调10名学生前来联系。我们10名学生告别老师和同学，拿着学校的介绍信，去重庆教育部办手续，转赴湖南，参加中英突击营的翻译工作。

1942年4月，我们到了重庆，在一家旅馆住下，然后去教育部。一位司长（吴俊升）① 接见我们说，正在联系，还没联系好，要我们等着。我们每过两三天去问一次，问了好几次，都说没联系好，我们深感失望，竟然这么办有关抗日的事，这样糟糕！等了两三周，其间我曾去中大看望哥哥和邵正和、袁孝愚等同学，又去南温泉中央政治学校看望了几位原联中

---

① 吴俊升（1901—2000），字士选，江苏如皋人。著名教育家、哲学家、伦理学家。曾任南京国民政府教育部高等教育司司长，后赴香港、台湾，1969年退休定居美国。

的同学。最后，我们见到了中英突击营的负责人李默庵①，这才暂时解决了去湖南的问题。同时，四川大学也来了10位同学，参加同一工作。约5月份，我们20人分批坐汽车到贵阳，在贵阳停留一二日，再坐汽车到都匀，换乘火车经桂林到湖南祁阳，再坐汽车到达目的地七里桥。

但是，我们到那里连住房都没有，只能临时找民房住下，解决食宿问题。看到这种情况，大家都很灰心失望。住了数日后，李默庵提出，要我们受三个月军训，然后参加工作。训练科目有军事操练、野外演习、军用英语、时事述评等。教军用英语的是一位60多岁的英国人，据说曾任云南大学教授，能讲普通话。在军训期间，一位所谓政治辅导员，常到我们课桌查看书籍、笔记等。我的课桌上有高尔基的《我的大学》和一本苏联小说，可能受到他的注意。过了两三周，我们接到通知，出丁英军人数少，需要的译员不多，要我们一部分人"请长假"离队。宣布的名单中武大有4人，其中有我；四川大学有5人。

辗转桂渝，教书为生

接到离队的通知，我将何去何从呢？当时觉得返校还不是时候，我家包办的婚约问题还未解决，我想在桂林找个职业，干到年底再回武大。留下的何代枋同学是广西人，他很热情地帮助了我。他写了几封介绍信，要我到桂林找他的几位朋友，请他们帮我找工作。我于7月到达桂林，先在社会服务处的住宿部住下，此处收费比一般旅店低廉一点。我陆续造访了何代枋的几位朋友，他们都热情接待了我。不过他们都是小职员，介绍工作的难度实在很大，那时社会上失业的人很多。

其中一位朋友介绍我去一家补习夜校教英语。我只教了一次课，第二次去时，不料被一位不速之客抢先登台讲课，我感到非常错愕！当时夜

---

① 李默庵（1904—2001），字霖生，湖南长沙人。黄埔军校一期生，国民党中将，参与酝酿和筹商湖南和平起义，后长期居住国外，1990年回祖国定居，致力于祖国统一事业，曾任黄埔军校同学会会长。

校也不见负责人，对这种流氓行为，我感到无力抗争，也不屑与之纠缠，以免影响学生的学习，我就悄然退下，任其抢去了饭碗。此事我也没有告诉那位介绍我工作的朋友。当年社会常有所谓"六腊之战"①，人们为争夺教师席位，会在暑期和寒假中互相恶斗。这表明失业问题的严重。当时，食糖专卖局招会计，我去报考并被录取，但我无法找到铺保②，终成泡影。

我住社会服务处的床位，有一天被别人进住。有关工作人员对我说，我订住的时间已满，要我把行李搬走。在困境中，我幸遇一位从安徽颍上逃来桂林的李姓学生，他在教小学，他让我搬到他那里去住。他住在桂北路一间简易平房里，附近不少居民都是从安徽逃难来的。我住房不用付房费，但饭钱日渐吃紧，有几天我每天只吃两餐，每餐吃二三两大饼。

我找到了一份家教工作，为桂林中学的三个女生补习英语、数学。我上午去教课，下午跑桂林图书馆读书。我在那里读完了十卷《鲁迅全集》的绝大部分，深感鲁迅的笔犹如锋利的匕首，刺向中国社会、文坛的种种丑恶事象，所向披靡。鲁迅维护真善美、反对假恶丑的战斗精神，使我深受鼓舞，从此，我对鲁迅深为崇敬。

大约到10月份，我接到家信，说祖母病故，祖父生病，要我回家一行。我与哥哥通信商量，决定回家，争取解决婚约问题。我即从桂林乘火车到衡阳，晚间在车上昏沉入睡，提包被人偷走了；从衡阳再换乘汽车到湘潭，再坐船到长沙，当时长沙在敌机轰炸和大火之后，显得破败苍凉；又从长沙乘船经洞庭湖边到津市，在船上，我遇见两位去重庆读大学的湖南学生，我们三人结伴从津市步行到三斗坪。我们雇人挑行李，我脚蹬草鞋，走了一两天，我的脚后跟擦破了，深感不适，但我坚持前行，过两天

---

① 六腊之战，旧时俗语，小学、中学是以学期计的，一个是半年，每半年要给教师发一次聘书。教师为了求职，每到6月和12月要去争取。
② 铺保，即以商店名义所做的保证，在保单上盖有商店的图章。

长出跬子①，就安然了。路上行人甚多，大多是小商贩，从湖南背棉花到三斗坪转运四川，又从四川贩运食盐到湖南。路上经一座大山坡，山路宛转曲折，有几十个"之字拐"，从上面往下望，满山坡都是密密麻麻的人影晃动，人们称那山坡为"蚂蚁坡"。我们走了六七天，才到达湖北三斗坪，这里是川江轮船到湖北的终点，下游宜昌已被日寇侵占。我们从三斗坪乘轮船西上。我是第一次过长江三峡，大河劈地，怒涛汹涌，高山奇峰，龙飞凤舞，三峡的奇异景观惊心动魄。

到了万县，我在一家旅店暂住，等哥哥来。我听到乡亲们说话的声音，感到非常亲切，非常悦耳，这是从来没有过的感觉。过了一两天，哥哥到了，我们一同坐木船回家。家中祖父卧病床榻，见到我们，显得很高兴，但他很少说话。全家人忙于办理祖母的丧事。来我家吊丧的客人很多，其中就有我的姑父姑母。祖母安葬以后，我即提出解除婚约的事，但家人仍要我完成婚事，尤其是姑父姑母嚷着要我执行婚约。我与哥哥商量，首先我坚持解除包办婚约的立场，其次在态度上、方法上，要平和、灵活，避免发生更大吵闹，以免影响祖父的疗养。表面上，我佯为应允结婚，实际上实行"三十六计，走为上策"。

在一个晚上半夜时分，我背着行李逃出家门，走近黄柏溪，要过这条小河。时值大雨之后，小河涨水，我手摸着露出水面的石头，用脚探踩河底石块，终于平安地过了河，到达长江岸边。我沿着江岸西行，走到半路上天色发亮，晨光熹微。家中派来的人追上了我，我就歇下来坐在一大石头上，声言我决不回去。我写了一短信给祖父，说明我不能结婚的苦衷，请祖父谅解，并祝福他早日康复。我将信托来人带回，他还拿走我的行李（做信物），以便回去交差。

我进城住在离轮船码头较近的旅店。第二天，哥哥进城与我相会，还

---

① 跬子，一作茧子。

带来我的行李。他说从家中的反应来看，我的婚约可望从此一笔勾销了。我感到很高兴。后来听说，我半夜出逃、反对包办婚姻的故事，传遍四邻八方，此后人们对包办婚姻的事也多有忌惮了。这是抗日民族解放战争大潮里的小小涟漪，我个人为之吃了一些苦头，不足为奇，反帝反封建的事都还要继续努力。

我和哥哥乘轮船西上重庆，再坐汽车去沙坪坝中央大学。哥哥在学生宿舍找到一个空床位，让我住下，每日三餐在学生食堂解决。我经常到中大图书馆读书，在那里读完了英文版《经济学说史》（基特著）。1942年底，我告别哥哥，从重庆乘车去乐山，回武大复学。1942年的重庆和湘桂之行结束了，我最大的感受是国民党政府机关和军事部门的腐朽无能。

重返武大，完成学业

1943年初，我到武大教务处报到，办理复学手续，继续完成三年级和四年级的学程。我怀着受了创伤的心灵和对政治、社会极为不满的情绪，以及对家庭的一些怨怼，回到较为宁静的武大校园，以求调摄身心，并希望从理论和现实的结合中加深对中国和人类社会的认识。

我返校两月后，父亲来信说，祖父已病故，父亲与叔父分家，我的婚约已正式废止。我的这一思想负担，从此得到解脱。三四年级上课的时间较少，我除继续听彭迪先教授讲经济思想史、陈家芷教授讲欧洲经济史，以及经济系的其他课程外，还继续旁听朱光潜教授讲英文诗和孙家琇教授讲英文小说。

杨东莼[①]教授来武大，在政治系讲授中国政治思想史——这是我新加的一门经常旁听的课。他把马克思主义观点体现在对史实评述中，但很少使用新名词术语，讲话很有技巧，很受同学们的欢迎，一个大教室都挤满

---

① 杨东莼（1900—1979），湖南醴陵人。青年时代参加五四运动，1920年参与组织北京大学马克思学说研究会，1923年加入中国共产党，参加早期工人运动和抗日救亡活动。中华人民共和国成立后，任广西大学校长、华中师范学院院长等。

了人。在纪念五四运动 25 周年座谈会上，他提出要高举"德先生"（民主）和"赛先生"（科学）两面旗帜，发扬五四光荣传统，使我们深受鼓舞。

但武大学府也不是世外桃源，杨东莼教授的进步言论，引起了国民党反动派的惊慌。蒋介石给教育部的电令中声称：据报，武汉大学法学院政治思想史教授杨东莼平日言论反动，诋毁本党及政府，并对学生时加煽动，希注意整顿为要。校长王星拱极力保护进步教师，他以学校的名义向教育部呈文称：法学院教授杨东莼所授政治思想史一科范围只止于先秦时代史，其人在校教学亦甚努力，平时言论并无涉及任何实际问题。王校长对进步师生是尽力维护的。

在课外阅读方面，我印象最深的，主要是阅读了英文版图书，如马克思的《〈政治经济学批判〉序言、导言》，恩格斯的《社会主义从空想到科学的发展》，此外还有《辩证法唯物论教程》《联共（布）党史简明教程》等。我还读了张仲实翻译的《政治经济学教程》，从同学丁宗岱（丁立）处借阅斯诺的《西行漫记》。我还订阅了《新华日报》，这是每天不可缺少的精神食粮，我从中学习时事政治和党的主张。我第一次读的毛泽东同志著作是《在延安文艺座谈会上的讲话》。文中指出文艺工作者、知识分子应当同人民大众结合、为工农兵服务，使我深受教育。于怀（乔冠华）在《新华日报》写的半月一次的国际述评专栏文章脍炙人口，对我们了解国际形势很有帮助。凡从报上看到八路军、新四军从敌伪军侵占下解放了某县城的消息，我都用红铅笔在地图上对该县城地名画上一个小红点，我为地图上红色点子日益增多而甚感欣喜。

阅读这些书报，开阔了我的新视野，使我认识到，马克思主义既是彻底革命的，又是高度科学的；既是无产阶级根本利益的理论表达，也是全人类追求彻底解放、实现自由而全面发展之正道。中国共产党既以马克思主义为其理论基础，又能理论联系实际、结合中国国情，深入工农基层群众,开展革命宣传组织工作,是真诚为中华民族、中国人民求解放而斗争的革命领导力量。这些书报打破了当年国民党反动派的种种造谣污蔑,使我能在国共两党的斗争中做出正确的抉择。

我后来发现,同学中的个别三青团团员暗中查看我课桌里面的读物,这引起了我的警惕。

进步同学新成立了学习团体海燕社,其负责人为刘兆丰、陈克胥(菏夫)。我虽未正式加入海燕社,但多次应邀参加他们在郊外召开的学习讨论会,受益匪浅。我在大四后期,曾参加青年励进社,它后来与其他几所大学的进步学生团体合并组成青年民主社,在中共中央南方局青年组领导下进行抗战、民主活动。

在大四期间,我曾参加过一次学校举办的英语讲演比赛,我演讲的题目是《今日大学生的责任》。我讲了三项责任:第一,应当努力学习;第二,应当帮助老师搞好教学;第三,应当为人民争取民主。第三项任务是我演讲的重点。参赛的有十几位同学,主持评奖的有朱光潜、彭迪先等8位教授。演讲结束,有4位同学获奖,我名列第二。学校发的奖品是几本英文书,最珍贵的是朱光潜教授写的条幅,开头两句是:"千里之行,始于脚下……"。事后,朱教授还在条幅右上端"……学友惠存"前,题写了我的名字熊道光。可惜的是,这条幅后来在一次搬家时不慎丢失。

在大学最后一学期,按规定要向学校交一篇毕业论文,可以自己写,也可翻译一篇专论。我原拟写关于经济理论的研究文章,但考虑到写作的观点不好处理——按照我自己的观点写,某些教授可能不中意;按他们的观点写,我又不愿意——于是我决定请彭迪先教授选一篇英文的经济学专论让我翻译。我的译文草稿经邵正和同学(他已由中大转学武大)自告奋勇帮我缮写,然后送请彭迪先教授审阅,并转呈学校。

我原来打算在大学毕业后,再读武大的经济研究所,我参加珞珈经济学社也就是因为这个想法。但在大四后期,我的想法有了改变,我认为老是从书本到书本,从概念到概念,长期脱离社会实际,这不是健全的人生。我愿在大学毕业后,投身到社会生活中去学习,为抗战和争取民主运动贡献自己的一份力量。1944年上交了毕业论文,考完了毕业考试,我就告别了武大的老师和同学们,也告别了乐山秀丽的山水,乘轮经岷江南下宜宾,转长江,驶向战时首都重庆。

武大诚朴刻苦、勤奋治学和勇于求索的优良校风,令我刻骨铭心,永世不忘。

彭迪先老师

我再补充谈谈我在武大时的彭迪先老师。彭老师早年留学日本,潜心研究马克思主义学说,"七七事变"后回国,参加抗日救亡运动,并投身反对国民党反动统治的斗争中。他长期进行马克思主义经济学说的研究和传播工作。1940年,他从西北联大转到武汉大学,在经济系讲授经济思想史,阐扬马克思的经济学说,运用马克思主义的立场、观点,评述西方各流派经济思想,很受同学们的欢迎。他讲课从不点名,但听课的同学很踊跃,除经济系同学外,还有外系的同学来旁听。

反动派对彭迪先老师恨之入骨。1941年夏,乐山县国民党党部、三青团团部以及驻军的特别党部勾结在一起,强令武大解除彭老师的教授聘约。他们说彭老师是共产党,"思想不纯",拿出的证据是彭老师在生活书店出版的几本书。朱光潜教务长说,这是政府图书出版检察机关批准发行的,不足为凭。武大的领导和很多教授都不同意反动派妄加的罪证。我们学生闻讯也群起反对反动派的恶行。武大遂继续彭老师的聘约。

但是,反动派并不甘休,校内一个三青团骨干分子(经济系学生)趁彭老师暑假回眉山老家,在校门贴出不署名墙报,对彭老师造谣污蔑,恶意攻击。我们同学们纷纷出墙报,奋起反击这个反动派的鹰犬。彭老师返校后,我和赵一明等同学去他家看望、慰问。我们很气愤地谈到经济系出了这样一个大坏蛋!彭老师表示,他对个别的坏学生不屑理睬。他说,

"狗咬我们的腿一口,我们不去咬狗腿一口"。

此后,国民党教育部在每学年开始前,总要下令武大解聘彭老师,武大领导没有执行,没有解聘彭老师,教育部便扣发了彭老师的研究费。彭老师仍坚持参加进步同学的各种集会,针对国民党的反动行径进行严正的口诛笔伐,毫不退缩,对反蒋抗日救亡运动积极做出贡献。彭老师、杨东莼和缪朗山①是当代武大的三位"民主教授""红色教授",反动派把他们三人都列入了"黑名单"。

1950年初,成都刚解放,彭老师即向党组织提出入党的要求,党组织希望他继续留在民主党派中活动,发挥更大的作用。彭迪先老师曾任四川大学校长、四川省副省长、民盟中央副主席。直到20世纪80年代,他才实现了几十年的愿望,成为中国共产党党员。

在革命洪流中锻炼成长

从明诚中学到适存高级商业学校

我于1944年7月到达重庆,立即去找在宣传部门工作的原联中同学袁孝愚,他让我在办公室晚间支床暂住。在火热的重庆,我马不停蹄,四处奔走谋职。我想到报纸、杂志部门找个记者、编辑之类的工作,以便广泛接触群众,但不得其门,一无所获。有武大同学相告,直接税署东川税务管理局招考税务人员,约我同去报考。

我从1942年时就有感受,对那个政府、税务部门的事实在觉得心寒。不过,为暂时找个栖身之所,然后另觅较合意的去处,所谓"骑驴找马",

---

① 缪朗山(1910—1978),广东中山人。西方文学及西方文艺理论研究学者。1942年参加文艺界抗敌协会,曾任武汉大学、香港大学、北京大学等校教授。

这实为可行之策。于是，我去报考税务员，并被录取。然后，我们集中学习了一周税法，主持人是东川税务管理局局长崔敬伯，此人曾留学英国，教过大学，有一点学究气。学习结束后，我被分配到东川税务管理局本部（重庆新桥）。照章要见习三个月。见习期间，崔敬伯嘱我和一位川大毕业来的程希孟整理局内的图书室。他拟了多条标语，让我们用仿宋体写好，张贴在图书阅览室的四壁。标语的内容多系摘录"四书"上的话，标语中多有"直"字，这是从"直接税署"的"直"字做文章，如"举直错诸枉，能使枉者直""举直错诸枉，则民服；举枉错诸直，则民不服"等。在书写贴标语期间，我每天抽空读《新华日报》，还读雨果的《悲惨世界》英文本。

我们书写张贴标语的工作完成后，正准备整理图书室的书时，我接到一位武大同学的来信，约我去私立明诚中学任教。我对搞税务部门的工作本来就没兴趣，若到学校任教，我便可以在学生、青年中做些思想工作。于是我就向局长打报告，借口身体有病，须请假回家疗治一段时间。得到批准后，我就收拾行李，离开了东川税务管理局。临走时，匆忙中忘记取下挂在宿舍墙上的朱光潜教授书写的条幅，从此永远失去了这一珍贵文物。

1944年8月，我与刘子政等武大同学到了明诚中学，校址在重庆九坡区铜罐驿。这是一所天主教会创办的中学，校长和几位主任都是神甫，有一位西班牙神甫管总务。我在该校任教的课程，有高中、初中的国文、历史、地理等。科目头绪多，每天备课、教课、批改作业，对一个初次任教的人而言，并不轻松。我教高中一个班的中国近代史，不按教材照本宣科地讲，而是根据我所掌握的史料，重点讲了鸦片战争、戊戌变法、辛亥革命、五四运动等。从期末考试的答卷来看，学生基本上都领会了我所讲的内容，我感到相当满意。在一次对这个班的讲课中，我曾对学生宣称，中国在今后10年内必将发生从旧中国到新中国的历史巨变。我的这个预言提前实现了。由于我学习了马克思主义的唯物史观，结合中国人民革命实际，所以能做出正确的预见。我课外接触较多的学生蓝道福、丁道隆等，思想认识较好。蓝道福后来积极投入学生运动，曾被反动派逮捕，新中国成立后曾任丰都中学校长。

我在业余时间坚持常看《新华日报》。有一次我去重庆，在《新华日报》社买到一本莫斯科出版的恩格斯亲自审定的英文版《共产党宣言》，如获至宝。我经常阅读该书，加深了对马克思主义的理解和信仰，对其中一些警句熟读能背。1944年秋末，我到重庆，经武大同学赵一明介绍，参加了中国青年民主社（简称"青民社"），这是中共中央南方局青年组领导下的革命青年组织之一。

明诚中学作为教会学校，每周要学生做弥撒，学生信天主教的不少。我们对此做法颇感不满。教满一学期后，我们几个武大同学都离开了明诚中学。

1945年1月，我和刘子政等转到重庆私立适存高级商业学校（以下简称"适存高商校"），校址在重庆南岸九龙坡。该校是由实业家、爱国民主人士胡子昂①支持创办的，校长是武大校友赵一明，教师大多是武大校友，其中还有几位是青民社成员。我在该校主要教英语课，兼一个班的班主任。对学生的思想教育工作，我主要通过个别谈话、开座谈会、出壁报等方式来进行。我还负责青民社适存高商校小组的学习，多次组织教师学习《新华日报》的重要文章。1945年5月党的七大召开后，毛主席的政治报告《论联合政府》在《新华日报》上发表了，我们怀着高度的热情学习了这一伟大杰作。

---

① 胡子昂（1897—1991），又名胡鹤如，重庆人。中国民主建国会创始人之一，民族工商业者的杰出代表。曾任第五、六、七届全国政协副主席。

1945年5月摄于重庆适存高商校，前排左二为熊道光

春季开学不久，武大政治系毕业的同学胡果（国樑，地下党员）来适存高级商业学校与我攀谈。我们谈得很好，对时事政治有共同的看法。他还送了我一本《新民主主义论》，我以极其兴奋的心情精读了这篇经典文献，对中国革命的性质、方向和道路有了明确的认识，感到心明眼亮，无比欣幸。胡果还介绍我去重庆七星岗德馨里39号会见张黎群①同志。当时只知道张是《新华日报》副刊《青年生活》的编辑，后来才获悉，他是南方局青年组成员，负责领导青民社等革命青年组织。此后每过两三周，我都要去见张黎群同志，谈在学校的学习、工作等情况，听取他的指示意见。他曾给我《七大文献》《整风文献》等文件。我按他的意见，曾用熊达生的化名写了一篇自传交给他。我在自传里表明，我愿意为新民主主义革命和共产主义的伟大理想贡献自己的力量，经过实践锻炼，争取加入党组织。后来得知，那几年，根据当时的形势，党组织暂停发展，要求

---

① 张黎群（1918—2003），四川蒲江人。1937年奔赴延安，次年加入中国共产党，新中国成立后曾任中国青年报社社长兼总编辑等。

参加党组织的革命青年，就用青民社这类的革命群众组织形式在党的领导下进行活动。

1945年暑期，我按张黎群同志的指示，回万县家乡了解教育界人士的思想政治状况。我当时了解到，万县知名人士，也就是我读初中时熟知的杨吉甫先生，他思想进步，任万县县立中学校长三四年，聘用了一批进步青年教师，很受学生爱戴。他卸任万中校长后，筹办私立鱼泉中学，宗旨是让工农贫苦家庭子女有上学机会。他正忙于准备招生开学事宜。我曾将这一情况向张黎群同志做了汇报。后来张黎群同志工作调动，我先后与青年组的朱语今、周力行（周知）等同志联系。

1945年8月，日本无条件投降，全国老百姓皆大欢喜，以为可以在和平环境中安居乐业。但是，国民党反动派的作为让人民大失所望。8月下旬，毛主席亲自赴重庆与国民党代表进行谈判。我们很为毛主席的安全担心，总想了解谈判进展情况。直到"双十协定"签订，毛主席平安返回延安，我们才松了一口气。国民党当局仍然耍反革命两面派手法，在重庆谈判期间，秘密印发十余年前蒋介石在"围剿"红军时编的《剿匪手本》。"双十协定"刚刚签订，蒋介石就密令国民党军队遵照《剿匪手本》，"努力进剿，迅速完成任务"。从日本投降到十月中旬的两个月时间，就有已由人民军队解放了的多座城市被国民党军队侵占，国民党反动派挑动内战的行径激起了全国人民的强烈愤怒，反内战、争和平、争民主的运动日益高涨。

1945年11月，郭沫若、沈钧儒等在重庆发起举行反内战大会。11月25日，昆明六千多名大学生、中学生在西南联大举行反内战时事晚会，遭到反动军警的捣乱和破坏，昆明3万多名学生举行总罢课以示抗议。国民党特务暴徒冲进西南联大等校，投掷手榴弹，使4人丧生，数十人受伤，造成震惊全国的"一二·一惨案"。12月9日，重庆党组织举行"一二·一"死难烈士追悼大会，在重庆市一座古庙（罗汉寺）召开。

胡果按青年组的通知，要我参加追悼大会。我与适存高商校校长、青民社成员赵一明等商定，由我撰拟挽联，代表适存高商校秘密出席追悼大会。挽联文曰：

　　反内战，争民主，烈士正气垂千古；
　　残人权，害自由，妖孽横行能几日。

重庆适存高商校全体师生员工敬挽

追悼大会会场四壁、会场外的房舍都挂满了挽联。大会由沈钧儒主祭，李公朴司仪。到会的有四五百人，讲话的还有郭沫若、柳亚子、李德全、邓初民、刘清扬、罗隆基等。他们热烈赞扬昆明学生反内战、争和平、争民主的英勇正义行为，怒斥国民党反动派的法西斯暴行。老诗人、爱国民主人士柳亚子一开口就大骂："国民党反动派王八蛋！"追悼大会结束后，我回到学校，曾在长江边一大块青草地上，向数十名师生传达大会的实况。党组织发起募捐活动，以支持昆明师生的斗争，我在适存高商校募集了20多万元法币，与吴春选一道送交重庆管家巷28号育才学校党支部。在管家巷28号，常有党内外著名人士如华岗、邓初民等作有关时事的政治报告，我接到通知后，即秘密前往听报告。

何其芳老师

1945年12月下旬，我获悉何其芳老师已从延安到了重庆，从事文化界的统战工作。他的弟弟何海若是我武大的同学，当时也在重庆，我托海若设法让我会见何其芳老师。不久，他通知我，在一个星期天傍晚，到民生路《新华日报》社去见一个人。我按时到了新华日报社，果然见到了一位中年人，他即带我步行到曾家岩50号。这里是南方局和八路军在城内的办事处，一般称"周公馆"。我在这里与何老师一见面，他便很热情地和我握手，并带我到一间小屋，环境安静。他说："今晚你就在这里住，我们可以多谈谈，行吗？"我当然很高兴地同意了。我感到何老师极其热情恳挚，毫无一般大知识分子的那种派头。我们对坐在一张小圆桌旁，桌上新点了一支蜡烛。在烛光里，我第一次和何老师面对面谈话，听他讲授崭新的一课。

我问何老师几年来在延安生活的感受。他说："我到那边，就感到非常自由和宽大。在那里，每个努力工作的人，都会得到各方面的尊重和爱护。"他谈了去延安之前的经历。他从北大毕业后，到天津教中学。学生罢课，同市民游行示威，反对日本侵华。何老师没按校长的要求，对学生"严加训斥"，便被扣上"鼓动学潮"的罪名而遭到解聘。全面抗战爆发后，他回到家乡，先后在省立万县师范、成都联中任教，对落后腐败的现象极为不满，在万县与杨吉甫同编《川东日报》副刊《川东文艺》，在成都与卞之琳、方敬等创办《工作》半月刊，宣传抗战，传播进步思想，针砭时弊，抨击腐恶。1938年夏，他与沙汀、卞之琳等同去延安。"那时鲁艺（鲁迅艺术学院）成立不久，很需要教员，我被留在鲁艺教诗歌。我一开始在那边工作，就感到环境非常自由宽大，无论工作学习等，都不感到任何束缚或限制。凡是努力工作的人，都会受到大家的尊重，而不问他的人事关系如何。我在鲁艺任教员，后来又做文学系主任，得到各方面的尊重，但我是没有任何人事关系的。这算是我第一阶段的感觉。""后来，整风运动展开了，在这运动中，我检讨了以往的工作，找到了自己工作上的缺陷……经过整风运动以后，我才算是受到了真正的严格教育，对自己进行了一番改造……这是我第二阶段的感觉。"

我们谈到何老师自己的作品。我说："何老师到边区以后写出的诗章，教育、鼓舞了广大读者，受到广大青年读者的热爱，我和许多友人也都爱读您的诗，常常选您的诗作为朗诵材料。"何老师听了，很谦逊地说："我写的某些作品，恐怕对于读者没什么帮助。"他还说："我打算以一个知识分子走向革命作为主题，写一部长篇小说。但目前还不能动笔，因为正忙于研究中国抗战以来的文艺。"何老师还征求我对《新华日报》①的意见，问我报纸还有什么缺点，是不是觉得尖锐了一点。我说，为了批驳谬论，揭露真相，《新华日报》的文章就必然要尖锐一点，这是必要的。何老师说：有些消息，如昆明"一二·一惨案"，别的报纸都不登，《新华日报》就必须报道，以使人们明了事情的真相。

何老师还谈到《新华日报》登载他写的关于回忆延安的一组文章。他说，这些文章写得浅显。水平比较高的读者愿意看长篇的、写得深刻的东西，而一般的读者比较爱看浅显的短小的东西。他准备根据材料的性质来决定文章篇幅的长短，把长篇和短篇适当间杂起来刊登，以照顾各种读者的需要。何老师那种谦虚的态度和严格认真的精神，使我很受感动。最后，何老师很恳切地对我说："我们应当为人民，特别是为工农人众的利益而努力工作，因为我们的一切都是来自工农……"

夜很深了，何老师才结束谈话，并告诉我，为了安全起见，第二天天亮以前，我要很早起床，在这里吃了早饭就走。在谈话中，我说，我一直没买到何老师的《星火集》。在就寝以前，何老师特地找了一本《星火集》送我，还用报纸很整齐地包好，并表示因为环境的关系，不便在书上签名。

与何其芳老师这一席长谈，确是给我上了崭新的一课，我感到深受教育，收获特别大。我回到适存高商校，趁记忆犹新，赶紧追记了与何老师的谈话内容。几十年来，这篇记录稿一直被我珍藏在身边。那次谈话，也是何老师对我上的最后一课，因为从那以后，我就一直没有机会再次和他长谈了。

---

① 《新华日报》创刊于1938年1月，抗日战争、解放战争时期是中国共产党的大型机关报。1947年2月停刊，1949年4月复刊，1952年成为中国共产党江苏省委机关报。1944—1947年，何其芳两次被派到重庆，历任中共四川省委委员、宣传部副部长，新华日报社副社长等职。

2008年熊道光与夫人罗霞看望何其芳夫人牟决鸣（中）

1977年2月，粉碎"四人帮"以后的第一个春节，我和爱人罗霞去何老师家拜年。当时他显得精神健旺，心态舒畅。刚坐一会，一批又一批的客人相继来到，我们不愿多打扰，就告辞离去，何老师和夫人牟决鸣同志送我们到大门口。何老师还心怀歉意地说："我们今天还没有怎么谈话呢！"我说："以后再谈吧，今天客人多，以后我们再来看您。"万万没有想到，当年7月何老师就和我们永别了。

何其芳老师做事认真，这是他的一大特点。他在成都联中任教时，联中一部分爱好文艺的同学办了一个小型的文艺刊物。何老师为它写了刊头，替同学们审阅，修改文稿，指导他们编排，连校对用的符号也教给他们。何老师的老友沙汀说何其芳"他那种事无巨细都不肯马虎的精神，真值得学习"。鲁艺"文学系的同学要办墙报，他就积极支持，为他们看稿、改稿、设计版式。有时嫌他们写得不像样，何其芳老师还亲自动手帮他们抄写。至于他们的习作，哪怕一首十来行的小诗，他也会写上几百字、千把字的评语"。甚至在"文革"中让他打扫厕所，他也一丝不苟，尽心竭力，保持厕所的清洁卫生。在河南干校劳动时，让他养猪，尽管他已年近花甲，又有高血压、心脏病，他仍不畏严寒酷暑，对猪精心饲养管理。他有句名言"猪忧我忧，猪喜我喜"，被人们广为传道。

参加重庆政治运动

1946年1月寒假，我走出适存高商校，进重庆城参加了一些社会活动。一天，我与赵一明等在沙坪坝附近民建中学会晤了经济学家马寅初。马老因反对蒋介石的独裁，抨击国民党的反动政策曾被逮捕入狱，又一直被软禁在重庆市一定范围内，不能走出那个范围，但他仍坚持抗日民主活动。当时，我们见到马老，他精神矍铄，说自己多年坚持每天早晨用冷热水交替浴身，以增强血管弹性。他很注意锻炼保健，虽已60多岁，身体仍很健旺。他在对师生的讲话中，严词批判了国民党政府高官大发国难财的贪腐行为。他说，全国有8个很大的贪污案，但政府一个也不查办。他的讲话受到师生们的热烈欢迎，使大家受到爱国主义教育。

我还在重庆沧白堂①参加了政协代表的报告会。根据国共两党签订的"双十协定"，政治协商会议于1946年1月10日在重庆召开，这就是所谓的"旧政协"。出席会议的有国共两党、各民主党派和无党派人士的代表。重庆几个民主党派和文化界人士共同决定，每天召开群众大会，邀请政协代表报告会议情况。这种群众大会多次在沧白堂举行，每次都遭到国民党特务的破坏，造成震惊全国的"沧白堂事件"。事件持续数天。国民党特务、暴徒蓄意破坏政协会议。我曾三次到沧白堂听政协的报告，每次都目

---

① 沧白堂，1934年修建，以民主革命人士杨沧白而命名。杨庶堪（1881—1942），字沧白，晚号邠斋，四川巴县（今重庆巴南）人。中国近代民主革命家、辛亥革命元勋。

睹了国民党特务暴徒的横行捣乱。

有一次，在下午六七时，我去沧白堂听政协代表作报告，主持人是梁漱溟。一位政协代表刚讲话不久，就听到人群中的喊叫声："有人甩瓦片啦！""有人甩鹅卵石啦！"众人慌乱散开，我走向会场边观察，梁漱溟和讲话的政协代表等数人从讲台前退到台中站着，并没离开讲台，神态镇静。过一会，会场似乎平静下来，群众又向会场集中，梁漱溟请政协代表继续作报告。过了六七分钟，夜色中叫喊声大作："瓦片、石块砸伤人啦！""有人打人啦！"这下群众更为慌乱，纷纷逃离会场。讲台上的梁漱溟和政协代表等最后也不得不从后台退走。好端端的政协代表报告会，竟这样被国民党特务破坏掉了！我不觉怒火中烧，心中暗怀矢言：万恶的国民党反动派，非打倒不可！不打倒国民党反动派，国无宁日！

1946年1月于重庆召开的"旧政协"会议，在中国共产党的奋力争取和各民主党派、无党派民主人士的积极配合下，通过了和平建国纲领、关于政府组织问题、关于国民大会问题等五项协议，在一定程度上否定了国民党的独裁专制和内战政策，受到了全国人民的热烈欢迎。2月10日，重庆各界庆祝政协成功大会在较场口举行，参加大会的有一万多人，大会由李公朴、郭沫若、马寅初等5人组成主席团。当大会正要开始时，一个国民党特务强登主席台，冒充大会主席，进行破坏活动。大会主席团的人出面制止，国民党特务数十人蜂拥而上，肆意乱打，打伤李公朴、郭沫若、马寅初和新闻记者60多人。这个震惊中外的较场口血案①，充分暴露了国民党反动派坚持独裁内战，反对民主、和平的反动真面目。

重庆较场口事件发生前，我刚离开重庆不久。1946年1月下旬，胡果

---

① 1946年2月10日晨，国民党在重庆较场口发动了目的为破坏政协决议、坚持独裁内战、践踏人民民主权利的一起残害民主党派和无党派人士的血案。参加集会的民主人士李公朴、施复亮、郭沫若等60余人被殴打受伤，中外震惊。

向我传达青年组周力行的意见：鉴于形势的发展，内战难以避免，革命进步力量应适当从大城市到小城市和农村分散隐蔽，积蓄发展，以利于同反动派做长期战斗。他让我回家乡万县，可利用一些社会关系，开展工作。我同意了青年组的指示意见，决定回万县工作。

我离渝前，周力行、胡果写了封短信，让我去合川区草街子回龙寺育才学校参访学习。我到育才学校，见到了苏永扬（辛涛）、廖意林（女，党支部书记）、屠公博等老师。他们向我介绍了育才学校开展农民业余教育的情况、群众工作的方法经验，让我阅读了彭湃关于海陆丰农民运动的书，还带我去参观育才学校师生开办的多个农民业余教育点。我参观时，不少农民学员都问，现在政协会开得怎样啦？可见他们都很关心国家大事，政治觉悟非同一般。苏永扬还介绍了几位同学，如李少白（一林）、苏静（女）、向颐等与我联系。这几位同学带我看同学们课余扭秧歌、唱革命歌曲等文体活动。同学们生活很简朴，但心情很愉快，他们主要学习革命理论、文学艺术和科学知识。后来，李少白于1947年在万县鱼泉中学又与我成为同事。

我在育才学校住了一周。临离校前，苏永扬等要我对同学们讲一次话。我谈了自己对育才学校的观感。我深深感到，育才学校的学生朝气蓬勃、生动活泼、团结友爱、勤奋好学。师生们做到理论联系实际，学校与社会结合，教育为人民革命服务。我在育才学校的时间很短，但学的东西不少，收获很大。我对育才学校师生深怀感佩之情。我临走前，副校长马侣贤从重庆返校，我们曾短暂茶叙。育才学校创办人、校长陶行知常驻重庆，从事抗日民主活动，为育才学校招聘优秀教师、筹措经费。育才学校在共产党的领导下，冲破国民党反动派的重重阻力，为革命培养了大批人才。1945年12月9日的重庆，在公祭昆明死难烈士大会上，我曾见到陶行知也在会场。据说，他在赴会前，曾将工作和文稿等向身边人员做了交代，为万一不能返回做好准备。

离开重庆前，我还去见了青年组周力行。他提出要注意了解各方面情况，及时向他汇报，要注意安全，并确定与他通信联系地址。为了保密和安全，他要我割断与其他一切人的联系。当时，武大同学陈荷夫毕业来重庆，协助青年组工作。他和胡果一道来适存高商校看我，叮嘱我要注意的事项，注意安全。他们说，原来青年组要派一个同志与我一道去万县，现决定让我先去，以后可能有人去万县与我联系。

最后，我还去华康银行见了赵一明。他仍是适存高商校校长，兼任华康银行秘书之类的工作。他给了我一张民主建国会（简称"民建"）的入会表。我知道民建是黄炎培等组建的一个爱国民主进步党派，但我心中只有共产党组织。当时，我去青年组、去育才学校和离渝去万的事都是秘密进行的，没有向任何人透露。

万县的政治斗争

1946年1月底，我回到了万县。当时万县有一所四川省立万县高级职业学校，简称"省职校"。该校校长余湘，曾与我叔父同时留学日本。我叔父在该校任商科主任，教国文课。我被聘到该校教英文，兼一个班的班主任。省职校分设工科和商科，工科有土木、机械、纺织各班，商科有普商、会计、银行各班。我在工、商科各班都有教学任务。学生一般比较淳朴，生活节俭。我通过讲课，还通过课外个别谈话、寒暑假办英语补习班等方式，对学生进行思想政治教育，物色积极分子，传阅革命读物，如《新民主主义论》《论联合政府》《大众哲学》《新人生观》《新华日报》《民主报》等。

同年2月22日，国民党反动派挑动各地学生举行反共、反苏游行。在重庆，新华日报社营业部被捣毁，工作人员数人被打伤。在万县，学生奉命集会游行，呼反动口号，部分学生被召到"三青团"团部，听叛徒叶青的反共、反苏的谬论。我利用各种机会，分别对一些学生分析批判这次事件和叶青言论的反动本质，使他们的误解、模糊认识得到澄清。

1947年3月，党中央主动撤离延安，一般人对中国革命形势、国家前途感到有些担忧。3月下旬,省职校集合全校师生举行开学和迎接新生大会。我在这次大会上的讲话,从迎接新生讲到要准备迎接新中国的到来,从"穷则变,变则通"的古训,讲到旧中国将转变成新中国。我引用陆游的诗句,"山重水复疑无路,柳暗花明又一村",还引用了英国诗人雪莱的诗"若是寒冬来临,春天还会远吗?"① 使很多学生受到启发和鼓舞。省职校的学生中与我联系更为密切的有工科的陆兴邦(一平)、罗光第等,商科的丁耀廷、熊简华等。他们或参加地下党,或奔赴解放区,积极从事党领导的革命活动。省职校有一位与我做同事的女老师秦厚修,她教商科的会计学,她就是后来台湾马英九的母亲。

我在校外,常与初中时的老师杨吉甫联系。他思想进步,是万县教育界的名人。他早年在北京上大学时,先后与刘树德(林铁)、何其芳创办文艺刊物《夜光》《红沙碛》。他写小诗和短篇小说,反映基层劳动者的苦难生活。他的小诗143首被瑞典著名汉学家、文学院院士马悦然②翻译为瑞典文,发表在期刊 *Radix*(《根源》)上。此刊曾由马悦然签名,赠送一本给何其芳夫人牟决鸣,牟决鸣同志转送给我,现珍藏于万州区鱼泉中学图书馆。杨吉甫经常为鱼泉中学的事奔波操劳,他聘我为鱼泉中学校董事会的董事,协助他为鱼泉中学进行募捐、聘请教师等事宜。他向我详细介绍了万县教育界人士的状况,谁倾向进步,谁倾向反动,他都做了具体分析,对我帮助很大。

1946年夏,向云冕(向晓)、徐尧琴、杨圣希、何海若、冯秋等从重庆、昆明等地各大学毕业后,相继回到万县。他们是革命青年,有的是地下党员,都是杨吉甫任教万县县立中学时期的学生,与我也都相识。我们

---

① 语出雪莱的《西风颂》。原文:If Winter comes, will Spring be far behind? 现在通常译为:"冬天来了,春天还会远吗?"
② 马悦然(Goran Malmqvist,1924—2019),瑞典人。汉学家、翻译家。诺贝尔文学奖终身评委之一。

数人曾几次在万县一马路翰墨林茶社与杨老师聚会。由于大家有共同的政治思想，我们相谈甚欢。他们中有三人曾由杨吉甫介绍到川东日报社短期参加编辑、记者工作，使《川东日报》一时颇为生色。秋季开学后，他们分别到几所中学、师范任教。

1946年6月，国民党反动派公开撕毁重庆政协会议达成的"双十协定"，悍然发动屠杀人民的内战，国统区的白色恐怖加剧。10月4日，万县反动军警逮捕了鱼泉中学董事会成员和学校负责人，并在报上造谣污蔑称杨吉甫等贩卖吗啡，购买枪支，聚众三万余人，准备发动冬季大暴动等等。我看到报纸上的这些报道后，感到无比气愤。许多教育界的人也不相信这种无耻谰言，纷纷为杨吉甫等人鸣冤叫屈。当反动军警从学校捕人押往县城时，鱼泉中学的师生不顾军警鸣枪恐吓，高呼"坚决反对法西斯暴行""我们要民主"等口号，以示抗议。学校随即做好安定情绪的工作，坚持按计划进行教学，同时印发"快邮代电"，向社会各界揭露鱼泉中学事件真相。

为了营救杨吉甫等，我原拟向万县当局写公开信斥责他们的恶行，要求立即释放被捕人士。我陆续与几位友人（地下党员、革命青年），如省职校的杨圣希、何海若，省万师的徐尧琴，万县县立中学的向云冕，万县女中的向云鹄，私立文光中学的冯秋等秘密商议后，改公开信为申述书，请省职校老教师熊进修执笔，得到省职校校长的支持，由学校文书缮写一式三份，并由熊进修老师亲往私立致远中学，请高龄老教师牟建候、魏肇驹带头签名，再由我们几人秘密串联中小学教师106人签名，然后分送万县专区专员公署、万县县政府、万县法院，抗议反动派对教育事业的摧残和对教育界优秀人士的迫害。当时万县警察局长在一次谈话中，公然点名攻击我们几人为"危险分子"。同时徐尧琴将有关材料转给由渝返万的牟以石（地下党员）。牟回重庆后，通过地下党在《大公报》刊登了详细报道，促使《大公报》在一篇社论《万事莫如安定急》中，抨击了摧残教育事业的鱼泉中学事件。

杨吉甫在狱中坚强不屈，大义凛然。万县警察局长握着手枪，对杨吉甫进行审讯，说他是共产党，只要能"悔过"，他可"保杨无事，否则（拿着手枪）这家伙认不得人"！杨吉甫义正词严，以杖击地，回答说："我无过可悔，也不用你保！"当时万县人民对杨吉甫在狱中的表现无不衷心赞佩。杨吉甫等人没有任何违法证据，在社会舆论的压力和许多社会人士的声援下，反动派终于在1947年1、2月间先后无罪释放了杨吉甫等人。这是万县教育界在万县人民反迫害斗争中的一次胜利。

2000年熊道光（左二）等与杨吉甫夫人徐寿瑶（右二）合影于成都

续办鱼泉中学之争

我回到万县，曾两次致函青年组周力行，但没有收到回示。1946年夏，青年组派刘立平来万县与我联系，得知青年组人员有变动，周力行已调往南京。我后来介绍刘立平（地下党员，1949年在乐山牺牲）到鱼泉中学任教，他改名为刘明澄。

1947年夏，杨吉甫邀约我到鱼泉中学工作。鱼泉中学校址在农村，离城里八九十里路。学校定名为万县私立鱼泉中学，乃因万县在历史上曾一度以鱼泉命名。学校办学宗旨是为工农贫苦子女开门，为革命培养积极分子，被人们称为"下川东民主的一面旗帜"。学校的创办，曾得到南方局有关负责同志和万县地下党的积极支持。我义不容辞应邀去鱼泉中学，先后担任副校长、校长。学校经费很紧，我自愿只领半薪，实际上除一日三餐以外，我未领取学校一分钱。我此前在省职校任教三学期，每月薪金约值二担稻谷，我个人开支不多，故有一点积蓄，可供我在鱼泉中学的用度。鱼泉中学教师的月薪约一担稻谷，是万县各中学中待遇最低的。

我邀向云冕（地下党员）、杜诗馥夫妇来校任国文教师兼班主任。牟以石在重庆介绍育才学校毕业的李少白来校任教。一年半前，我与李少白已在育才学校相识，现在又在鱼泉中学相聚，彼此都感到很高兴。李少白担任音乐、美术等课教师，教学生唱革命歌曲，课外辅导学生排练秧歌、歌舞表演等，使学校显得生气勃勃。

杨吉甫创办的太禄小学与鱼泉中学是姊妹学校，其教师多系杨吉甫在万县县立中学任校长时的进步学生。他们在1947年秋鱼泉中学危难时期积极声援鱼泉中学，何锦木、张德隆、钟则民等先后转到鱼泉中学任教。我在省职校任教时的学生丁耀廷[①]、罗光第、熊简华也先后来校任教。经过调整充实，1947年秋开学以后，教师队伍已相当整齐了。虽然待遇菲薄，生活艰苦，但大家有共同的政治思想，志同道合，同甘共苦，团结战斗，精神上是很舒畅的。大家带领学生学文化，学政治，开展课外活动，学校显得朝气蓬勃，欣欣向荣，这是对以前反动派迫害的有力回击。

鱼泉中学的学生多系贫苦农民子女，淳朴好学。学校收费标准在万县所有公私立中学中是最低的，对家境更贫苦的学生，学费可以减半或全

---

① 丁耀廷（1929— ），重庆忠县人。新中国成立前在鱼泉中学以地下党员的身份发展党员，建立党支部。新中国成立后，任万县地区农业局副局长。1989年离休。

免。对少数家境赤贫的学生，学校采取半工半读的办法，让他们承担部分职工的工作，由学校解决他们的学习、生活费用。当年在万县曾流行一句顺口溜："没有钱，读鱼泉。"

学校的课程设置与一般中学相同。英语、数理化等课程采用中学通用教材，但是，语文课主要选用革命作家如鲁迅、郭沫若、茅盾、何其芳等的诗文。历史课教材尽量结合教材，贯彻历史唯物主义的思想教育。音乐课教唱革命歌曲，学校常可听到学生们高唱"团结就是力量"，"山那边哟，好地方"，"你是灯塔，照耀着黎明前的海洋"等。在课外活动方面，学校定期举办作文比赛、数学比赛、讲演比赛，辅导学生出墙报（还出过两期英文墙报）、排练歌舞节目；每月举办一两次文娱晚会，还请学校附近农民来校观赏。师生还参加搬柴、挑水、种菜之类的劳动。春耕播种时节，部分学生还帮助农民插秧。

1948年以前，鱼泉中学还没建立党的组织。当时南方局派往万县地区工作的同志如苏云等认为学校不宜由党组织直接领导，让万县教育界威望很高的民主人士杨吉甫放手去办学，有利于学校的长期生存，发展党的统一战线，隐蔽党的骨干。党的重要文件、指示，经过党的地下交通线传达到鱼泉中学，教师中的党员和积极分子及时组织学习，贯彻执行。如1947年12月毛主席作的报告《目前形势和我们的任务》，大家学习以后，很受教育和鼓舞，加强了精神上的武装，决心克服面临的困难，把国统区这所进步的革命的学校坚持办下去，以迎接革命的胜利。

1948年，国民党反动派在战场上接连溃败，更加剧了国统区的白色恐怖，万县地方时有特务捕人的传闻。1948年3月，川东游击队雷济平（泽洪）等两人来校，我和老教师左属泉（鱼泉中学语文教师，民主人士）接待了他们。左属泉和雷济平原来相识。雷要求在医药、衣物等方面给他们提供支援，我们答应尽力相助。李少白听雷说，川东游击队有育才学校的老师和同学在其中，遂决定随雷济平前往川东游击队，但行至中途受阻，

熊道光1948年5月于鱼泉中学

李随即转移外地，以后雷济平等并未再来联系。4月，反动军警第二次窜到鱼泉中学附近的杨吉甫家中，企图逮捕杨吉甫。杨当时不在家。他因为得到群众的报信和掩护，逃脱了魔掌。从此，他逃亡在万县、云阳边境，直到解放。遭受第二次迫害，鱼泉中学群情愤慨，人心惶惶。学校抓紧做好思想工作，安定学生情绪，要求学生努力学习，争取好的成绩，以这种实际行动来回击反动派的压迫。

为了加强戒备，学校嘱托四周的学生家长，凡遇见形迹可疑、往学校方向来的外地人，立即向学校报信。有一天，我们接到这种报信，一方面学校照常进行上课，一方面安排教师不要声张，暗中做好应急准备。然后我和周季之校长前往学校背后的山峦树林中，观察动静。大约过了一个多小时，获悉无人进校骚扰，我们立马返校。

1948年上学期末，第一班毕业，学校举行了简朴而隆重的毕业典礼。不少人毕业后考上公费的省职校和省立师范，表现都比较好。

1948年夏，解放军在战场上的形势大好，但鱼泉中学头上阴云密布，处于危急存亡之秋，学校的台柱、校董事会负责人流亡在外。校长周季之放假后即离开鱼泉，到私立石麟中学（他上半年已在石麟兼课，每月去讲课两三次）。他离校前，没做任何交代，只告诉我，把各教室的课桌、课凳集中堆放在一两间大教室里。他口头没有讲，但他在暗示：第一，学校实难办下去了；第二，他不愿再扛这个担子了。

究竟学校是继续办下去，还是停办？这是暑假中全校师生和学生家长最为揪心的一大问题。如果学校继续办下去，政治上的压迫、经济上的穷困都是很严重的。如果学校停办，就失去了国统区的一个革命据点，党组织和校内外的革命进步人士多年的心血岂不是付之东流？对广大青少年的学业和家长的托付又将怎样交代？大多数学生是贫苦农民的子女，是靠走读才能上中学的。如果学校停办，他们是无法转学的。学校停办，教师们又往何处去？至于我个人，我可以重返省职校，省职校长也曾两三次表示挽留我。

我作为鱼泉中学的副校长，深感问题的严重，责任重大，如何定夺，煞费考虑。在这个暑期中，有几天是我一生中最为苦恼的日子。我苦思的结果是：学校应该办下去，也能够办下去。学校已有三年的办学经验，在学生家长和社会人群中也有较好的信誉。全国的形势三年来发生根本性的变化，反动派已从优势降为劣势，人民革命力量在党的领导下已从劣势上升为优势，这在毛主席的《目前形势和我们的任务》中已讲得很清楚。鱼泉中学连过去遭遇的艰险都能克服，今后更能克服前进道路上的险阻。我把自己的想法与留校的几位老师交换意见，大家取得了共识，重温了毛主席的《目前形势和我们的任务》，增强了革命必胜的信心。"曙光就在前头，我们还要努力"，我们决心把鱼泉中学这块阵地坚持下去，以迎接解放。

我设法秘密会见了杨吉甫，商讨学校的问题。杨强烈坚持继续办学，为迎接解放做好准备。他决定调整学校领导班子。他以学校董事会名义，任命我为鱼泉中学校长，黄导、刘沛然先后担任教导主任，罗光第管总务。教师方面，教理化课的邱某思想表现不好，不再聘用。我邀约川大毕业的郝耀青①来校任教，他答应来，但没来成。他介绍了他的同学余泽民（女，地下党员）来校教理化课，并在课外辅导文体活动。我走访了几位在各中学任教的鱼泉中学校董会董事，如向云鹄、何海若、吴直芳、秦开祥等，他们都积极支持继续办学，尽力捐助或协助募捐，帮助学校克服经济困难。

我们及时在城乡各地贴出招生广告，借此消除社会人群对鱼泉中学存亡的疑虑。经过暑期中一系列的准备工作，1948年8月，鱼泉中学胜利开学了。这不是一般的照例开学行课，而是劫后复苏！我在开学典礼的讲话中，讲了"火中凤凰"的神话故事，号召全校师生坚持斗争，自强不息，在烈火的烧炼中，创化出更加光辉的新生命。大家深受鼓舞，全校师生斗志昂扬地揭开了鱼泉中学新的篇章。

迎接重庆解放

从1948年秋开学到1949年12月万县解放前后，除了教学和课外活动坚持以往行之有效的做法外，学校主要进行了以下几项活动：

1. 迁移校址。鱼泉中学校舍原是借用白羊乡杨家山的杨氏宗祠。1948年冬，杨氏宗祠负责人向学校提出征收租金。学校经费本来就很困难，现在要交租金，更加剧了学校的经济负担。1947年夏末，我到鱼泉中学后，曾成立鱼泉中学建校委员会，广泛吸收附近各区乡代表人士参加，随即开始修缮附近的一所大庙双石寺，以备鱼泉中学今后发展之用。现在杨氏宗祠要收学校的租金，我们决定把学校从杨氏宗祠迁往双石寺（两处相距约

---

① 郝耀青（1924—1949），四川万县（今重庆万州）人。1939年考入万县私立石麟中学，后入四川大学物理系，积极投身革命运动，1949年11月27日在重庆英勇就义。

2里,但各在两个山头,各属两个乡,前者属白羊乡,后者属黄柏乡,中间隔一条大山沟)。1949年1月寒假,我和全校师生一齐动员,用自己的力量,花了3天时间完成了迁校任务。当时天雨路滑,行动不很方便,但是师生不怕苦不怕累,争挑重担,毫无怨言。当时《川东日报》还报道了此事,对师生们的迁校行动表示赞许。

学校迁到双石寺后,师生们自己动手修了运动场和环校大路,逐步拆除一些神龛神像,扩充了教室场所。现在看来,我们固然反对迷信,主张科学的无神论,但对古庙的建筑及其神像设施,应作为历史文物和艺术作品予以保护。

2. 组织和宣传工作。我们组织大家学习革命文献,组织教师在晚间集中学习《新民主主义论》《七大文献》《整风文献》等,让思想比较进步的学生组织读书会,学习革命文献。我和几位教师还在学校附近的树林里,向他们讲授辩证唯物论、社会发展史等,联系论述我国当前的革命形势,提高他们的政治认识。同时,我们还建立了党的组织。1949年夏,丁耀廷开始在学生中发展党员,建立党的组织。党的组织的建立,对团结带领学生中的积极分子,以及学校开展政治思想工作和开展社会活动都起了极好的作用。随着形势的发展,万县地下党的程亚民、赵学柱常来校与丁耀廷联系工作,经丁的介绍与我相识。我很热情地接待了他们,希望党组织能对学校的工作多予指示。他们对鱼泉中学的工作和斗争极为赞许,我们都愿共同为迎接解放而努力奋斗。

3. 开办农民业余夜校。我在育才学校的经验启发下,提出开办农民业余教育,得到丁耀廷的积极支持。夜校由他和罗光第具体筹办,由学生张盛鸿(党员)任校长,组织学校附近的农民于晚间到校学文化,学唱革命歌曲。参加学习的男女有七八十人,他们学习劲头很大,很多人后来成为"土改"、合作化运动的骨干、积极分子。

新中国成立前的农村,医药极度缺乏。我们学校虽然也缺少医药,但仍尽可能地为附近的农民提供服务,如红药水、碘酒、救急药水之类的,对他们有求必应。一位青年农民小腿上长了一种烂疮,久治不愈,行动不便,甚感痛苦。他到学校经刘沛然老师用消炎粉敷治,很快就好了。他对此感激不尽,还提来一只鸡,表示感谢。刘沛然婉谢,小伙子执意要送,刘只好收下,但讲明只此一次,下不为例。

4. 迎接解放。鱼泉中学师生多年梦寐以求的就是解放这一天尽早到来。在党中央、毛主席的领导下,解放大军在刘伯承、邓小平等首长的指挥下,于1949年11月1日开始向大西南挺进。我校师生无不欢欣鼓舞,怀着高昂的政治热情,开展了迎接解放的各项活动。

第一,发表《鱼泉中学迎接解放宣言》。1949年11月下旬,杨吉甫暗中回到家中,约我于晚间去他家商谈迎接解放的事宜。我们确定,首先要发表迎接解放的宣言,然后视形势发展,开展宣传等活动。我们商定好宣言的要点,并决定由我执笔。我回到学校,熬了一个通宵,写成了《鱼泉中学迎接解放宣言》。该宣言痛斥国民党反动派、"四大家族"的滔天罪行,歌颂毛主席、共产党领导解放军解救中国人民于水深火热之中的丰功伟绩,宣传党的方针政策,粉碎敌人的谣言,解除群众的顾虑。这份宣言写成后,征求了党组织和部分师生的意见,经杨吉甫过目后,即送川东日报社①复印,然后在万县解放时广为散发。

第二,促成地方势力起义。在学校党组织的推动下,由杨吉甫出面,利用社会关系,敦促万县第五区(长岭区)区长熊孔言起义。在解放军进抵白羊乡时,第五区及所属各乡的枪支弹药悉数缴送到驻白杨坪的解放军部队。

---

① 川东日报印刷厂厂长陈德明系杨吉甫任万县县立中学校长时的学生,思想进步,是鱼泉中学的董事,对学校积极支持,凡学校必需的印刷品,如招生广告之类都送交他那里,免费印刷。

第三，迎接解放军。1949年12月初，解放军西湖部队①进抵万县长滩乡。学校派出由刘沛然、丁耀廷率领的师生代表团，前往长滩乡，对解放军表示热烈欢迎和亲切慰问，受到解放军团政委的接见。解放军还赠送给学校一批急需的学习、宣传材料。接着，解放军一部开进白杨坪，我们全校师生高举着鲜艳的五星红旗和毛主席、朱总司令的画像，前往白杨坪欢迎解放军，沿途张贴标语，敲锣打鼓，高唱革命歌曲，情绪异常热烈高昂，群众深受鼓舞。杨吉甫不顾体弱，偕同刘静修从家里前往白杨坪。因军务繁忙又昼夜行军而极度疲乏的解放军团政委仍拨冗接见了杨吉甫、刘静修和我等学校代表，对鱼泉中学的艰苦奋斗、为革命培养人才深表赞许。

第四，召开庆祝解放大会。1949年12月初，白羊乡宣告解放的那天，鱼泉中学全校师生员工，连同农民夜校的学员一起，召开了热烈、隆重的庆祝解放大会。大家兴高采烈，喜气洋洋，都感到这是有生以来最为快乐的一天。我和师生员工代表满怀激情地在大会上纷纷发言。杨吉甫也赶来参加大会，发表了热情洋溢的讲话。我们都强调，人民革命的胜利，鱼泉中学、白羊乡人民的解放跟全国人民的解放一样，全靠毛主席、共产党的英明领导和解放军的英勇战斗、流血牺牲。全校师生员工今后要在毛主席、共产党的领导下，为建设新中国而贡献自己的全部力量。白羊乡新区长、区指导员王忠干也发表了热情的讲话。大会后，举行了文娱表演活动，还有部分解放军战士赶来参加，他们演唱了《淮海战役组歌》。这是一场很好的军民联欢会。

第五，组织学习文件，开展宣传活动。1949年12月8日万县解放后，学校停课数日，组织师生学习毛主席、朱总司令颁布的《约法八章》② 和《共同纲领》等文件，并排练文艺节目，然后组成两个宣传队，分赴城乡

---

① 西湖部队，即湖北省军区独立第一师。
② 《约法八章》，指第三次国内革命战争时期中国共产党对新解放区的八项基本政策。

开展宣传活动，清扫国民党反动派散播的流毒和谣言，解除群众的思想顾虑。一队去万县城区，由我和刘沛然带队，杨吉甫亲临指导，在全城张贴标语，散发《鱼泉中学迎接解放宣言》，在主要街道先表演节目，聚集了人群，然后进行宣讲，受到群众的热烈欢迎。另一队由丁耀廷、熊简华、钟哲民带队，先后在白羊、太平、凉水、黄柏、太龙等乡巡回宣传，宣传方式和内容与城市队相同。

第六，师生参军参政。随着万县的解放，鱼泉中学随着革命工作需要，为部队和地方党政机关迅速输送了大批干部、战士。据粗略统计，参军20多人，参加县（市）、区、乡各级机关工作的有40多人。

鱼泉中学坚持到底迎接解放的目标实现了。围绕着鱼泉中学而进行的革命人民与反动势力之间尖锐复杂的生死搏斗，经过反复多次的较量，人民胜利了，反动派彻底失败了。在一定程度上，可以说鱼泉中学是整个中国具体而微的缩影。人民在鱼泉中学斗争的胜利，正如在全国斗争的胜利一样，根本原因在于共产党的领导，在于马列主义、毛泽东思想的指引。

解放以后，鱼泉中学光荣地由人民政府接办，曾改名为"万县初三中"，后经万县、北京、重庆、成都各地鱼泉中学校友提出恢复"鱼泉中学"的倡议。北京方面，由我写出《关于恢复鱼泉中学的建议》，请林铁[1]同志领衔，由在京万县籍的28位人士签名，上报四川省教育厅和万县地区行署，后经四川省教育厅于1985年春批准，恢复鱼泉中学于万县白羊镇，现为完全中学，有师生员工3000多人。

回忆解放前的故事：1944年秋，我对重庆明诚中学的学生说，中国在今后十年内必将发生从旧中国到新中国的历史巨变。1947年春，我对万县省高职校的学生说，要准备迎接新中国的到来。1948年秋，我决心带领万

---

[1] 林铁（1904—1989），原名刘树德，四川万县（今重庆万州）人。1925年加入中国共产党，中华人民共和国成立后担任中共河北省委书记，后任全国人大常委会委员等。

县鱼泉中学的师生坚持办学,坚守阵地,迎接解放。1949年10月1日,中华人民共和国成立。1949年12月8日,万县解放。我青年时期的预见和最大的心愿完全实现了,这使我感到莫大的欣慰。

新中国成立初期的主要工作

任万县市立中学校长

万县解放后,将城区和邻近的两个镇组成万县市,与万县分治。万县市人口近30万,直属川东行署①领导。川东行政公署主任是阎红彦,川东党委书记是谢富治,万县地委书记兼万县市委书记是鲍先志(第二野战军第十一军政委)。万县市设中国人民解放军万县市军事管制委员会(以下简称"军管会"),主任是曾绍山(第二野战军第十一军军长),副主任是夏戎、丁国钰。曾绍山未到任,丁国钰也于不久后调离,军管会实际上是由夏戎负责(我后来调到北京图书馆,得知原副馆长刘岐云在抗战时期与夏戎曾同在山东一个县委工作)。在军管会领导下设立了咨询委员会,主任是刘孟伉,杨吉甫被任命为副主任,我被任命为委员,委员约七八人。

万县解放以后,鱼泉中学真是如鱼得水,可以在农村大有发展。我个人的想法是继续在鱼泉中学工作,让鱼泉中学今后全力配合党的农村工作,为农村工作培养干部和积极分子。一次咨询委员会开会后,军管会文教部长燕登甲②与我谈话,他动员我进城,接手办万县县立中学(简称"县万中")。他说在县万中我可以发挥更大的作用,培养更多的建设人才,更能配合党的各项中心工作。我经过全面考虑,并与杨吉甫商量后,决定

---

① 解放初期,四川分设川东、川西、川南、川北4个行政公署区。
② 燕登甲(1918—2016),山西孝义人。1937年参加中国共产党,曾任第二野战军第十一军政治部副部长、万县市市长,后在地质矿产部离休。

去县万中。鱼泉中学校务暂由教导主任刘沛然负责。考虑到刘沛然的身体状况,杨邀约在渝的张德隆回万县,以后由张德隆继任鱼泉中学校长。

1950年1月,万县市军管会文教部正式任命我为县万中校长,并决定将省立万县中学男生合并到县万中(女生合并到万县女中)。县万中创立于1906年,历史悠久,在很长一段时间里曾是万县唯一的公办中学(省立万县中学创办于1942年,万县女中创办于1929年)。万县知名先贤如林铁(刘树德)、杨吉甫、何其芳等都曾是该校学生。

我家与县万中缘分不浅,有三代人都曾在县万中学习和工作。我的堂伯父熊友竹、叔父熊进修曾任县万中校长,我哥哥熊道成、侄儿熊德洵都是县万中的学生、教师。我自己也曾是县万中的学生、教师,却从未想到要回母校任校长。万县是和平解放的,国民党反动派的余孽仍存在,县万中、省万中临解放前的领导人多是国民党、三青团、军统、中统特务骨干,其流毒遗患实为可虑。要我接办县万中,实有"如临深渊、如履薄冰"之感。不过,我想到有共产党的领导,有广大人民群众的支持,也相信大多数教职员工和学生是欢迎解放、拥护共产党的,于是就满怀信心,勇往直前。

我于1950年2月跨进县万中校门,着手进行接收省立万县中学与万县县立中学两校的校产校具,组建教师队伍,决心把万县县立中学这所旧学校改造为人民的新中学,让这所老中学焕发青春,为新中国培养建设人才。学校的校名改为万县市市立中学,简称"市中"。我特地请著名书法家、老地下党员、20世纪20年代曾在万中任教的刘孟伉题写了校牌。

教师是办好学校的关键。我主要从原县万中、省万中教师队伍中选聘教师。选聘的标准,除了注重教学业务水平,还特别注重政治思想品质。在1951年镇压反革命运动中,万县市各中学都有人被逮捕,只有市中无人被捕,这是当年市中师生引以为荣的事。由于解放前夕,学校管理混乱,纪律松弛,而解放之初,一般人包括学校师生对共产党的方针政策都不大了解，因此，我把开学的第一周定为"入学学习周"，由教师带领学生一起学习《共同纲领》《约法八章》等文件，让大家了解党的重大方针、政策，遵守学校和社会的纪律。在以后的课堂教学中，尽量结合新设的政治常识课以及其他文史课的教学，进行政治思想教育。

在课外活动方面，学校组织学生办墙报，交流学习心得；定期召开生活检讨会，开展批评与自我批评；召开家长会，争取学生家长配合学校的工作，并征求他们对学校工作的意见和建议；举行列宁诞辰80周年纪念会；举办演讲比赛、书法比赛、语文比赛、数学比赛和全校首届运动会；师生联合演出《思想问题》等话剧。通过这些活动，丰富学校生活，促进学习向上，建树清正校风，增进师生身心健康。

解放之初，百废待兴，工作任务繁重，各种会议甚多。我在校外除了参加文教部门的会议，还要参加军管会咨询委员会、万县市各界人民代表会（后来是政协会议、人民代表大会）的会议。这些会议主要是商讨当时党和政府的中心工作，如减租、减息、征税、征粮、清匪、反霸等。我在市中工作时间不长，1950年6月奉调到万县市文教局担任代理副局长，8月被任命为副局长（没有局长）。我到市文教局后，即向中共万县市委组织部提出加入中国共产党的申请。过了好几天，市委组织部负责同志告诉我，经市委研究，要我继续留在党外工作，发挥好党和知识分子之间的桥梁作用，以团结广大知识分子。我衷心接受市委的决定，安心在党外工作。

到北京参加教育工作者会议

调入市文教局后，我初步对万县市文教系统各单位情况进行了解。不久即接到通知，让我上北京参加中国教育工作者工会第一次全国代表大会。北京是中华人民共和国的首都，是毛主席、党中央工作的地方，让我去北京开会，这是做梦也没有想到的事。这个突如其来的消息，犹如一声春雷，使我感到非常震惊，也感到无限欣喜。

1950年7月中旬，我带着铺盖卷和一个提包，乘轮船去重庆，在全国总工会西南办事处住下，在那里与西南各省市代表相聚。当时西南的重庆市、四川四个行政区、西康、云南和贵州等地共有代表35人，其中川东区代表除我以外，还有涪陵的邹剑龙（省立涪陵中学）和江津的朱近之（江津县立中学）共3人。我们乘轮船东下到武汉，再转乘火车，于7月27日到达首都北京，我感到无比兴奋和欢欣。在前门火车站的大门上，高悬着毛主席的巨幅画像，其旁有一大幅标语："在毛主席的旗帜下前进！"令人振奋。我们随即坐三轮车到中华全国总工会报到，然后坐车去西郊清华大学，这是我们的住地和开会的场所。

我抽空首先去拜访了何其芳老师，他当时在西苑马列学院（中央党校前身）任教，离清华不远。这是解放后我第一次见到何其芳老师，我觉得他和5年前我在重庆所见没有什么变化。他仍是很热情地接待我，很关心地问到家乡和一些亲友的近况。过两天，他来清华看望我和方敬同志（重庆市的代表），还请我们吃冰激凌，这是我第一次吃这种冷品。何其芳老师还托我带几本书刊给他的弟弟何海若同志。

我随即按照何其芳老师提供的地址去大红罗厂胡同拜访曹葆华老师。12年前他在成都联中（石室中学）教过我们一个学期英语，使我的英语颇有提高。曹老师比过去略胖，热情爽朗。他谈到去延安后，从事翻译工作，虽条件困难，但其所译马列主义经典著作仍得以出版。

趁开会前后有空，我有时和邹剑龙、朱近之等同志单独行动，进城游览天安门城楼、故宫、北海公园和天坛等名胜，还到王府井新华书店、国际书店阅览、买书。有一次，我从城内走出西直门，欲回清华大学，那时西直门还有高高的城楼。我沿着公路走，想乘公共汽车，但一直没看见车站，我就一直走，走了近两小时才到清华。沿途所见，几乎全是大片农田，房舍极少。现在西直门已被几道如虹的立交桥所取代，从西直门到清华大学则是高楼林立，街道纵横交错。

在日后所写的《人民的首都——北京》一文中，我对北京的最初印象有这样一段描述：巍峨壮丽的城楼，宽阔平直的街道，和蔼淳朴的人民，勤奋紧张的工作，庄严热烈的气氛，这就是北京留给我的印象。在街上，我没看见一个乞丐，也没看到"二流子"模样的人，算命卜卦的迷信职业者也不见踪影。一般大都市特有的那种服饰奢华的所谓摩登仕女，也没见抛头露面了。去去来来的人，无论是乘电梯的，乘汽车的，坐三轮的或者徒步行走的，都是素朴的衣着，严肃而和蔼的表情，在紧张忙碌地活动着，好似奔赴一个亟待完成的使命。在这个行列中，人们即使第一次相逢，也好像早已相识，在车上互相帮忙捡拾行李。在街上问路，会有人热心地向你解答。在默默中，人们交流着一个共同的信念：我们有毛主席在这里领导，这是莫大的荣幸。我们在不同的岗位上工作，达到一个共同的目标——建设新中国。

1950年8月1日，我们很早起床。5时许，吃过早饭，全体代表坐车进城，参加八一建军节庆祝大会。会场设在故宫太和殿前，我们从天安门进场。上午8时，礼炮齐鸣，大会正式开始。我们大家的目光都集中在主席台上，想见到毛主席，但一直没有看到——那天毛主席并没有出席这个大会。开头讲话的，是北京市委书记、市政协主席彭真，接着是朱总司令、郭沫若副总理以及各党派、各界代表人士。现场不时掌声雷动，高呼口号，慷慨激昂。大会进行了3小时，使我们受到了深刻的爱国主义教育。

8月2日，中国教育工作者工会第一次全国代表大会在清华大学大礼堂正式开幕。主席台上正中挂着毛主席像，两边挂着国旗，会场四壁挂满了全国各地区赠给大会的锦旗，出席大会的代表和来宾共有300多人。首先由吴玉章同志（中国人民大学校长）致开幕词，接着郭沫若副总理，教育部部长马叙伦、副部长韦悫①及各界代表人士讲话。大会进行了4小时，

---

① 韦悫（1896—1976），广东香山翠微乡（今属珠海）人。早年加入同盟会，参加过辛亥革命。新中国成立后曾任上海市副市长、教育部副部长。

最主要的是使我们认识到教育工作者这类知识分子、脑力劳动者也属于工人阶级的范畴，突破了以往认为只有产业工人这类体力劳动者才属于工人阶级的看法，更深刻地认识到新中国人民教育工作者的使命和任务。

在以后的10天当中，我们继续开大会，多次听报告，并进行多次分组讨论。报告人有雷洁琼、钱端升、李立三、周恩来总理，以及苏联专家和澳大利亚工运领导人等。周总理的报告最为精彩。8日下午6时，大礼堂即坐满了人，除教育工会代表以外，还有全国卫生会议的代表参加。会场周围草地上都挤满了人，整个清华园都沸腾了。下午7时，周总理走进会场，全场起立，热烈鼓掌。他身着蓝色呢制服，容光焕发。周总理不用讲稿，讲了两小时，畅谈国内国际大事，声音清亮，出口成章，没有一句赘言，使我们深受教益。8月11日，大会最后一天，选举教育工会全国委员会成员，吴玉章同志被选为主任。最后由吴玉章致闭幕词，大会即告结束。

我们随即转移到和平门外北京师范大学暂住，还有几天进行参观、游览活动。我们主要参观了位于东城铁狮子胡同的中国人民大学（简称"人民大学"）。副校长、教务部部长成仿吾介绍了人民大学概况，然后引导我们参观一个政治经济学教研室。人民大学是一所新型的大学，在教授方面，苏联籍的有40多位，学生两千多人，多系工人和干部。人民大学校舍在北洋军阀政府统治时期曾是段祺瑞执政府所在地。4年前，国民党政府国防部参谋总长陈诚曾在这里做过3个月"消灭解放军"的狂吠，反动派的愚妄真是到了顶点！昔日反动派的堡垒，而今已成为人民的高等学府。我们还参观了北京师范大学附中、附小。我还抽空到王府井国际书店买书，在那里与武大的同学陈克胥（荷夫）不期而遇，我们都感到非常高兴。我在华北革命大学见到了武大同学赵一明、刘子正，我们都为解放后第一次相见而感到无限欣喜。

8月15日，全国总工会派车送我们去火车站，准备离京返川，全国总工会有一位负责的同志到车站为我们送行。在北京的20天，我真感到收获丰硕，满载而归。我口占一绝志喜："旅京二十天，胜读书十年。丰餐精神粮，耳目皆焕然。"17日，我们到武汉，3天后才有船去重庆，大家只好去武昌中南总工会招待所暂住。在等船期间，有一天，我与方敬、朱近之等想去凭吊黄鹤楼，但不见其踪影，真是"昔人已乘黄鹤楼去"，此地已无黄鹤楼。据悉，黄鹤楼已毁于清光绪年间，在那以前曾屡毁屡建（武汉黄鹤楼后来于1985年重建。1995年我曾有机会前去一游，对其雄伟壮丽极为赞叹）。

20日下午，我们登上民生轮船公司①的轮船，21日开船。那时只能日行，不能夜行，天黑即靠岸过夜。我们西南全体代表在船上开会，商讨如何向全国总工会西南办事处做汇报。最后决定报告分为两大部分，一部分为关于工会工作方面，一部分为关于教育方面。教育方面，又分为大学、中学、小学三部分，总计四个部分，各找一人起草，其中中学部分由我起草，几部分的草稿合起来，经大家讨论修改后，即作为汇报的依据。

船进三峡，大家再次欣赏两岸山势雄伟险峻。到了巫峡，大家对天下闻名的神女峰，再次争相一睹为快。船到万县港，靠岸过夜。粟纯熙（自贡市教育局干部）想上岸去见他的西南联大同学徐尧琴，我就带他上岸。我们先去了万县市文教局，不料市文教局已迁他处。于是，我们直接去徐尧琴家，大家畅叙近两小时，然后才返回船上。徐尧琴当时已确定将出任万县师范学校校长。

船行7天，8月27日午后近傍晚到达重庆。我们即去全国总工会西南办事处订租的旅舍住下。当时全国总工会西南办事处正忙于召开生产方面的会议，过一两日，安排在胜利大厦开会，听取我们关于教育工会第一次全国代表大会内容的汇报。出席会议的有西南军政委员会劳动部长、西南

---

① 民生公司，1925年由民族资本家卢作孚创建于重庆，次年开始营业。1949年以前为长江航线最大的私营轮船公司，独占川江航运。

办主任蔡树藩，以及西南军政委员会文教部和重庆市文教局的负责人。蔡树藩在会上讲话，对我们代表团表示欢迎，并对今后开展教育工会工作谈了几点精要的意见。

8月底，我和邹剑龙、朱近之去南岸黄葛垭①川东总工会（筹）汇报，参加人员除川东总工会（筹）何波副主任及组织部王部长外，还有川东文教厅的朱挹清科长、妇联代表和青年团代表，汇报主要由我做，由邹剑龙、朱近之做补充。当时文教厅在黄葛垭广益中学举办暑期教育研究班，参加的有川东各县市中学校长、教导主任和部分政治课教员。朱挹清科长要我们去向他们做传达报告。这次传达报告也主要由我讲，邹、朱二人做补充。

我们还在重庆参加了劳动英模颁奖典礼，有60多位川东区劳动英模获奖，他们都是在生产和护厂方面做出了突出贡献的，其中有5位将去北京出席全国劳动英模代表大会。解放前，他们都是受压迫、受鄙视的，而今却获得崇高的荣誉，这正是人民翻身的具体表现。我们学校教师的身份同样也有翻天覆地的转变。

我们完成了在重庆的任务，就去轮船公司（民生公司）询问有关驶往万县轮船的消息，据称还要等3天才有船东下过万县，现有去涪陵的船。邹剑龙比我年长，身体不太好（以前坐过国民党政府的牢），我帮他拿行李，送他到码头上船回涪陵。朱近之回江津，离重庆不远，已先走了。

我趁空去重庆市委、市政府看望鱼泉中学时期老友向晓、杜诗馥、何锦沐以及武大同学向勋等，大家都为解放后的重逢感到万分高兴。我还邀他们回万县工作。后来向勋回到了万县，出任万县市师范学校副校长。

9月5日，我离开万县已40多天，终于回来了。我抓紧时间向市委、市政府领导及市总工会（筹）负责人做了汇报，市里决定立即进行成立教

---

① 黄葛垭，又称黄桷垭。黄桷垭老街起源于黄葛古道，始于唐代，系古代茶马古道的一部分。

育工会的筹备工作。我还向暑期学习班的万县市中小学教师及学生代表传达了去北京开会的主要内容，还讲了我对北京首都之行的观感。大约于10月份，万县市教育工会即告成立，徐尧琴（万县市师范学校校长）等被选为负责人。我参加中国教育工会第一次全国代表大会的任务遂告全部完成。

库里申科与万县

值得一提的是，大约在1953年，万县市中苏友协曾开办俄文补习夜校。我作为中苏友协领导成员之一，兼任该校校长，同时我也是该校的一位学员。1953年起，我国开始实施经济和社会发展的第一个五年计划。我国的社会主义建设曾借鉴苏联经验，得到苏联的援助。在20世纪50年代前期，有苏联专家来万县市考察。万县市有一家罐头厂，其产品主要供应苏联。有一次，我还陪同一位苏联女专家参观万县市一家养猪场。在市政府宴请苏联专家的宴席上，我用初学的俄文致祝酒词："为中苏两国人民永恒的友谊干杯！"苏联专家听了显得异常欣喜。

抗日战争时期，1939年6月，苏联援华志愿航空队轰炸机队大队长库里申科[①]率领全队驾驶12架轰炸机来华支援中国抗战。库里申科带领大队曾赴广州执行空袭任务，取得胜利；在对武汉日寇的两次轰炸中，炸死炸伤日寇海、陆、空军官兵800多人，击落和炸毁敌机160多架，炸毁敌汽车40多辆。在10月14日武汉空战中，库里申科受了伤，飞机受损，返航途中，迫降在万县城郊的长江里，库里申科不幸牺牲。他的遗体葬在万县。新中国成立后，每年清明节，万县市党、政、军领导和各机关、学校代表，集体为库里申科扫墓。有几年的清明节，由我向大家讲述库里申科的英雄事迹。

---

① 库里申科（Григорий Акимович Кулишенко，1903—1939），出生于乌克兰，苏联空军志愿队轰炸机大队长。1939年来华援助抗日，10月14日在与日本战机的空战中壮烈牺牲。2009年被评为100位为新中国成立做出突出贡献的英雄模范之一。

1958 年，库里申科的妻子塔玛拉和女儿英娜应邀来北京参加国庆观礼，受到毛主席、周总理的接见。周总理对特邀前来参加国庆活动的库里申科的家属说：中国人民永远不会忘记格里戈里·库里申科。事后，她们去万县市祭奠自己的亲人。1989 年 4 月，英娜又带着她的女儿到万县市参加市里为库里申科牺牲 50 周年举办的扫墓活动。从 1958 年起，万县市居民谭小慧、魏中华母子一直为库里申科烈士守陵，至今已 50 多年。

2013 年 3 月 23 日，国家主席习近平在莫斯科国际关系学院发表的演讲中说："抗日战争时期，苏联飞行大队长库里申科来华同中国人民并肩作战……他英勇牺牲在中国大地上。中国人民没有忘记这位英雄，一对普通的中国母子已为他守陵半个多世纪。"母子二人的感人事迹，已由八一制片厂拍成电影《相伴库里申科》，于 2015 年抗日战争胜利 70 周年之际在全国电影院上映。

1956 年 8 月，我在万县市的工作即告结束，奉调到万县专区担任文化与教育分设后的文化科科长。

万县专署工作时期

整风运动和反右派斗争

万县专区设四川省万县专署，管辖 1 市、9 县，1950 年人口约 460 万。万县专署内部机构，设有室、科、局、处、院等 20 多个单位。其中，文教科于 1956 年分开，设立文化科和教育科，以后又曾合并，改为文教局。我在万县专区文教部门工作约 9 年，很多时间用于参加万县地委领导的中心工作和政治运动，如整风运动、反右派斗争、"反右倾"斗争、大炼钢铁、农村整风整社、社会主义教育运动（"四清"运动）等。

我到专署文教科不久，便接到万县市委组织部部长的电话通知：万县市委已批准了我的入党申请，从1956年9月6日起计算党龄（我的工龄则是从1944年参加中国青年民主社算起）。我的夙愿终于实现了，我感到莫大的兴奋和激动！不久，中共八大召开了（从1956年9月15日到27日），当时全国党员有1073万人，我以自己是其中一员而感到自豪。60年后，而今在党的十九大召开前夕，全国党员有8956万人①，已成为世界最大的政党。

中共八大闭幕后，党支部组织学习八大的政治报告等文件。其中（《中共八大关于政治报告的决议》）明确指出，在三大改造完成以后，国内的主要矛盾已经不再是无产阶级和资产阶级之间的矛盾，而是人民对于经济文化迅速发展的需要同当前经济文化不能满足人民需要的状况之间的矛盾，党和全国人民当前的主要任务是集中力量来解决这个矛盾，把我国尽快地从落后的农业国变为先进的工业国。学习了八大文件，我当时很受鼓舞和教育。

为了繁荣文艺演出和丰富群众的文化生活，我在1957年3月组织举办了万县专区首届艺术表演团体会演，参加演出的有1个话剧团、1个京剧团、4个川剧团等，他们的演出受到了群众的热烈欢迎。京剧团、川剧团演出的都是旧剧目，没有反映现实生活的新编剧目。话剧团、歌舞剧团演出的是《风雪夜归人》《夜半歌声》等新剧目。

1957年4月，我到成都参加四川省宣传工作会议，听取了关于全国宣传工作会议基本精神的传达。特别是听了传达毛泽东关于"百花齐放、百家争鸣"的讲话和关于正确处理人民内部矛盾的讲话②后，我感到在思想上、政治上的收获很大。《万县日报》（万县地委的机关报）的领导人约

---

① 这是截至2017年12月的数字。
② 1957年2月27日，毛泽东在最高国务会议上发表"如何处理人民内部的矛盾"的重要讲话。6月19日，经过多次修改与补充，《关于正确处理人民内部矛盾的问题》一文在《人民日报》发表。

我写文章宣传这次会议的精神，宣传"双百"方针。我结合本地区一些情况，写了《解除顾虑，大力贯彻"百花齐放、百家争鸣"的方针》一文。文中提到一些妨碍"鸣""放"的现象，如一家川剧团在万县农村演出《三哭灵》一戏（戏的故事是说，从前有个爱喝酒的人，喝了过多的酒以致醉死，他的父母、妻子痛哭），受到烟酒专卖公司干部干涉，认为这出戏对他们做酒生意不利。修公路的干部不准一家川剧团演《孟姜女》，说是怕影响筑路工人的情绪。文中写道："看起来人们的顾虑确实多，清规戒律真不少，如不扫除这些东西，怎能实现百花齐放、百家争鸣呢？"《万县日报》的编辑把文章题目改为《解除顾虑，大胆地鸣，大胆地放》，发表在1957年5月1日的《万县日报》，同版还刊登了若干演艺人员的发言。我这篇文章后来在整风运动、反右派斗争中，遭到一些同志的批评。

1957年4月，党中央发出《关于整风运动的指示》，在全党进行反官僚主义、宗派主义和主观主义的整风运动。在全国开展的整风运动中，有极少数资产阶级右派分子趁机向党进攻，于是一场全国规模的反右派斗争猛烈地开展起来。我在万县专署机关参加整风运动和反右派斗争。在党支部组织生活中，有的同志说我那篇在《万县日报》上发表的文章有右倾情绪，是为右派分子向党进攻开绿灯，我做了检讨。我的入党预备期被延长一年。后来在"文革"中，我那篇文章又被复印出来加以批判。十一届三中全会后，万县地委认真负责地重新审查了我那篇文章，认为我那篇文章没有问题，纠正了延长我入党预备期的错误。1957年8月，我参加了万县专区中学教职员集中整风学习和反右派斗争。1958年1月，我去万县参加小学教职员的集中整风学习和反右派斗争。

大炼钢铁

1958年3月，万县专署教育科与文化科合并为文教科（后来曾改为文教局），原教育科的徐尧琴同志与我分任正、副科长。同年5月，党的八大二次会议确立了"鼓足干劲、力争上游、多快好省地建设社会主义"的总路线,在全国掀起了"大跃进"运动。工业方面,提出"以钢为纲"的口号。为了在1958年生产1070万吨钢,即比1957年的产量翻一番,发动全党全民"砍树挖煤、找矿、建土高炉",万县专区各县市跟全国各地一样,广建土高楼。我的朋友何海若(何其芳之弟)曾写诗:"南浦(即万县)江岸光万点,不是渔火是熔炉。"

1958年10月,国庆节后,我接万县地委组织部的通知,偕同几位同志赴云阳县参加大炼钢铁。我们先乘船再乘车,到云阳县江口镇竹林沟,一起修建土高炉炼铁。那里已聚集了县、区、乡干部和各乡来的农民约200多人,一起修土高炉,炼铁。我们到后不久,四川省委组织部李部长也带了几个干部来此地"参战"。高炉怎么修呢?先从山上砍下很直的树木,再将树木锯成3米高的木柱,然后将几十根木柱围成圆筒形,打入地下几十厘米,其中装土夯实,中心从顶到底部打孔,形成炉口、炉喉、炉腹。中部向外,开一小孔,安装通风箱的管子。炉底部开一个出铁口,在另一个方向较高的部位开一个出渣口(铁渣比重较铁为轻),这样就建成了一个炼铁的土高炉。

铁又怎样炼呢?从高炉顶部炉口倒入煤炭、木柴、铁矿石和石灰石(石灰石的作用是与铁矿中的杂质化合,形成渣滓,与铁质分离)。然后点火烧矿,由两人轮班拉风箱,向炉中吹风,以提高炉温。经验丰富的炉前工随时观察火候,到了该出铁的时候,先打开出渣口,放出铁渣,然后打开出铁口,放出铁水,冷却后形成铁块。我们刚到时,已有一个高炉点火炼铁,另有3个高炉正在修建中。我们即和大伙一道参加修高炉与炼铁的各项劳作,晚上还要打"夜战",熬到深夜。当地计划要修40座高炉,万县专署地质局的干部探查当地铁矿的蕴藏量,认为蕴藏量不多,地质干部因此被批为"右倾"。

1958年11月初,我接到通知,要我带队去成都参加四川省科学技术跃进大会。我就离开云阳，回到万县专署，随即和卫生科长许润田一道带领万县专区及各县市科技干部十多人去成都开会。省科学技术跃进大会传达了全国科学技术跃进大会精神。我们还听了几位中央领导同志的录音报告。大会强调了大炼钢铁的重要性，还强调了要加强对半导体、无线电电子学的研究。大会结束后，我们各地区的领队还到中国科学院四川分院开座谈会，见到了副院长马识途。我还见到武大同学刘兆丰（时任四川省计委副主任），感到很高兴。

我们回到万县专署后，即向地委和专署领导做了汇报，随即召开万县专区科学技术跃进大会，传达省科学技术跃进大会内容，并成立万县专区科委和科普协会，由专员任科委和科协主任，我和另外几位部门负责人任副主任。随后，万县专区各县市也相继成立了科委和科协。

云阳修高炉的事，我就没有再去参加了。后来听说修40座高炉的计划并没有完成，修了半数就实在修不下去了，因为山上的树木都砍光了，也缺乏铁矿石。集中大批人力物力修高炉，大办钢铁，贻误了农时，很多红薯等农作物未及时挖收，烂在地里。

隆重而简朴的婚礼

幼年时，家里为我包办订婚。成年后，我坚决反对，并不是因为有了新对象，完全是因为订婚对象与我血脉太近，这很不好。解放前的社会环境，我没有谈情说爱的雅兴，没有任何罗曼蒂克的趣闻，觉得自己年轻，想等到解放以后再说。解放初年，工作繁重，运动频仍。有些朋友先后为我介绍过几位对象，都见面一两次即止，未继续交往。

1958年夏，罗霞同志到万县专署文教科开会。她当时是万县剧团的主要演员、优秀共青团员，在剧团负责共青团、工会及带团巡回演出等工作。我们相识后，互有好感，经过多次约会和书信交流，双方同意结为终身伴侣。1959年11月2日，我们到万县市第四派出所领了结婚证。当天，文教科的同志们非常积极地张罗布置，在文教科的大办公室，拼桌子，摆上糖果、花生、瓜子。除文教科的同志们以外，万县地委书记兼宣传部部长刘海甫亦出席，为我们证婚，并讲话祝贺我们的婚礼。其他同志也发言，表示热烈祝贺。最后，我与罗霞对大家的光临和祝贺表示衷心感谢！在领导的亲切关怀和同志们的热忱帮助下，一场隆重而简朴的婚礼宣告完成。第二天，我们各自回到自己的岗位。我和罗霞没有为婚事请假一天半日。

"四清"运动前后

1960至1964年间，我大部分时间在参加万县地委领导的农村工作，到农村进行整风整社和"四清"运动。1964年6月至9月，我在成都的四川省委党校学习，同去的还有万县地委、专署几个部门和几个县的领导干部六七人。学习的内容，主要是《实践论》《矛盾论》《关于正确处理人民内部矛盾的问题》《关于国际共产主义运动总路线的建议》和评论苏共中央的《给苏联各级党组织和全体共产党员的公开信》等9篇文章。我们还学习传达了邓小平、薄一波、陆定一、谭震林等同志的报告。

在国家图书馆的工作和生活

奉调北京图书馆

我从省委党校学习结束，回到万县专署后，又曾去万县农村工作了一段时间。1965年7月，我接到经由万县专署人事科转告的国务院内务部人事部门的通知，要调我去北京图书馆（简称"北图"）① 工作。"文革"中有人问我，是否"走后门"进的北京图书馆？我没有走什么"后门"，也无"后门"可走。我从来没想到要转行到图书馆，也从未做过调去北京工

---

① 北京图书馆是国家图书馆的前身。1998年12月北京图书馆更名为国家图书馆。

作的梦。当我接到调令时，实在感到很突然，觉得工作性质变动很大，我得从头来学，而我已不年轻了，这使我颇为踌躇。人事部门要我尽快去北京报到，说北图已来电话催人了。据说，调令年前就已来了。我想组织上既已决定，自有其道理，应当服从组织调动；我又想到北京是党中央、毛主席工作的地方，"已成为世界革命的中心"，这也是令人"心向往之"的；还想到图书馆是我青年学生时代常爱去的场所，不至于全然摸黑。我于是毅然决定去北京赴任。

1965年7月，熊道光（前排左二）与原万县地委宣传部、原万县专署文教科领导及成员合影

　　1965年8月中旬，我和罗霞带着4岁多的女儿熊伟，告别养我育我的万州①热土，往北京前进。我们的小女儿熊丽才8个多月，无法带走，只好寄养在她外祖母家，直到她两岁多才来北京与我们团聚。我第二次乘轮船东出夔门，夜过三峡，第二天上午到武汉。我们特意去参观了著名的长

---

① 万州，民国时为万县市，1949年12月设万县专区，1968年改称万县地区，1992年设地级万县市，1996年改由重庆市代管。1997年重庆成为直辖市，下设万县区，1998年更名为万州区。

江大桥，这是20世纪50年代苏联援建的第一座长江大桥。我们在桥上来回地走了一遍，"一桥飞架南北，天堑变通途"①，实在非常壮观。现在，我国自行设计修建的长江大桥已达一百多座了。我们当天午后从武汉乘火车北上，第二天下午到达北京。火车站已不在前门了，而在前门以东。我们走出车站，即雇了一辆三轮车，拉我们到北京图书馆。人事部门的人说，曾派出三轮车到车站接我们，但我们未能看到，彼此错过了。馆里派三轮车，送我们到西四大拐棒胡同宿舍住下。

到北京以后，我去北图报到上班，我想了解我来北图的原因、北图的情况和我在北图的具体工作任务。我去见了北图党委书记、副馆长刘岐云②、副馆长左恭③。丁志刚④副馆长当时不在馆里，他在西北农村搞"四清"。我还拜访了馆办主任杨林、采访部副主任朱家谦以及其他一些部门负责人，从他们的谈话中，我逐步了解到调我来北图的原因。

第一，由于文化部系统干部队伍建设的需要。文化部及其领导下的各单位都调进了一批党员干部。如1965年，调南京军区第二政委肖望东⑤任文化部党组书记、代部长，同年调山东省委宣传部部长刘岐云任北图党委书记、副馆长，调江苏南通军区韦禾任北图党委副书记、政治部主任。

第二，从北图政治、业务工作来看，这是外文采选、编目部门的工作需要。当年认为北图的外文采编部门多年来一直被"资产阶级专家"所掌

---

① "一桥飞架南北，天堑变通途"，语出毛泽东于1956年所作《水调歌头·游泳》。
② 刘岐云（1919—2006），原名刘绍基，山东莱州人。早年参加革命，1965年7月调任北京图书馆党委书记兼第一副馆长。
③ 左恭（1905—1976），湖南湘阴人。早年参加革命，曾任北京图书馆副馆长，国家科委图书组副组长，全国第一中心图书馆委员会主任委员。
④ 丁志刚（1919—1996），山东滕县人。早年参加革命，新中国成立后长期担任北京图书馆副馆长（1954年7月—1984年4月）。
⑤ 肖望东（1910—1990），曾用名肖克，江西吉安人。中将。中国共产党优秀党员、无产阶级革命家，中国人民解放军优秀的政治工作领导者。

握，这种状况必须改变，外文采选部门要"夺回外文选书权"。

基于上述两方面的原因，北图需要引进通外文的党员干部。我从中学到大学都学过英语，读大学时第二外语是德语，我还先后自学过日语、法语和俄语（1963年，万县地委组织部曾要我填写过一份干部表，其上有掌握外语情况一栏）。于是我调进北图，先后任采访部支部书记、副主任，兼任外文采访组组长、国际交换组组长，主要负责外文图书的采选审定。我的职称经文化部批准为研究馆员。与我同年从辽宁调进北图的有朱南、任伶夫妇，朱南任西文编目组组长，任伶任编目部支部书记、俄文编目组组长。

政治思想和人才队伍建设

我到北图后的工作任务，从馆领导谈话和我对外文采访部门了解情况来看有两大方面：在政治思想工作方面，主要抓毛泽东著作的学习；在业务工作方面，主要是培养外文选书的新生力量，制定外文采访规章和改进外文图书采选的方式方法。下面，再进一步谈谈这几方面的工作。

首先是在政治思想工作方面，积极推动学习毛泽东著作。馆党委强调要发挥党支部的核心领导作用，"要狠抓毛著的学习"。我作为采访部党支部书记，积极组织中文采访组、外文采访组、期刊组和国际交换组全体同志学习《矛盾论》（规定每周六上午为政治学习时间）。我曾讲过两次辅导课，以帮助大家学习。在《矛盾论》学习结束后，每个同志还用小字报的形式，写出自己学习的心得体会，展示在办公室外的走廊里，方便互相交流。我还组织大家学习《为人民服务》，学习焦裕禄、麦贤得、王杰的先进事迹。本来还准备学习《关于处理人民内部矛盾的问题》，因"文革"爆发而未果。

通过学习，同志们的政治觉悟和工作积极性普遍有所提高，过去迟到早退、上班聊天、搞"自留地"（干私活）等不良现象都得到纠正。馆里开展增产节约运动，大家积极参加，很多同志星期天自愿到馆里加班，清理积压图书。馆领导号召练基本功，提高打字、排片之类的效率，同志们都踊跃参加。我也参加练基本功，我报的项目是：熟记欧美50多家大出版社名称。在1965年12月举行的全馆基本功汇报大会上，经专人抽问，我都准确回答，无一差错。

其次是培养外文采选新生力量，构建外文选书班子，加强制度建设。外文选书工作是决定全馆外文馆藏质量和数量的关键。北图外文选书，多年来是由张申府①、顾子刚②（副研究馆员）两位负责。张申府曾任北大、清华教授。抗战时期，在重庆从事抗日民主活动，并担任北图重庆办事处的文字编撰工作。我曾读过他在报刊上发表的文章，是我久闻其名的知名人士，不料我们会在北图共事。顾子刚曾任教于燕大，早年经营大同书店，与国外书商联系。20世纪三四十年代，抗战期间，他参加在北平的北图西文采书等工作。

1966年3月，我参加文化部召开的党委扩大会议。在分组讨论中，一位图博文物口的负责同志说，顾子刚是藏在北图很深的"黑线"。（会议期间适逢邢台大地震，我们在会议室有震感，不过会议仍继续进行。）张申府、顾子刚当年被认为是"资产阶级专家""资产阶级政客"，是我们"夺回外文选书权"的对象。当时张申府已70岁，顾子刚也年近古稀，他们每周只上半天班，都已打算办理退休。我和几位先后调来外文采选部门的干部成为外文选书的新生力量，但我们都缺乏这方面的知识和经验。为了提高我们的业务能力，我采取以下几项措施：

第一，互教互学。组织外文采选人员以互教互学的方式学业务、学外语。张申府、顾子刚有多年选书经验，了解国外出版商情况，对所谓

---

① 张申府（1893—1986），原名崧年，直隶献县（今属河北）人。哲学家、数学家。1920年参与筹组北京的中国共产党早期组织。是张岱年之兄。
② 顾子刚（1899—1984），上海人。1919年毕业于圣约翰大学史学系，精研英文和西方文学。北京图书馆副研究馆员，毕生从事图书馆事业。

"资产阶级专家",仍可"择其善者而从之"。我请他们讲外文选书。张申府在外文采访组曾讲过一次。我还计划请顾子刚讲外文选书,但因"文革"发动而未实现。外文采选人员一般只通英语,这是不够用的。我请外文采访组精通法语、德语的韩宝光、蔡锡铭两位同志分别讲法语、德语的基础知识。我还请馆内参考部的同志讲国外哲学、社会科学概况、科研动态等。

第二,走出去调研学习。馆领导号召大家下楼出馆,走群众路线。为了解我国"三大革命运动"和"四个现代化"建设对国外出版物的需要,我们曾先后多次跨出馆门,重点采访中宣部出版处,国家计委,中国科学院科技情报研究所,社科院马列所、法学所、外国文学所,大专院校(如中央党校、人民大学、北京大学、清华大学等),工业生产部门(如首钢等),外文书店,世界知识出版社,图书进出口公司等单位。我还采访过著名人士陈翰生(国际关系研究所)。此外,我还组织外文采选人员外出听报告、参加学术会议等,以扩大知识面,了解各界对我们外文采选工作的需要。

第三,请进来。我们曾请馆外各方面的专家、学者多人来外文采选部门,讲授有关社科、科技方面的新知识和国内外科研动态,听取他们对我馆外文采选工作的意见和建议。我们还多次分批召开各科外文老读者座谈会,听取他们的意见。

经过多方努力,减轻"文革"干扰,到20世纪70年代中期,北图外文采选新生力量逐渐成长起来,初步解决了外文选书的接班人问题。

为了从组织机构上增强外文采选的力量,提高选书质量,根据馆里有关领导和我以及人事部门的意见,1980年我以采访部的名义写报告,申请成立馆长领导下的书刊资料采访委员会(郑效洵[①]、邵文杰分别担

---

① 郑效洵(1907—1999),原名郑孝嵩。曾任三联书店编审部副主任,人民文学出版社副总编辑,北京图书馆研究馆员、书刊资料采访委员会主任。

任正、副主任）。报告获得馆领导批准。初步决定从外文采访组调三四人到采访委员会，以后逐年增加人员。到20世纪80年代后期，采访委员会已有10人以上，按社科、科技分工，具体执行选书任务，外文采访组负责具体工作。

制定采访条例，改进采选方法

1965年以前，北图一直没有外文采选的成文规章，这显然不利于选书质量的保证和选书工作的持续开展。我在刘岐云、左恭两位副馆长的领导下，经过调查研究，向张申府、顾子刚咨询，并广泛征求馆内编目、阅览、参考等部门的意见，还参考了馆外一些单位的意见，于1965年11月撰成《北京图书馆外文图书采访试行条例（草案）》。随后，在左恭副馆长主持下，召开编目、阅览、参考等部门以及采访等相关科组负责人座谈会，对此试行条例草案进行讨论。我再根据大家讨论的意见，对此试行条例加以修订，于1966年初经馆领导批准，印发试行。

1973年，在丁志刚副馆长主持下，召开了几次馆内采访、编目、阅览、参考等部门负责人会议，商讨制订外文出版物采访条例。会后，由我汇总各部门的意见，结合上述《北京图书馆外文图书采访试行条例》，撰成《北京图书馆外文书刊资料采访工作意见》。此件经过1977年、1984年两次全馆采访工作会议（鲍正鹄①、谭祥金②、胡沙③三位副馆长曾主持其事）的修订，成为北图正式制定的《采访条例》中"国外出版物"专章的基础。其中，我未沿用不切实际的"外文求精"的提法，而是视其内容，结合国内的需要，将国外出版物分为"全面采选、着重采选、适当采

---

① 鲍正鹄（1917—2004），浙江鄞县人。教授，曾任北京图书馆副馆长。
② 谭祥金（1939—2021），湖南津市人。中山大学信息管理系教授，曾任北京图书馆副馆长、中国图书馆学会副理事长。
③ 胡沙（1927—2013），原名胡云章，河北遵化人。北京图书馆原副馆长，曾任中华人民共和国常驻联合国教科文组织大使衔代表、《光明日报》副总编。

选、不宜采选"4个档次来处理。从此，北图的外文采访工作有了正式的规章条例。20世纪末和21世纪以来，这个采访条例与时俱进，又有新的修订和发展。

北图的外文图书采选，过去由张申府、顾子刚选定后，即打单发订。我到外采组以后，由我审阅后发订。"文革"风暴来袭，张、顾二人离去，选书工作完全由我们几位新手承担。为了便于大家互相学习、交流信息、平衡选书工作中的宽严度，以保证选书质量，曾有几年实行"个人拣选、集体讨论、领导审定（由我负责）"，然后发订，不过集体讨论费时较多。随着选书人员业务水平逐渐提高，选书量逐年增长，为提高效率，20世纪70年代末以后省去了集体讨论这一环节。

1982年10月北京图书馆开馆70周年纪念合影，
摄于文津街文津楼前，二排右一为熊道光

选书所用书目资料多样化。除了常用的中国图书进出口总公司按月提供的外文社科、科技书目外，我注重广罗精选，就是广泛搜罗国外多种书目资料，从中精心挑选国内所需要的出版物。如1983年10月，我代表北图首次参加西德法兰克福国际图书博览会,带回大量书目资料,并与多国多家大出版商建立了联系。他们此后常寄来书目资料,供我们采选参考。20世纪末,我已离岗多年,还收到一位美国教授寄来的一本赠给国家图书馆的他自己的著作和若干书目资料。

发动读者推荐新书。很多外文读者置身在政治、经济、社会、文教、科技等重要部门,了解国内革命和建设的需要,关注国外出版信息。我们常开外文读者座谈会,重点访问中央党政机关、科研院所、大专院校等单位,听取他们的需求,鼓励他们推荐新书。我们还在各阅览室发放读者推荐书单。很多外文老读者经常推荐国外新书,帮助我们充实外文馆藏,也有助于图书馆更好地为他们的工作和科研服务。不过对读者推荐的书也要细心审查,不能盲目照用。一位农业部门的读者曾推荐一种书《森林防火》,书到后一看,我们发现全书只有十几个单词。

我们还试办过"提类订书"。20世纪60年代后期,除了自己选订书,我们还曾通过北京外文书店,试办"提类订书",就是与欧美信誉较好的20多家大出版社商定,将其科技类的、适合大学三年级以上学生阅读的新书出版后,立即发售来馆。这种采书方式,省去了选书、打单、发订等手续,到书较快,在"文革"中图书馆业务几乎陷于停顿的情况下,对保证国外科技新书不至断流,起了一定的积极作用。但是,"提类订书"不能完全保证质量,我们发现有的图书程度低浅,也不能避免复本,试办几年后就停止了。

总的来说,经过全馆上下各方和外文采访人员多年的共同努力,外文采选工作实现了三大改变:从过去的两人单干选书,改变为多人选书、班子集体选书;从过去的无章采选,改变为有章可循的采选;从过去的关门选书,改变为走群众路线、开放式选书。随着"文革"的结束,国家财力和图书经费的增长以及外文采选队伍加强,外文采书量逐年有了大的发展,如1966年时,北图西文采书9400多册,1979年上升到1.5万册,

1983年上升到2万册。选书质量也有所提高,获得多方读者的好评。

外文出版物的采购过去一向只通过中国图书进出口总公司用外汇向国外订购,北图向该公司支付人民币,我们自己没有外汇。1980年,我从馆里财会部门获得信息,可以申请外汇。我于是以北图名义写报告,陈明各界读者对国外出版物日益增长的需求和北图外文采购对外汇的迫切需要,请求每年为北图划拨一笔外汇专款,专用于外文图书采购。这一报告,经馆领导审核后上报中央财政部,获得财政部批准,以后每年增发北图40万美元(原按人民币计的图书经费不变)。从此,我们除了用人民币向中国图书进出口总公司订购,还可以用外汇直接向国外出版商订购图书。

20世纪80年代中期以后,我不再担任采访部门的行政职务,转到采访委员会,负责外文社科选书审定。几位新来的年轻同志每次选出的书目送我看后,对其中我不同意圈选的书,我都按《采访条例》的精神,对他们逐个加以说明,帮助他们掌握《采访条例》,提高选书的业务水平。

2015年9月熊道光荣获中国人民抗日战争胜利70周年纪念章
左起:杨志今、熊道光、雒树刚

我还致力于采选有关中国，以及马列主义、毛泽东思想和国际共运的外文图书。我曾带领两位青年同志，按欧、美几种重要书目，对馆藏进行普查，用订购或国际交换的方式补充缺藏。当年我馆自动化发展部孙蓓欣主任（后来任国家图书馆副馆长）率有关同志积极支持我们的工作，经常提供美国国会图书馆的 MARC 磁带（机读目录），帮助我们查漏补缺。经过几年的努力，北图在这方面的外文馆藏大为充实，在全国可算是最为丰富的，曾受到中共中央联络部、中央党校、中央文献研究室、北京大学、北京师范大学、中国社科院哲学所和马列所、上海市社科院、陕西省社科院、湖南韶山毛泽东同志纪念馆等多家单位的关注和赞许。我结合这项工作，还业余编译了《关于毛泽东研究的西文书目》，与人合译《马克思恩格斯著作目录和马克思主义参考书目》等。

（因熊道光先生健康原因，口述史采集工作未能全部完成。）

沈燮元口述史

袁 斌　陶梦云　访问
陶梦云　整理

第一批中国记忆"中国图书馆界重要人物专题"共建共享项目

实施单位

南京图书馆

建设时间

2016年9月至2018年3月

工作团队

负 责 人：全　勤

策　　划：高建强　单红彬

统　　筹：李　玮

提纲撰写：袁　斌

访　　问：袁　斌　陶梦云

文稿整理：陶梦云

影音记录：沈　玥　李　天　陆　瑶

剪　　辑：陶梦云

校　　对：刘丽娜

资　　料：张天颖　黄惠平　许文惠　夏　雪
　　　　　孙晓闽　王亚楠

沈燮元，男，汉族，1924年7月出生，江苏无锡人。九三学社社员。版本目录学家。南京图书馆研究馆员。1948年毕业于无锡国学专修学校，先后任职于上海合众图书馆、无锡市图书馆、苏南区文物管理委员会，1955年调入南京图书馆工作。20世纪70至80年代曾参与编纂《中国古籍善本书目》，并担任子部主编，后多年致力于黄丕烈题跋的搜集整理工作。著有《屠绅年谱》《周贻白小说戏曲论集》《沈燮元文集》等。从事古籍整理、研究与保护工作70余年，对我国古籍保护工作做出了重要贡献。

学生时代

我原籍无锡,但我出生在苏州。1924年7月,我在苏州出生。十五岁时,我方回到无锡,在无锡县立中学读中学。抗战胜利之后,我报考了苏州美术专科学校。

当时我的大哥订了一份上海出的《新闻夜报》,年终的时候,《新闻夜报》送了本《美术生活》。上面既有西洋画,如马蒂斯、塞尚等画家的作品,也有中国画;既有现当代的画,也有古代的画。到现在,我们家还有好几本《美术生活》。看了之后,我很喜欢,对画画产生了浓厚的兴趣,所以就报考了苏州美术专科学校。我在苏州美术专科学校读了一学期,素描、铅笔画和中国画都学了一些。后来,因为眼睛不太好,近视,很遗憾没有继续读完。

说起上学时候的事,我还记得在我小学四年级的时候,苏州举办过一次吴中文献展览会,会上展出了很多东西。我去参观了之后,用文言文写了一篇游记。老师们读后都不敢相信是我写的。

再后来，我考入了无锡国学专修学校（简称"无锡国专"），在无锡国专读了三年，其中一学期在上海就读。因为当时无锡的情况很乱，我听说上海很好，于是就跟两位同班同学冯其庸和张仁迪一起到上海去读了一个学期。后来为什么没在上海毕业呢？因为上海的学分跟无锡的不一样，因此读了一个学期以后我们三个人又回到了无锡，最后还是在无锡毕业的。

沈燮元于无锡国专毕业留影

追忆钱松喦先生

在无锡县立中学读书的时候，钱松喦先生是我的班主任，他教我初中一年级语文。我住的地方跟他家相隔不远，所以我经常到他家里去玩。我还请他画了好多画。我请钱先生画过一张苏东坡头戴笠帽的像。因为钱先生画人物画很少，所以这张画很珍贵。我原先住在虹桥，后来搬家了。我请钱先生画过一幅《虹桥移居图》，上面有一座桥，一艘船，船里面装满了书，是一张横幅的大画。我还请钱先生画过一幅《松壑读书图》，上面一座楼，我在楼里面读书，旁边都是松树。钱先生还在画上题了一首诗："万松深处一龛居，风雨晨昏读异书。君欲入山我尘海，掩关空自种畦蔬。"

还有一件可惜的事情是，钱先生有一部诗稿，名《艺庐诗抄》，线装的，我全部借过来抄了，抄在一个横格纸本上，后来不幸在"文革"中丢失了。钱先生家里的诗稿也没有了。如果诗稿还在的话，现在就可以出版了。

钱先生对我很好。我调来南京之后，跟钱先生还见过两次面。一次是他到省委门诊部来看病，他知道我在图书馆，看了病后到我办公室楼上的休息室里坐了坐。还有一次是他在中央路家中，我去探望过他。

师从周贻白、朱东润先生

在无锡国学专修学校的时候，有很多老师让我印象深刻。像教务长冯振心先生，他是专门研究老庄哲学的。还有周贻白先生，他本来是戏曲学家。但是因为当时我们有个课程目录学没有人教，所以请周先生教我们目录学。也是这个机缘，让我认识了周先生。周贻白先生是戏曲专家，他写了好多戏曲方面的著作。

虽然周先生教的是目录学，但是课余时间我常常到他家里去请教，因此学到了好多戏曲方面的知识。后来我到了南京图书馆，参加《中国古籍善本书目》编纂的时候，我把周先生的一些散篇文字汇集起来，把它重新校订，出了一本书，由齐鲁书社出版，叫《周贻白小说戏曲论集》。

还有朱东润先生。他主要在南京中央大学教课，也在国专兼课。当时好多先生都在国专兼课，像王庸（王以中）先生在江南大学教课，也在国专兼课。还有李笠，也是江南大学的，也在国专兼课，教训诂学。

我还想起一件事。在国专的时候，我曾经跟同学两人发起，请了两位名人来校演讲。一个是田汉，那会田汉刚好从北京来无锡游太湖。我们请他来学校演讲了一次。还有一个是钱穆，钱穆当时在江南大学教课。我们通过学校的关系，请钱穆先生来演讲了一次。这两次都是我跟同学发起的。

恩师顾廷龙先生

我的同学中，无锡国专的同班同学张仁迪，后来做了苏州农校的校长兼党委书记。还有位同学叫吴文治，是研究柳宗元的专家，他读了一个学期之后考了东吴大学，从苏州东吴大学毕业的。还有冯其庸①，后来从无锡县女中调到了人民大学。我和冯其庸一直都有来往。

我和冯其庸在上海国专读书的时候，总到顾廷龙先生的上海私立合众图书馆去看书。当时冯其庸研究清代词人蒋鹿潭的词，我研究屠绅年谱，

---

① 冯其庸（1924—2017），江苏无锡人。毕业于无锡国专。1954 年入职中国人民大学。曾任中国人民大学教授、中国艺术研究院副院长、中国红学会会长等职，以研究《红楼梦》闻名于世，是著名的红学家。

我们两个人天天去看书。顾老在我们去之前就把我们要看的书准备好了。后来这两本书都先后出版了。我的书出得早一点，1957年出的，冯其庸的《蒋鹿潭年谱考略》在1986年也出版了。

合众图书馆是私立的，当时正门是不开的，只开后门。看书的人必须要通过介绍才能进去。当时顾老已经在燕京大学工作了好多年，是有名的版本目录学专家，他对书非常熟悉。合众图书馆里面关于国学、文史方面的书应有尽有，我们在那里得益很多，所以可以说，在我们读书的起步阶段，顾老对我们两个人的帮助是很大的。无锡国专毕业之后，我有幸在顾老的合众图书馆工作了一段时间，后来因为参加《中国古籍善本书目》编纂工作的关系，又有幸跟在顾老身边做事。前后加起来有十多年的时间。顾老做事非常认真，工作要求也非常高，在负责编纂《中国古籍善本书目》的时候，他起到了不可替代的作用。因此，在编纂总目过程中，我也学到了不少东西，所以可以说，顾老是我的恩师。

沈燮元（左）和顾廷龙在南京梅花山留影

耕耘图书馆

1948年我从无锡国专毕业之后，因为时局动荡、兵荒马乱，工作很难找。当时上海合众图书馆馆长（那时称"总干事"）顾廷龙先生跟我说：如果你不嫌简慢，就到我这里来工作。因此，我就先在合众图书馆工作了半年。

解放后，我回到了无锡，在无锡图书馆工作了一段时间。后来又进了苏南区文物管理委员会（简称"苏南区文管会"）。苏南区文管会原本在无锡，后来搬迁到苏州。过了两年之后，苏南区文管会被撤销，改成了江苏省博物馆。再后来，我又被调到了南京。调到南京之后，我就一直在南京图书馆（简称"南图"）工作。我是1955年10月到南图的，到现在已经有半个多世纪的时间了。

苏南区文物管理委员会同事留影
后排左一为沈燮元，前排右二为南明史专家钱海岳

结缘赵万里先生

1951年,我来到无锡图书馆工作,认识了赵万里先生。当时他从北京南下访书到了无锡图书馆,由我接待。他在参观无锡图书馆钟楼的时候看得很仔细。他说:"这个钟楼在江南很少见,你们要好好保护它。"然后他将各个部门,如采编、阅览室等都看了一遍,看得很仔细。这是我们第一次见面。

我们第二次见面是在苏州,我已从无锡图书馆调到苏南区文管会,在拙政园办公。当时他也是南下访书。他说苏南一带是藏书家很多的地方,他开玩笑说:"一部普通书如果经过藏书家写了几句话,马上会变成善本。"因此他临走时给了我五百块钱,他说:"请您代北图①收一些书。"后来我就依照他的嘱咐,的确在苏州收到了好多善本书,现在这些书都编在北图的善本书目里面。用了一共差不多一年,这五百块钱到最后还是没用完,我就在旧书店里买了一些20世纪30年代在上海出版的旧画报,书品是全新的,总算是把这五百块钱全部买完。

1955年我到南京图书馆以后,赵先生还来过几次南京。我们的汪长炳馆长因为跟他是北图的老同事,请他在曲园吃饭,我跟柳定生也一起作陪。当时他来看书,看得很仔细。还有一次他来颐和路南京图书馆古籍部看书,住在南京饭店。他让我下了班去他那里坐坐。然后我就去了,带了馆藏善本书目给他看。有意思的是,他不叫我沈同志,也不叫我沈先生,而是叫我沈公。当时我还很年轻,他竟然称呼我为沈公。他说:"沈公你业余做些什么研究工作?"我说研究谈不上了,我就看看各方面书目的书。然后我讲宋元刻本都在几个大馆,在上图、北图、北大馆,普通人去看宋元刻本不太容易,因此版本研究这条路比较难走。我说我想业余时间就把明刻本搞清楚。他说:"是啊,要真正搞清楚明刻本也不容易啊。"

---

① "北图"指北京图书馆,国家图书馆前身。

结识徐森玉、顾颉刚先生

在苏南文管会工作的时候，我曾陪同徐森玉老先生、顾颉刚先生一起游览苏州西山。当时徐森玉先生跟顾颉刚先生都在上海。徐森玉先生是当时上海文管会的主任委员，他跟顾颉刚先生来苏州西山玩，苏南文管会就派我陪他们。当时发生了一件很有趣的事情：我们到的那天晚上就在西山的庙里面点了油灯聊天谈话，忽然有人敲门，进来一队民兵拿了鱼叉还有土枪，问我们哪里来的。我们说上海来的。他们说："那你们为什么不到区政府报到一下？"因为那时候是解放初期，太湖的湖匪很猖獗，我们因此受了一场虚惊。徐先生那时候已经七八十岁了，住了一晚上就回上海去了。顾先生身体很好，我和顾先生两个人还登上了西山的最高峰。

1952 年 11 月于太湖包山寺前
左一为沈维钧，左二为沈燮元，右一为顾颉刚，右二为徐森玉

顾先生先前一直在重庆，抗战胜利以后在上海。那时候，他一方面在学校里教书，一方面在大中国图书局担任总编辑，出版地图。后来大约在 20 世纪 50 年代，毛主席点名把他调到北京负责二十四史的校订工作。顾先生创造的层层累积式的古史观，在五四运动时期很出名，时人

称之为"古史辨派"。

与过云楼藏书的渊源

我在苏南文管会的时候,过云楼后人顾公硕①先生是我们苏南文管会的鉴定委员,我们就此结识的。我住的房子,就是他租给我的,所以经常有来往,而且我曾经在他家里买过两批书,都是过云楼的藏书。还有一件事:我在苏州的时候,顾家大媳妇有一个姓汪的远方亲戚,跟我姨父钱海岳是同学。有一次他拿了一部明刻本的《韩诗外传》要卖给苏南文管会。那时候苏南文管会是行政机构不能买书,因此我就给北京图书馆买下来了。

20世纪90年代,南京图书馆收了大概四分之三的过云楼藏书②,我们

2012年过云楼藏书研讨会,前排左四为沈燮元

---

① 苏州顾氏过云楼是江南著名的私家藏书楼。顾公硕是过云楼藏书第四代主人。
② 1992年,南京图书馆收购了过云楼大约四分之三的藏书,共计541部3707册。2012年,江苏凤凰出版传媒集团以2.16亿元的价格(含佣金)拍下了余下的、大约四分之一的过云楼藏书,共计179种1292册。2012年,北京匡时公司举办过云楼藏书研讨会,沈燮元先生受邀参加。

南图当时派徐忆农到苏州去办这个事情，那时候我不在馆里，在北京还没有回来。2012 年，北京匡时公司不知道怎么晓得我跟顾家有联系，他们在北京开研讨会的时候，把我从南京请去了。当时那部分过云楼藏书已经由凤凰集团买下来了，一共两点几个亿。

专事购书与编目

1955 年我刚来南图的时候，因为古籍部还没有全面开放，所以在颐和路古籍部设了四个专室。一个是古典小说戏曲，由陈方恪先生负责；一个是金石考古，由缪镇藩先生负责；还有一个中医中药，由陶容贵先生负责；我最后一个来，近代史资料室由我负责。一人一个房间，书都是开架的，相当于现在的专题阅览室，读者进来只要签个名就行了。后来这几个资料室还编了中医中药和古典小说两个油印本目录。

原南京图书馆颐和路古籍部旧址

我从 1955 年 10 月到了南京图书馆以后，就一直在南图工作，直到退休。其间我曾经因为编《中国古籍善本书目》，在外出差了十年，五年在上海，五年在北京。

1955年到了南京以后，我先是在龙蟠里待了一个星期，然后就到了颐和路古籍部。在南图工作的五十多年，我主要有两项工作。一个是采购，一年出去一到两次，一般是春季和秋季，到扬州、苏州或上海等地去采购古籍。另外一个就是编目。

辽代重熙四年（1035）《大方广佛华严经》写本，是我在上海从一个朋友那里买到的。宋辽刻本流传下来的本来就比较少，这个是写本，就更少了。这个卷子上面还写着好多辽代僧人的名字。当时把它买下来以后，我们还不够确信，所以把这个卷轴寄给赵万里先生，请赵先生再看一下。赵先生看过之后，亲自写了封信跟我们汪长炳馆长说，这个是真品，没有问题。到现在，赵先生的这封信还跟辽写本的《大方广佛华严经》放在一起。

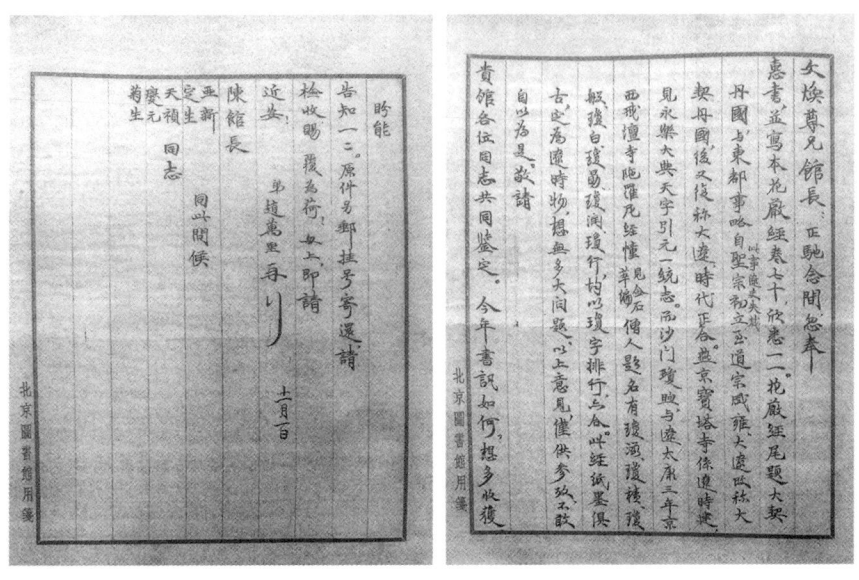

赵万里回汪长炳信

北宋熙宁元年（1068）"金粟山藏经纸"① 抄本《佛说温室洗浴众僧经》，是我从铁琴铜剑楼的后人那里买来的，价格不是很贵，这也是一个很难得的机遇。

沈燮元访购的北宋熙宁元年
《佛说温室洗浴众僧经》

治学成就

始作《屠绅年谱》

在无锡国学专修学校就读的时候，我对两样东西感兴趣，一个是小说史，另一个是戏曲史。尤其是明清戏曲，我很喜欢。毕业前夕，我给清代

---

① 《金粟山大藏经》是北宋时由海盐县金粟寺广惠禅院发起并组织抄写的一部大藏。其抄写用纸十分珍贵，被称作"金粟山藏经纸"。据明人胡震亨《海盐县图经》记载："金粟寺有藏经千轴，用硬黄茧纸，内外皆蜡摩光莹。……纸背每幅有小红印文，曰'金粟山藏经纸'。后好事者剥取为装潢之用，称为宋笺。遍行宇内，所存无几。"

小说家屠绅写了一篇好几千字的传,用文言文写的,后来登在了上海《中央日报·俗文学》周刊上,占了一整版。1957年,《屠绅年谱》由上海古典文学出版社的胡道静编辑组稿出版。当时《屠绅年谱》这本书定价只有两毛钱。

屠绅是江阴人,生活于清代中期。用鲁迅先生的话来说,他是一个以才闻名的小说家。他写的书《蟫史》,与《燕山外史》《镜花缘》等都以奇崛怪异著称。而且历史上对这

沈燮元著《屠绅年谱》

个人的记载不是特别详细。当初我正在看梁启超的《中国历史研究法补编》,梁先生就认为,研究人的生平时,年谱很重要,由此可以晓得他一生的背景以及活动的情况。所以做年谱有两种情况是比较典型的。一种是材料比较多的,相对更难做,比如曾国藩、袁枚(袁子才)。他们的活动比较多,与他们来往的人也比较多,他们的年谱做起来就相对困难一些。还有一种是资料比较少的,也难做,比如南朝的江淹。屠绅也属于资料少的。当时我受梁先生的启发,这个资料少的我就偏想要试一试,因此就开始给屠绅做年谱。

后来,因为我喜欢买书,慢慢兴趣就转向了目录学。我发现《书目答问》里有好多书都很好,所以就买了好多版本的《书目答问》,还有范希曾的《书目答问补正》。我在这些书里面获得了很多知识。

参与编纂《中国古籍善本书目》

中华人民共和国成立以后百废待兴,好多工作都步入正轨。周总理在病重的时候仍不忘提出要赶快把善本书目编起来。当时有两个项目,一个是《中国古籍善本书目》,一个是全国的书画鉴定工作。两个工作同时进行。最后我们《中国古籍善本书目》比《中国古代书画图目》(中国古代书画鉴定组编,文物出版社出版)先出版。《中国古籍善本书目》这本书前前后后编了有十余年(1978年3月—1995年3月)。

《中国古籍善本书目》是一个国家级项目,因此以全国三大图书馆为主干,一个是国家图书馆(那时叫北京图书馆),一个是上海图书馆,还有一个是南京图书馆,再辅以全国各地图书馆的力量。国家图书馆,从"京师图书馆"开始一直到"北京图书馆",全国最好的书都在那里。上海图书馆虽然是解放后成立的,但也有好多珍贵古籍。我们南京图书馆虽然有好多书被运到了台湾"中央图书馆",但是有以八千卷楼为代表的清末四大藏书楼①藏书为支撑。

原来三大图书馆都各有一些善本书的基础,北图有卡片目录,上图有书本目录,南图也有书本目录。我们在三个馆目录的基础上,联合从全国各大图书馆申报上来的书目编成一个总目录。最开始我们分三个地方编,到最后汇总的时候,先在上海后在北京进行。

那时候条件还是蛮艰苦的。北京当时很多高的房子都还没建起来,好多地方还是农田。像现在北师大附近这些地方,我去了一看,还有好多稻田。当时我们住在香厂路国务院招待所。因为北方跟南方习惯不一样——我们南方家里一天吃三顿,到北京后一天只吃两顿饭,分别是早上十点钟、下午四点钟——所以去了之后很不习惯。我们能在北京坚持那么多年

---

① 四大藏书楼分别是江苏常熟铁琴铜剑楼、浙江湖州皕宋楼、山东聊城海源阁和浙江杭州八千卷楼,又称"晚清四大藏书楼"。

还是很不容易的。

对这本书目的缺憾还是有的。一个就是索引没有编出来。这本书编了快十年，不能再拖下去了，否则时间就太长了。因而索引当时没有编出来，是后来才编的。另外还有一个就是当时没有电脑，有的书著录得不是太正确。排印的时候，由于出版社对书目不熟悉，往往一行排成两行，实际上我们是一行字，他以为转行了，结果变成了两行。古籍的行格是很重要的，每版多少行，每一行几个字都是有讲究的。我们开始编辑的时候行格都是有的，后来因为一查发现著录的行格不正确，所以就取消了，行格没有著录。

参与编纂《中国古籍善本书目》，我收获很多。因为参加编纂以后，除了本馆的藏书，还能看到外地各个馆的藏书。我们曾经组织小组到各个地方去查证原书，有去东北、华北的，也有去西南、西北的，所以看到了好多书，增长了见识，提高了水平。

搜集整理黄丕烈题跋

在结束了《中国古籍善本书目》的编纂工作之后，我开始整理黄丕烈的题跋。黄丕烈是清代乾隆嘉庆时期最大的一个藏书家，也是最大的一个目录学版本学家。我经过好多年的努力，到现在，《士礼居题跋》总算基本上完成了，大概有八十多万字。除了《士礼居题跋》以外，其实黄丕烈还有诗文集。本来我想一起出版，但现在《士礼居题跋》已经有八十多万字，再加上诗文，恐怕得有一两百万字，出起来有困难，读者购买的话，价格也不菲。因此我打算等整个《士礼居题跋》出版以后，再出版诗文集。诗文集的整理出版比《士礼居题跋》要简单得多。一是因为它的字数没《士礼居题跋》多，二是因为诗文的整理相对更容易一些。

《中国大百科全书》图书馆卷收录了我写的黄丕烈词条。本来我写的有两条，一个是"士礼居藏书题跋记"，一个是"黄丕烈"，后来两条并为一条，里面还有一张黄丕烈的画像。这一条还有署名，在黄丕烈条下有我的名字。剑桥大学（李约瑟）《中国科学技术史》第五卷《化学及相关技术》第一分册《纸和印刷》的引用书目里面也引用了我的一篇文章——《明代江苏刻书概述》。剑桥《中国科学技术史》本来是英文写的，后来才有的中文版。我是看了中文版以后才知道，我的这篇文章被引用了。

潘祖荫、缪荃孙先生都做过黄丕烈题跋的整理工作，但都有缺陷，没有得到及时的纠正。这主要还是受当时条件的限制，因为那时书都藏在各个地方，像皕宋楼的书，就被日本人买去了，现在在日本的静嘉堂文库，所以他们不可能看到原书。但是现在，尤其是改革开放以后，各大图书馆把目录、书影都印出来了，跟日本方面求取也非常方便。顾廷龙先生的日本籍博士生高桥智就曾介绍我去静嘉堂。当时的静嘉堂文库长米山寅太郎博士（现在已经过世了）也把我想查阅的古籍的彩色照片寄给我了，最大程度上满足了我的要求，这是非常难得而且很不容易的一件事情。

当时顾廷龙先生给了我很大的鼓励，他还特意写了一副对联给我："复翁异代逢知己，中垒勾玄喜后生。"这对我来讲是一个很好的鼓励和鞭策。

关于黄丕烈的研究，在光绪十年（1884），潘祖荫就编过《士礼居藏书题跋记》。他著书的时候，不是他一个人动手。

顾廷龙撰作送沈燮元对联

潘祖荫是内阁大学士,他名气比较大,而且政务忙,他请了吴云、陆心源、汪鸣銮、管礼耕、缪荃孙等人来帮忙,帮他把题跋收集起来。《士礼居藏书题跋记》一共六卷,光绪十年就刻出来了。

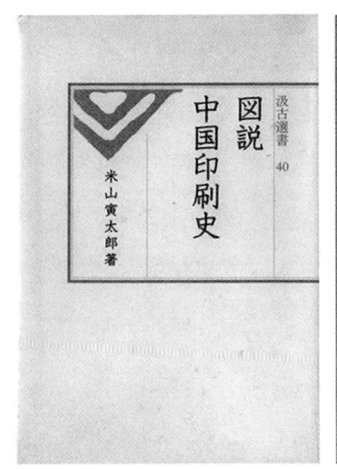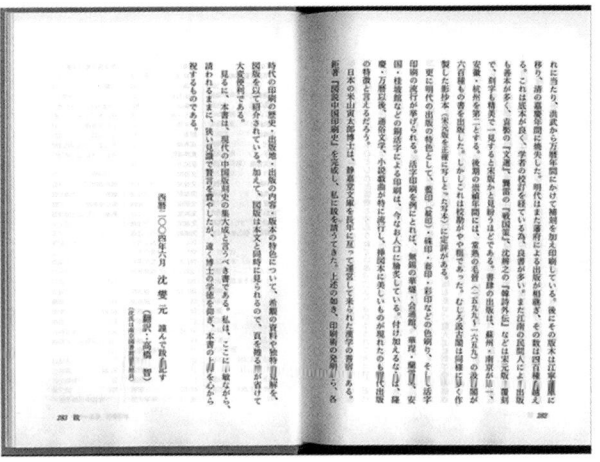

(日本)米山寅太郎著《图说中国印刷史》沈燮元日文跋文

缪荃孙①做的时候也有两个帮手,一个叫章钰,一个叫吴昌绶。但是他们做的时候并没有看到原书。因为他们都是给藏书家发信,让藏书家把题跋抄录给他们,并不是到藏书家家里面去看书。而且因为题跋是抄写的,就不能保证这里面没有错字或者遗漏的。民国八年(1919),缪先生刊刻了《荛圃藏书题识》。但是经过我细细核对下来,这里面有一些错漏,比如《天下郡国利病书》,题跋就少了三百多个字。再比如他把同一本书的三个题跋分了三个地方,版本也不是很清楚。因为他们没看见原书就把题跋弄过来了,所以对于书名、卷数、版本都不是十分清楚。我看后来人大都引用缪荃孙编的黄丕烈题跋,但就像多米诺骨牌一样,缪先生错的,他们跟着也错了。所以我觉得重新整理黄丕烈题跋

---

① 缪荃孙(1844—1919),字炎之,号艺风,江苏江阴人。中国近代藏书家、校勘学家。曾整理过黄丕烈题跋,并辑录出版为《荛圃藏书题识》一书。

还是很有必要的。

我在做黄丕烈题跋的时候,是一部书一部书去看过的。我们馆里藏的书我一本一本拿出来看。然后北图藏的有书影,上图藏的有书影,还有的书是托人家拍照片。日本的话我是托人拍书影、拍照片过来。每一部书、每一本书我都检查一遍,所以我的错误比他们少得多。而且我还有一个特点,就是它的字体原来是怎么样的,我保留它的本来面目,俗体异体我一律不改。还有缪荃孙、吴昌绶没看到的题跋,我又发现了好多,也补进去了。并不是我特别高明,而是因为改革开放以后,有好多书影、好多出版物都可以看到了。

当时帮过忙的日本方面有三个人,两位见过面,一位没见过面。一位是高桥智,现在是日本庆应义塾大学斯道文库的负责人,他是日本的一个年轻的版本学家,专门研究《论语》。我由他介绍认识了静嘉堂文库长米山寅太郎博士。静嘉堂的藏书大部分是从皕宋楼得来的。米山寅太郎后来给了我好多书影,他每年也都会给我寄贺年卡,我也回送过他礼物,但是我们没有见过面。另外一个就是日本静嘉堂文库的司书增田晴美,她现在已经退休了,我跟她见过面。她也把有关古籍书影的彩色照片全部给了我。国内也有许多人为我提供帮助,如我的老朋友沈津,现在在中山大学做访问学者。还有傅增湘的孙子傅熹年,他在全国书画鉴定小组里,看到画上有黄丕烈题跋的,就会拍照片寄给我,也非常难得。这些都不是我求他们的,都是他们主动给我的。在冀淑英的《冀淑英古籍善本十五讲》和陈先行的《打开金匮石室之门:古籍善本》里也都提到了南京图书馆沈先生在整理黄丕烈题跋。所以我这个工作是各地的单位跟私人都在帮我的忙。因为我不会电脑,我最主要的一个助手就是现在在苏州博物馆工作的李军。他是复旦大学的文学博士,功底很扎实。

南京栖霞寺留影
左起：冀淑英、顾廷龙、潘景郑、沈燮元

沈燮元（右）和陈先行

同人眼中的沈先生

主要助手眼中的沈先生

苏州博物馆李军： 我在南师大读研究生时，有一次到湖州去开关于皕宋楼藏书的一个会议，恰巧和沈先生坐同一趟车，就是这样的一个机缘，我和沈先生认识了。那时候是 2007 年，到现在已经有十年了。

因为沈先生他不会电脑，各方面都是靠手工，但是纸本的话，校对起来，尤其是查重就比较麻烦。当时我们在南京的时候就商量了一下，还是决定利用电脑。将黄丕烈题跋（简称"黄跋"）录入电脑之后，不管是以标题，还是以内容、关键词来检索，都非常方便，这样校对查重起来也简便快捷得多。

另外如果我搜索到国内外的一些黄跋信息，我也会提供给沈先生。有时候，我也会帮着找一些藏品。我就曾在我们苏州博物馆找到过两件沈先生一直要找的黄跋。一个是《香山问道图》的一个拓本。民国时候王欣夫先生曾经看到过，他在他的《黄荛圃先生年谱补》里面就注明过有这个拓本，但沈先生找了好多年也没有找到。我是偶然在我们博物馆库房里看见目录上有个《香山问道图》，然后有次要做展览，把它调出来一看，果然就是黄丕烈的《香山问道图》，原来还是在苏州。还有一个也是拓本，是黄丕烈家里翻刻的《虞恭公碑》。外面一直在传黄丕烈可能有这样一个题跋，但在上海和北京都没有找到。我在我们博物馆库房里翻了一下，竟然有一本，只是很可惜，里面只有黄丕烈孙子的题跋，没有黄丕烈本人的题跋。

黄跋的话，沈先生现在基本上是整理好了，不过目前还有一个问题：沈先生要做的和以前我们传统的古籍整理有点差别的是，他的这个题跋集里面还涉及如何处理有些俗体字、异体字。沈先生希望能够尽量反映黄丕烈当年的手迹，也就是说希望能够尽量保存它原有的字体。这样以后查阅黄跋的话，能够和它原来的样子对应起来。但是用电脑，有些异体字是有的，有些却没有。没有的话，最后可能还要和出版社沟通，让出版社造字。因为如果在电脑上做图形，电脑间不兼容的话可能还会出现更多的错误，这是我们想尽量避免的。

重新整理校对黄丕烈题跋还是很有必要的。这有助于研究乾嘉时期苏州、江南地区，甚至是北京地区藏书的情况。黄丕烈也有到北京琉璃厂买书的经历。前两天沈先生还说，黄丕烈和柳得恭、朴齐家也有交往。

关于黄跋的整理，从潘祖荫先生、缪荃孙先生再到王欣夫先生，黄跋能发现的，可能大部分已经被发现了。但是因为那时候的操作还没有我们现在这样规范，所以里面会有一些错漏：有的是一种书的黄跋，当时没弄清楚就分成了两种，错字或跳行的情况也比较多。我们现在有公共目录可以查看，国家也非常重视古籍，在不断地普查，对我们各个馆的馆藏也在摸底，还有各方面人才的培训。近年来沈先生也发现了一些新的黄跋，但最主要的还是对以前老先生们的成果进行校对和改正。所以我觉得沈先生的黄跋整理工作做完的话，会是我们藏书史上一个比较重要的里程碑。对于我们整理清代藏书家的题跋，也会是一个比较好的标准。

可以说，沈先生对于版本目录烂熟于心。对古籍进行版本考订、编目，很需要像沈先生这样受过传统训练的人来做。沈先生在古籍鉴定编目方面最大的成就应该是参加《中国古籍善本书目》的编纂。到目前为止，国内学界、国外汉学家使用我国馆藏的这些古籍善本以及重要典籍时，还是离不开这套书。虽然现在有比较方便的电子目录来搜索，但是我们做的只是把这个目录从纸本变成了电子版。对版本的认定，还是靠这些老先生们当时的一些结论来做的。

对版本的判定主要靠积累。这和我们看古董书画是一样的，就是靠经验，看得多了，经验就会慢慢积累下来，你一眼看过去，书的版本基本上就能确定下来，不会特别离谱。这一点沈先生他以前也说过。可叹之处就在于每当一个人的经验已经如日中天的时候，他可能年纪也大了。作为研究古籍的后辈，我们一直希望能够从前辈那里学到这方面的经验，毕竟他们几十年的心得得来还是很不容易的。如果通过和他们接触能够缩短我们学习的过程，还是很难得的。很多老先生也在传授学生经验，但是很多还是要靠自己的努力，要自己不断地学习。我们从书本上学的很多知识，真的要运用到实践当中去，然后自己不断地在实践当中再发掘出来。

唯一可惜的就是还没有特别详细记录沈先生一生的文章或书籍，他自己文章写得也不是特别多，不管是经验笔记还是心得体会。我觉得沈先生还是看书看得多，对他自己写作这方面可能有点影响。真的是像孔夫子说的那样，看多了之后真的会"述而不作"。但是沈先生写的文章，如早年研究戏曲小说写的《屠绅年谱》，不论是从体例上，还是从内容上来说，都是比较好的。后来他做目录版本以后写的几篇文章，如《记岛田翰所见之中国古籍》等，这些也是在长期积累的基础上写出来的，一般人是写不出来这样的文章的。虽然它的篇幅不是特别大，但是他一定是看了很多书之后才能有这样的心得的，可以说是字字珠玑。

南图同人眼里的沈先生

南京图书馆历史文献部汪勋：我在很小的时候，就见过沈先生。当时祖父在南图工作，我每个星期都会随着父母来馆里看望祖父，有时候就能碰见沈先生。那时候沈先生还正值壮年。不过那会儿我见到沈先生的机会并不多，因为当时在编《中国古籍善本书目》的关系，沈先生经常要出差。等到我来南图工作之后，跟沈先生的接触才慢慢地多了一些。沈先生给我最大的感触就是，你问他什么，他都能答出来。我们都称他为"活字典"或者"大百科全书"。虽然沈先生已经九十多岁了，但先生的自理能力还是非常强的，公德心也非常好。

南京图书馆历史文献部李培文：我觉得在沈先生六十多年的学术历程中，他最主要的成就一个是参与了《中国古籍善本书目》的编纂，他是子部分主编，还有一个就是对黄丕烈题跋的整理。《中国古籍善本书目》已经是海内外一致公认的版本目录学方面的扛鼎之作，是我们古籍工作者手边经常要用到的书。《中国古籍善本书目》看上去很简单，就是一部目录，先按经史子集分类，然后再按作者的年代往下罗列。但当时那个年代都是用卡片来编目的，把这些目录卡片筛选分类、排列下来是一个很复杂的过程。没有多年经验的积累，没有很高的学术素养，是做不了这件事情的。我觉得《中国古籍善本书目》是沈先生他们那一代人最好的作品。

在这三十多年和沈先生共事的过程中，沈先生最让我敬佩的就是他的记忆力。沈先生的记忆力是超群的。他在八九十岁的时候还能对他三十岁左右或者是二十几岁上学时候的事情记得非常清楚，说起来思路也非常清晰，这是很难能可贵的。我们馆里好多的善本是经他的手收购或者是他从别的藏书楼买进来的。里面很多书，包括书的作者，甚至作者的籍贯，他都记得很清楚，一口就能报出来，我们没有人能做到这一点。比方说十年前我们在编目的时候遇到过某本书，我们曾经研究过这本书。十年以后，我们的记忆都模糊了，但是跟沈先生讨论，他立马就能讲得很清楚。这让我特别吃惊，也特别佩服。另外，沈先生其他方面的修养也很好，包括古文、古文字学的修养，还有就是对版本的敏感度。我觉得我们这一代人还远没有达到他那个水平，对沈先生是高山仰止的那种感觉。

南京图书馆历史文献部赵彦梅：跟沈先生交往密切的人非常多，年龄跨度也很大，比如南京大学的鲁国尧先生。鲁先生每次写邮件让我查个什么，后面都会附问候，叫我转达给沈先生。鲁先生今年也八十多岁了，行动不是特别方便，视力也比较差，到南图一趟很不容易，但每次来他都要看看沈先生。这是跟沈先生年龄相仿的人。然后像南京博物馆的邵磊老师，他是做考古与文物工作的，跟我们古籍应该说是交叉，但又不是完全

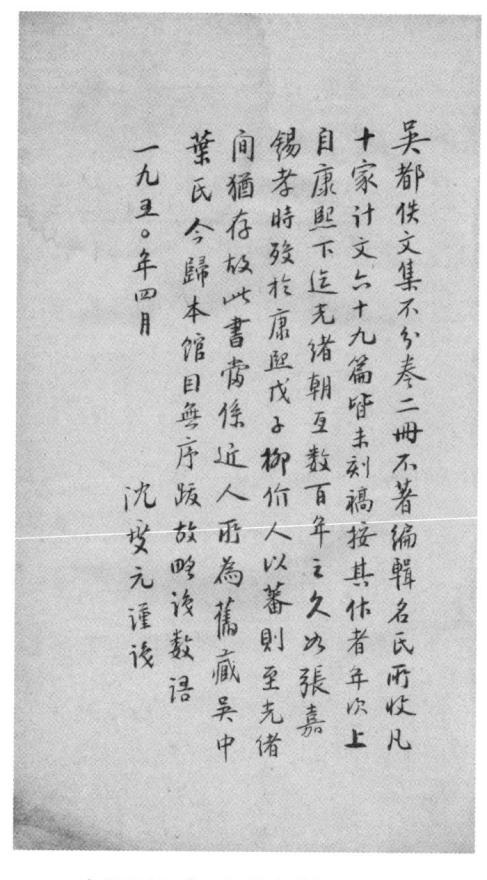

沈燮元给《吴都佚文集》的题识

重叠,他也跟沈先生交好。据邵老师讲,他从沈先生那里也是获益匪浅。他还经常跟沈先生一起喝喝酒,有时候还陪沈先生回去。另外,还有像南京师范大学的苏芃老师,很年轻,二三十岁的年轻人,他也跟沈先生非常熟悉,有什么问题也会向沈先生请教。到北图、上图去时,如果沈先生有时间的话,他都会到阅览室看看,阅览室有些年轻馆员有问题可能就会向他请教一下,所以他在这两个城市也有不少"粉丝"。

在检索方法非常发达的今天,年轻人对于检索工具和数据库使用的熟悉程度,肯定是远远超过我们这一代人的,更别提沈先生他们那一代人了。但就在这样的情况下,年轻人在遇到一个问题,通过电脑检索没有结果的时候,还是会去找沈先生请教,沈先生都还能给他们提供非常有价值的线索,甚至是直指答案,这个就非常了不起。我自己也有过一次类似的经历:我们南京图书馆有一本书,书上面题了一个人的名字,我现在记不清了。我无论如何查找,都没有办法获知这个人是哪里人、什么时代的。没办法,我只好去麻烦沈先生,去问沈先生知不知道这个人。沈先生给我提供的答案是这样的:这个人大概在哪一年在哪个学校教书,然后哪几年在苏州的哪个地方工作。最有意思的是,最后沈先生还告诉我说,这个人在 1952 年离婚了。对于这样一个并不出名的人物,都能有一个这样连续性的了解——沈先生的记忆力就好到这种程度。

2017 年 5 月 27 日,沈燮元在南京图书馆古籍阅览室阅读

有一个周末,我在阅览室代班,那天下大雨,读者不是很多,沈先生在我们阅览室看书。当时沈先生让我给他查一个字的异体写法,因为他那天要去给浙江海宁馆题词。沈先生的这个题词叫"睹乔木而思故家,考文献而爱旧邦"。因为我觉得睹乔木思故家和沈先生本身很相符,所以就拍了一张沈先生侧面的照片并且配上这两句话,发了一个朋友圈。我那条朋友圈发出去之后,把那些原先从来不伸手点赞的人的赞都给引出来了。我微信里的好友也就是同学、同事和家人,还有就是同行,无非就是图书馆界的,还有南京本地做古籍研究、古籍整理这样一些行当的朋友。他们的纷纷点赞体现了他们对沈先生的仰慕和敬爱。

我自己是做典藏工作的,就是管理书库。沈先生如果要用书的话,基本上都要从我这个关口走。沈先生有时候会给我解释,他为什么要用这个书，他会看里面哪一个东西，他要核对哪些东西。他有时候也把他要核对的那几个字交给我，说："小赵，你给我对对这几个字，对好就行了。"我还蛮感谢沈先生这么信任我的。因为他从不轻易把文字校对的工作交代给其他人。沈先生核对的主要是黄丕烈题跋，这个大家都知道。沈先生整理黄跋，已经有一段时间了，真的是精益求精，一个字都不放过，很多稿我估计都是五校以上了。

我们南图有很多书是经沈先生的手进来的，比较有名的就是元代的一个《韵补》，这本书大概是海内孤本，是沈先生在南京古籍书店发现，并且买进我们馆的。我想当时沈先生应该是这样一种情况：发现了一本好书，按捺住心中的狂喜，然后不动声色地把它买了下来。这部书一进我们馆就立刻晋升到"镇馆之宝"的行列了。在二十世纪五六十年代，经沈先生手进我们馆的好书还有好多，善本也有很多。

我从1998年工作至今，感觉沈先生都没有什么大的变化。中间有一次沈先生受伤了，腿摔到了，回苏州，在儿子身边养了一段时间。他之前会喊我赵彦梅，这次从苏州回南京后他就喊我小赵。后来沈先生还问当时和我一起搭档的穆老师说："小赵叫什么来的啊，我记不得了。"我好伤心。我想我为沈先生服务了这么多年，他都忘了我叫赵彦梅，他就光记得我姓赵了。而对我们另外一个同事，沈先生更是连他姓什么也不记得了。那时候我们其实还有点担心，担心沈先生的记忆会不会就这么衰退了或者怎么样，但是后来发现这种担心都是多余的：没过多长时间，沈先生全部都恢复了。不仅如此，有一些新奇的东西、时尚的东西，我们都还没来得及知道，他就知道了，已经开始给我们灌输了。沈先生给人的这种感受，这种永远会吸收新的知识和新的信息的精神，那的确是很了不起的。

南京图书馆研究部徐忆农：我是1988年到馆里工作的，那时候我刚刚大学毕业，沈先生是我当时报考南图的主考官之一。《中国古籍善本书目》是70年代开始编的，我报考南图的时候已经开始陆续出版了。所以一听说沈先生和潘（天祯）先生是主考官，我当时紧张得不得了。但是，实际推门进去之后，两位先生都很和善，他们像闲聊似的问我都读了什么书，书里面讲的又是什么。我当时心想也不要去瞎蒙了，就把老师刚给我们讲过的《说文解字》《广韵》这些刚学的介绍了一下。结果一下子就给两位先生留下了一个非常好的印象。说完了之后，我还在想怎么还不开始考试，就问两位先生有没有什么题目问我。结果两位先生说："问完了呀。"我特别吃惊。然后两位先生就说："你要是还想考的话，你就写写你为什么想到南京图书馆工作吧。"那时古籍还没有现在这么热门，做古籍真的是"坐冷板凳"，当时正好看到《论语》里头讲颜回"一箪食，一瓢饮，在陋巷，人不堪其忧，回也不改其乐"，我就把这句话给引用了。可能先生们觉得我的志向也还行，所以就把我收进南图了。所以这么说来，沈先生和潘先生应该是把我带入古籍界的直接的引路人。

刚开始的时候，我很少有机会和沈先生接触。因为我们的工作内容不同，我当时是编普本，沈先生在善本室编善本。到了20世纪90年代，我和沈先生的接触才多了一些，主要是向沈先生请教一些版本编目方面的问题。那时候我的学养还比较浅，遇到手稿、抄本或者藏书家的印章，看不懂的，就会上楼去请教他。再往后就是搬到新馆以后，因为那个时候沈先生在阅览室整理黄丕烈题跋，阅览室和我们编目组靠得比较近，所以我又能常去请教他。

对于我们年轻人来说，因为才刚刚起步，有不知道的也很正常。但是，即使是潘（天祯）先生跟沈先生在一起的时候——潘先生还比沈先生大一些，潘先生是1919年出生的，沈先生是1924年出生的——也有很多东西要请教沈先生。这也可能跟两位先生不同的知识背景有关：沈先生学的是国学，潘先生学的是历史。学历史比较擅长思辨，潘先生在的时候就写了很多带争议性的、学术观点很强的文章。沈先生则不同。沈先生最大的特点就是记忆力好，请教他一个人名或者书名，好像没有他不知道的。

沈先生专业功底很扎实，很博学，同时也很谦逊。沈先生在整理黄跋的时候，有时候也会请我再检查一遍。可能沈先生觉得，多一个人看看，会更加准确一些吧。如果我看出了其中的一点小瑕疵，沈先生会特别高兴。如果我没找出里头的问题，沈先生反倒会不高兴，会说我："你肯定没仔细看。"

除了学术，沈先生在生活上也是很有审美的。别看沈先生已经九十多岁了，但还是很干净整洁。我举一个小小的例子：冬天，沈先生戴的帽子都会和他当天穿的衣服颜色搭配起来。沈先生特别喜欢买书，因为买书，他和南京大书店、小书店的老板都熟。沈先生买书的时候会特别认真，像国学方面的书，没有那么热门，一个店里可能也就三四本，沈先生就会在这三四本里仔细挑选，选出里头品相最为完好的买下。可能我们在买书的时候不会那么讲究，但沈先生不是的。沈先生喜欢买书，不过沈先生买的都是新书，这么多年，沈先生没有买过一叶古籍。沈先生曾经看到过一张清代沈燮元画的画，这位画家的名字和沈先生的一字不差，沈先生觉得这也算是一种难得的缘分，当时特别想把它买下来，但是思虑再三，终究还是没有买——沈先生自律到这种程度。

沈先生还是个很幽默的人。有一次跟沈先生聊起话剧《茶馆》里的吆喝声，沈先生就说"我也会哎"，我说"那您来两句"，他立马就给我学了起来。别看沈先生平时在那做学问，好像话也不是特别多的样子，但是如果喝一点点酒，他性情中的那种洒脱就会被激发出来。他喜欢喝酒，但是他酒量很小。有一次喝酒之后，他竟然在那手舞足蹈，真的就像古人讲的，手之舞之足之蹈之。我觉得这才是快意人生，这才是真正的国学修养。

刘德原口述史

李梦楠　访问
李梦楠　丁小蕾　整理

第一批中国记忆"中国图书馆界重要人物专题"共建共享项目

实施单位

首都图书馆

建设时间

2016年6月至2018年12月

工作团队

顾　　问：毛雅君

负 责 人：马文大

策　　划：丁小蕾

统　　筹：李梦楠

访　　问：李梦楠

文稿整理：李梦楠　丁小蕾

影音记录：及　强

剪　　辑：李梦楠　王涛

刘德原，曾用名刘德元，男，汉族，1927年1月出生，河北易县人。中共党员。图书馆管理专家。副研究馆员。1951年起在北京市图书馆（1956年更名为首都图书馆）工作了三十年，长期主持首都图书馆工作并负责筹建北京市各城区图书馆。1981年调到中国图书馆学会工作。在担任中国图书馆学会秘书长期间，多次组织并主持学术会议，包括少数民族地区图书馆工作座谈会及全国少年儿童图书馆专题学术讨论会等，推动了图书馆界在相关领域的发展。2004年在家乡自费创建了爱乡图书室，被中国图书馆学会授予阅读推广奖。为北京市的图书馆建设及我国图书馆界学术活动的开展做出了重要贡献。

我是中华人民共和国成立之后从事图书馆工作的第一代新人。作为一个普通的图书馆人，我没有传奇的人生，也没有建立伟业，但是我热爱图书馆员这个职业。一路走来，不管我的工作岗位有什么变化，我对工作始终尽责履职，未敢懈怠。

2017年，刘德原在家中接受采访

家庭环境

我出生在一个世代为农的家庭。按照农村阶级成分划分，我家属于上中农或者富农，因此可以说，我的家庭还是相对比较富裕的。

我是民国十五年阴历十二月十九日①生人,也就是旧历的丙寅岁末,但是北京市建立户籍制度的时候把我的出生日期登记为 1926 年 12 月 11 日。我的本名叫刘德元,也是因为这一次户口登记,我的名字被误写成了刘德原。我一直使用我的本名,一直到离休之后我才用身份证上的名字刘德原。我今年②九十周岁,老伴尚在,我们结婚已经 66 年,可以叫作携手共进吧。我们的儿子、女儿都已经退休了。离休之后,国家给予我的待遇也不错,所以我的生活还是很幸福、美满的。

我的祖籍是河北省易县高陌乡固村庄村,我们这个村子在我幼年的时候曾经叫作辛庄。在历史上,固村庄属于燕国的燕下都,在我的村庄西边还残留着燕下都的长城古迹。大家都知道荆轲刺秦王③的故事,其中"风萧萧兮易水寒,壮士一去兮不复还"中的易水指的就是我们那里。另外,我们那里也算是老革命根据地,狼牙山④五壮士的故事就发生在易县。

1996 年,刘德原(右三)与家人在故乡易县固村庄村燕下都遗址前合影

---

① 民国十五年是 1926 年,此处应指 1927 年 1 月 22 日(农历丁卯年十二月十九日)。
② 指采访时的 2017 年。
③ "荆轲刺秦王"出自《战国策·燕策三》。其中,荆轲入秦行刺秦王前,与燕太子丹饯别于易水。易水主要流经今河北易县一带。
④ 狼牙山位于河北省易县城西南的太行山东麓。

我的母亲生了我们姐弟俩，姐姐十几岁的时候病死了，所以我就是家里的"独生子女"了。我在家里是没有受过什么苦的。我的父母都是农民，家里出租了一部分土地，有时候还雇一些短工来打理田地。虽然家庭生活还比较富裕，能够供我读书，但是我在读书期间也需要务农。一般是放假的时候做一些农活，所以一般的农活，我还都会做，但我不是能手。在那个时期，应该说生活还是比较平静的。

经历战乱

1937年卢沟桥事变之后的两三个月，日本鬼子就打到了我们那个地方。这时中国北方已经是风云四起，我的生活环境也发生了巨大的变化。我们那儿流传这么一句话，叫作"民国二十六年遍地起狼烟"。那个时候大家都打着抗日的旗号，你起一拨人，我拉一拨人的，遍地皆兵，"司令"多如牛毛，所以我的童年和少年时代是在兵荒马乱、遍地狼烟的环境中度过的。

对于日本侵略，我没有面对过残酷的杀戮，但是却亲身经历过日本鬼子的飞机对平民百姓的狂轰滥炸，当时飞机从我们村子上空飞过，就投下来了炸弹。我的家在村子北头，眼看着这个炸弹直接就投到了我们的头顶上了……哎，没有落下来，飘过去了，落到我们村子南头的那个空场爆炸了。那个时候大家不懂科学，老太太们都迷信，说这是我们村子北头那个后土娘娘庙里的娘娘显灵了，保佑我们把这炸弹给推了出去。但实际上，飞机投弹是有一个惯性的，虽然你看着它是直接下来了，可是在下落过程中因为惯性，它还是在往前移动的。

日本鬼子来了之后，村子里边的人包括我的家人都很害怕，怎么办？逃难吧。我们一家人，父亲挑上个担子，筐里放上一些我们穿的衣服，还烙了一些饼，领着我和姐姐，还有我的母亲，我们四个人到村外头去逃难。谁知刚出村，飞机就来了，我们只好躲到高粱地里面趴着。这个时候国民党溃败的军队正好从我们身旁经过，其实这个飞机主要是追他们的。看着这些人我们就想，反正是要躲日本鬼子，那干脆我们就跟着这些败兵一起逃走吧。结果没想到半路上，他们就把我父亲挑的担子里边的衣服都给抢了，他们抢衣服是为了换上便衣好逃跑。还把我们带着的烙饼干粮也给抢了。这时我们没有办法了，只好又回到村子里边，从这之后就没有再出去逃难了。

在我们村子的东边有一条大道。日本鬼子来了之后，就在那条大道向着我们村子里边开炮。第一发炮弹落到我家的场院，就是我后来建立爱乡图书室的那个院子，很粗的一个炮弹落在了土堆上，没有爆炸；第二发炮弹从我家的房前飞过，落在了离我家不太远的一个院子里爆炸了，炸死了一位孤身的刘老太太。所以对于日本的侵略，我在幼年时期还是有着真切感受的。

我们那个地方八路军来得比较早，1937年杨成武就带着部队到达我们易县，但是他们主要是在山区活动。在我们那流传着这么一句话"八路穷七路富，要娶媳妇上高部"。这话怎么解释呢？就是说八路军穷，但他们是抗日的，不向老百姓要东西，所以穿"破鞋破袜子破军装"；那个七路军呢，他们抢老百姓东西，他们本来就是土匪，给村子里边"派条子"，"摊粮派款"，村民就得交纳，而且不是一拨，是好多拨，所以他们就富；那"要娶媳妇上高部"，"高"是谁呢？"高"是高洪飞，是当地的一个土匪，他不但不抗日，反而抢男霸女，当然后来八路军把他剿灭了。还有一个叫赵玉昆的，是个伪军县长。当时所谓七路、九路、十路，好多路军后来都向日本投降了，形成了一股很大的伪军势力，几个县都归他们管。

抗日是好事，可是那些打着抗日旗号却不抗日的军队后来闹得老百姓民不聊生，今天你摊粮，明天他派款的，可以说，当时人们的生活是非常困难的。这样的环境下，对于好和坏，好人和坏人，谁是抗日的，谁是土匪，谁是汉奸，我在幼年时期已经能够分辨得清楚了。

读私塾

我是六七岁入读私塾的，那个时候农村里还没有学堂。我的启蒙老师是一个保定师范的毕业生，他教我们的课本是私塾常见的一些启蒙读物，像《百家姓》《三字经》《弟子规》《朱子治家格言》。我读这些书的时候，老师一边教我们认字、读书，一边给我们讲解，这是我们老师教学的一个特点。因为按照一般私塾的教学来说是只教识字，不给讲解的，但是他给我们讲了。所以至今我对这些书的内容还有所记忆，比如像《朱子治家格言》中的那句"宜未雨而绸缪，毋临渴而掘井"，是告诉我们做事要提前做好准备，没有下雨的时候就要想到预防下雨，不要等到口渴了再去挖井。这些话对我们每个人的人生都有很大的启发。另外，像《朱子治家格言》里边还讲到"与肩挑贸易，勿占便宜"，就是告诉我们和肩挑担子卖货的小商贩交易，不要想着占人家的便宜，他们的生活已经很辛苦了。这些话对我个人来说颇有影响。

我的这个启蒙老师姓尚，他是师范毕业的，所以也懂得音乐，除了给我们讲上面那些启蒙读物，他还教我们唱歌，一般的私塾可是不教唱歌的。他教我们唱的第一首歌曲就是《苏武牧羊》。《苏武牧羊》是一首爱国主义的歌曲。我现在还记得其中的一些歌词："苏武留胡节不辱"，"渴饮雪，饥吞毡，牧羊北海边"。

我在这个私塾一直学习到"七七事变"，日本鬼子来了，我的启蒙老师回家了，我们这个私塾也就停办了。后来又有机会继续读书，虽然还是在私塾，但是时学时辍，不是那么正规了。后来的这位老师姓孙，是一位乡村老秀才。因为他是秀才，思想就比较保守一些，教我们的就是"四书五经"一类。我跟着这个孙老师读完了"四书"，也就是《大学》《中庸》《论语》《孟子》，但是"五经"我没有读完，只读了《诗经》。在这之外，他还教我们读一些古文，并出题要我们作论文来议论时政。

我在私塾前前后后读了十一年，受孔孟之道影响那是必然。我虽然没有学到"修身、齐家、治国、平天下"的本事，但是孔孟学说对我产生了不小的影响。比如，我读《论语》，孔子常讲"己所不欲，勿施于人"，自己不愿意做的事情不要强加给别人；再比如曾子曰："为人谋而不忠乎？与朋友交而不信乎？传不习乎？"这些都无形当中影响了我，让我形成了自己的为人之道。

从私塾教员到第三文化馆阅览股股长

孙老师不教我们之后，我也就停学了。从1943年起我有了职业，担任了私塾教员。因为我本身读的就是私塾，所以我教学也仍然是从《三字经》《弟子规》这一些启蒙读物开始。在我当私塾教员这一段期间，共产党的组织在我们村子里边已经有所发展。我在和区里管教育这方面的人接触的时候，他送了我一两本解放区油印的小课本和文件。但是这些我也不好给学生用，一来我没办法翻印，二来我也不敢公开用解放区的课本，所以就只能自己偷偷地拿来看一看，也就是那个时候我开始对党的思想有所接触。

我正式参加工作是在1945年8月10日，虽然日本还没有投降，但那个时候日本鬼子的势力已经大大削弱了。我们那个地方已经算是解放区，就公开成立了村小学，从这个时候起我担任了村小学教员。担任小学教员是我革命生涯的第一步，算是正式参加了革命工作。那个时候是半供给制，每个月会给我们生活费，这生活费也就是一口袋粮食吧。我在担任小学教员的这一段时间，我们村子里已经发展了民兵组织，我同时又兼任了村里的民兵指导员。村子里老百姓们识字的不多，区里来了什么小报、文件之类的，得要宣传，就由我这个民兵指导员来给大家读一读。这小学教员本来是个文职工作，但是因为我同时又是民兵指导员，所以组织还给我配了一把撅枪①，这样我就成了带枪的小学教员。

我是在工作之后的1945年10月1日参加共产党的，那个时候我们的党支部都属于秘密状态，大家都相互不知道谁是党员，只知道自己是哪个小组的。入党之前，我的入党介绍人和区里的同志一起找我谈话。我的入党介绍人是我们村子里的党员，也是我要好的兄弟，叫作刘济舟，区里下来找我谈话的同志姓席，我现在也还记得他。我在谈话之后正式被批准成为中国共产党党员。那个时候党内的活动不多，一般是晚上有一些秘密活动。

在我当教员又兼任民兵指导员的同时还担任着帮助村政权做统一累进税②的工作，我还得做粮秣③。这个账不好算，以前农村里边纳税是按亩均摊，实行统一累进税后，要根据收入的多少进行纳税，收入越多纳税越多，一般有个起点，根据收入往上累进。一般没有点儿文化的人算不好这个账，不知道怎么算。

由于我读的是私塾，所以我的老师教我们写毛笔字，小楷、大楷都要学。那个时候，我们村子里大概有三百口人，不到一百户，半数以上人家的春联都由我来写。在我20岁那年，县委副书记余药夫到我们村下乡，看着我写的春联，觉得字还不错，正好县委那边忙着写总结，需要个文书做刻印，于是就把我调到县委秘书处去做文书工作。

1947年全国土地会议后，我随县委委员到易县九区做了两年"土改"

---

① 抗日战争时期，民兵武装中广泛使用的一种土枪。
② 统一累进税是中国共产党为适应抗战需要在解放区实施的一种财税政策。其主要特点是税种和征税机构实行统一，并以贫富等级对纳税人进行按比例征税。
③ 原指军队中的粮草，此处指对各家各户上交公粮的登记、计算。

（土地制度改革）工作，这个工作留给我一个深刻的认识，就是"政策是生命"，要精准地宣传政策，执行政策。

"土改"结束之后，我就留在了九区做了教育助理员，但是这个教育助理员做的时间也不长，只有三四个月吧。那个时候革命形势发展得很快，不久县委组织部又下了调令。当时我和另外几个教育助理员都在华北局的南下干部名单里面，根据战争形势的发展，要从南下干部里边抽调有文化的干部到平津地区。因为我当过小学教员又做过教育助理员，所以文化水平还算可以。在我们这几个人当中，有一个是我们县教育科的科长，我们由他带队到华北局报到，报到之后我被分配到了北京市。分配的时候征求我的意见，说我原来是做文书的，还分配我做文书工作行不行。我当时就说再让我做刻、写工作的话，眼睛有点困难了。于是就没有再勉强让我做文书，而是把我分配到了教育局。

我被分配到北京（平）① 市教育局，实际上是在 1948 年底。这个时候北京（平）还没有解放，国共正在和谈，我们也进不了城，就在城外等着。直到 1949 年 2 月，我们作为第二批进城人员进入北京（平）城。进城以后我们到了教育局，我被留在了市教育局人事室做办事员。

到了 1949 年的 9 月，全国政协要召开第一届会议，从北京（平）市抽调了一部分人去参加会议的接待工作，我和北京（平）市的其他几名同志一起被分配到全国政协"华文招待所"②。我们招待的是宗教界和妇女界的人士以及华侨。非常荣幸的是，我们作为这次会议的工作人员受到了毛主席的接见。接见时还给了我们一个政协的徽章。能够参与第一届全国政协会议的接待工作，我也算是在新中国成立之际做了一些事情，很有纪念意义。

政协会议结束之后，我又回到了教育局，这个时候是 1949 年的 12 月。教育局把我又分配到了北京市第三人民教育馆。当时北京市属的社会文化

---

① 1949 年 9 月 27 日，中国人民政治协商会议第一届全体会议决定改北平为北京。
② 原华文学校，现在的文化和旅游部宿舍。

机构一共有三个：一个是位于鼓楼的第一民众教育馆，第二个是位于正阳门箭楼的第二民众教育馆，第三个就是我被分配到的这个解放后刚刚建立的第三人民教育馆。这个馆的馆长是由当时第二区后来叫西单区①的教育科科长兼任，我被分配过来做阅览股股长。应该说从1949年12月份做第三人民教育馆阅览股股长开始，我算正式迈入了图书馆这个领域。

人民教育馆后来改叫文化馆②，当时一共设有两个股，一个是宣传股，另一个是阅览股。我所在的阅览股一共有三个人，我是股长，另外还有一个干事和一个助理干事。我的老伴就是那个助理干事，我和我的老伴就是在这一段工作当中结识的。

1949年第三人民教育馆工作人员合影
右一为刘德原，右四为刘德原妻子周秀玲

---

① 1950年，北京市进行新中国成立后的第一次区划调整，将解放前内城七区调整为五区，并以数字冠名。1952年在五区基础上再次进行区划调整，撤销原第五区，将原第一区更名为东单区，原第二区更名为西单区，原第三区更名为东四区，原第四区更名为西四区。

② 按1950年3月29日北京市人民政府文教局教四字第1256号令，各人民教育馆一律改称文化馆。

我们阅览股的工作是要开设和管理一个大阅览室、一个儿童阅览室和一个中苏友好阅览室,我老伴当年就是负责儿童阅览室工作的。那个时候不管是对成人还是儿童,我们主要提供的都是馆内的开放阅览,包括报刊阅览、新书阅览,当时还没有外借。对这几个阅览室,我们除了要管理好之外,还要负责买书、编目等工作。所以总体来说,这也算是一个小图书馆的雏形了。由于这个馆的馆长是兼任的,而宣传股又都是从社会新招募的人员,因此我作为这个文化馆的一个股长,又是党员,有很多实际工作也得管起来。

1952年第三文化馆儿童阅览室门前,管理员周秀玲(后排右一)与看书的孩子们合影

我们文化馆除了提供书报阅览,还要做宣传工作和教学工作,要办学习班,像识字班、政治学习班等,一般都是在晚上开课。我在工作之余,作为一个党员干部还担任政治学习班的讲课教员,当时没有什么经验也得讲课呀。我就选了一本毛主席的著作《中国革命与中国共产党》,拿它当

课本给政治学习班的学员们来念。当然也不能完全照着念，实际上是一边念一边还要做些内容解释。由于文化馆是做群众文化工作的，因此除了提供书报阅览、办学习班，我们还要演舞台剧。那时候人手少，一共就十多个工作人员，所以我还曾经上台扮演过《四姐妹拜年》里的那个老头。我那会儿既要做阅览工作，还要讲课、演戏，也算是什么都做吧。

在文化馆工作期间，我还做过一个社会调查。当时在西单区的大街上有好多处老头老太太们摆的小人书摊，孩子们过来花上一二分钱，就可以坐在旁边翻看。经过调查，我发现这些书摊里边的小人书有好多内容是错误的，甚至是反动的。比如，书中说解放区的人民在闹饥荒的时候会"易子而食"，解放后新出版的小人书、连环画居然还做这样的描述。我认为这个问题应该得到解决，并就此写了一篇稿子投给了《文艺报》。

《文艺报》对我写的这个现象很重视，将这篇稿子作为"读者来信"进行了刊登，并引起有关方面的关注。在我们的文化馆有一个儿童阅览室，每天有几百人来借阅，我们提供给孩子们看的都是经过挑选之后采购的小人书、连环画，但是还有很多孩子在街上看那些书摊的书。接下来我们做了一件事情：经过教育局同意，我们在购书经费里边支出一部分钱购买我们选择的小人书，把这些书提供给合适的无业人员，让他们拿我们的书去摆小人书摊。摆书摊出租图书的收入我们不要，但书还是我们的。这样，一来这些人可以通过收取租费维持生活，二来书的内容质量没什么问题了，可以放心让孩子们来看。我们的这个做法可以说是对后来改造图书租赁业做出了最初的尝试。

我在文化馆待的时间不长，1950年的六七月份我被调去工农速成中学去学习，学制三年。在这段学习期间，我被选为学生会的学习委员。但是学习了一年多后，我因病休学就又回到了市教育局。我休养了一两个月，教育局又把我分到了位于头发胡同的北京市图书馆。因为当时图书馆没有党员，我就成了这个图书馆里的第一名共产党员。

在首都图书馆工作的 30 年

那个时候的北京市图书馆在宣武门头发胡同的一个居民四合院里边,建筑面积大约是 700 平方米,设有大阅览室、报纸阅览室和期刊阅览室,工作部门有阅览部、采编部和推广部等,连同会计、出纳和勤杂人员以及儿童图书馆的人在内,工作人员大概是 22 个人。儿童图书馆后来也叫少年儿童图书馆,原来在中山公园,后来迁建到韩家潭①。在解放前,儿童图书馆就是一个独立的单位,由市图书馆管理,到了解放后也还是这样的一个隶属关系。

北京市图书馆的前身是京师图书馆分馆、京师通俗图书馆和中央公园图书阅览所。这三个馆都是在鲁迅先生的倡议和参与下建立的。其中京师图书馆分馆和京师通俗图书馆于 1913 年开始建馆,所以北京市图书馆的历史可以追溯到 1913 年②。后来馆址有过几次迁移,馆名也多次变更。解放前图书馆的藏书增长速度极为缓慢,从 1913 年到 1949 年,在这 35 年当中,连同儿童图书馆在内的市图书馆只有 11 万多册藏书。

1949 年 9 月,市教育局委派魏元启同志接管北京市图书馆(北平市立图书馆),任职副馆长。魏元启到图书馆之后,组织全体工作人员进

---

① 位于原宣武区前门外大栅栏西南面。
② 因三个馆的图书都具有通俗性,教育部于 1926 年前后将三馆分别更名为京师第一、第二、第三普通图书馆。到了 1927 年,京师第一普通图书馆和京师第二普通图书馆奉部令合并为京师第一普通图书馆,中央公园的京师第三普通图书馆改为京师第二普通图书馆。后来因为政权更迭,这两个馆的馆名又多次发生改变。1946 年,北平市立中山图书馆(原京师第二普通图书馆)并入当时的北平市立图书馆(原京师第一普通图书馆),成为北平市立图书馆分馆,这样彻底结束了当初三馆分立的局面。1949 年 10 月,北平市立图书馆改名为"北京市立图书馆"。1950 年 10 月,改馆名为"北京市图书馆"。1956 年,改馆名为"首都图书馆"。

行学习，清除了藏书当中反动过时的书刊，开展了一些对读者的阅读辅导工作，比如举办《平原烈火》《吕梁英雄传》图书座谈会等活动。他还办过升学辅导班。可以说，这些对旧图书馆工作的改革措施，在当时已经初见成效。

我是因病休学之后，于1951年8月被分配到北京市图书馆工作的，这让我真正步入了一个新的专业性很强的工作岗位。我没有受过图书馆学的专业教育，也没有更多的经验可以借鉴，只能是在工作实践中去学习、总结和前进。我以前做群众文化工作时把对群众进行政治思想教育作为一项首要任务，而图书馆是公共文化事业，也同样担负着教育的职能。我认为不管是文化馆还是图书馆都是做文化工作的，而做文化工作就一定要为人民服务，要以工农兵、大众为主要服务对象，要宣传新文化、新思想，对群众进行爱国主义、社会主义的教育。

我刚到北京市图书馆时，那里还没有多少工作人员，有的也都是解放前留用下来的，我是除魏元启之外的第一个新人，也是北京市图书馆的第一名党员。在我之后不久，冯秉文被分配到了图书馆。之后魏元启调走了，接任图书馆（代）馆长的是张艾丁。张艾丁馆长卸任之后又委派原来文联资料室的负责人薛汕为副馆长。薛汕副馆长在任的时间不长，但是做了许多工作。

取消有保借书，简化借书手续

图书馆过去的阅览制度和借阅制度是：读者进门要领一个门牌，也就是入门证，走的时候必须要把牌子交回去。凭着这个入门证——也就是阅览证，在馆内可以看书，但是不能外借。如果想要外借图书，需要取得"铺保"，即读者到图书馆来想借书先要填一张申请书申请外借，还要找一个商铺来做担保，然后图书馆会派专人带着申请书到申请人指定的那个店铺去对保，对证这个商铺是否愿意担保，并且得盖章，取回来发了外借证，申请人才算取得图书馆的外借权。那么又有多少人能够找到铺保？！

作为解放后的图书馆，首先强调的是要面向工农兵，面向大众。而这种制度极大地限制了来馆借书的群众。

我们在取消有保借书的同时，开始实行读者登记制度。所谓读者登记制度，就是读者到图书馆来首先要填一个表，把姓名、住址等这些必要的信息登记下来，然后凭证件（即工会会员证、机关工作证或是学生证，没有证的就到派出所开个证明），就可以在图书馆进行阅览，也可以领一个外借证，读者就可以在图书馆借书了。可以说北京市图书馆的"取消有保借书，实行读者登记"制度，在全国范围是领先一步的。它既是对图书馆制度的一项重要改革，也是北京市图书馆在头发胡同时期工作改革的第一步。在文化部出版的《文物参考资料》上，社会文化局图书馆处李锋曾就此写了一篇评论，并提出向全国推广的意见。

开展阅读辅导工作，宣传好书新书

对读者进行阅读指导也叫作阅读辅导。北京市图书馆的这项工作在全国来说也是领先一步的。在推荐好书方面，为了宣扬解放区人民不畏强敌、浴血奋战的英雄气概和民族精神，市图书馆先后请到了《平原烈火》的作者徐光耀、《新儿女英雄传》的作者之一袁静、《吕梁英雄传》的作者之一马烽，举办了几次作者和读者见面的交流座谈会。后来为配合宣传新《婚姻法》，还请作家赵树理来谈他的《小二黑结婚》和《登记》这两本书。这项工作当时不仅北京市图书馆在做，共青团主办的青年服务部也在做。

指导读者阅读，宣传好书新书，对读者进行新的思想教育，应该说这是一种有效的阅读推广工作方法。《人民日报》对这项活动曾发表过一段题为《加强文艺工作者和群众联系的一个良好方法》的简评，对图书馆开展读者读书活动给予了很高的评价。

之后我们又继续举办过很多场这种座谈会，其中《暴风骤雨》的读者座谈会让我印象非常深刻。这次座谈会是由我主持的，不但作者周立

《人民日报》1951年12月1日第三版"文化生活简评"栏目
《加强文艺工作者和群众联系的一个良好方法》

波参加了,而且还有一些名人,像鲁迅先生的好友孙伏园先生也参加了。孙先生当时是政务院出版总署版本图书馆的馆长,但是他却以读者的身份坐在群众当中,跟群众一起发言。我并不认识孙先生,张艾丁认识,会后他把孙先生请出来给我引荐,当时我们还留了一张珍贵的照片。这张照片里有作家周立波、版本图书馆馆长孙伏园先生、社会文化局的王鸿钧①、北京市文联的李克②,还有当时的北京市图书馆代馆长张艾丁和我。

宣传推荐优秀图书作品的这项工作,北京市图书馆在头发胡同时期、西华门时期以及国子监时期一直都在延续③。我们举办读者座谈会请作者来,不管是赵树理还是周立波或是其他作者,都是我们先去请人家,

---

① 王鸿钧,当时就职于文化部社会文化局图书馆处,后担任历史博物馆副馆长。
② 李克,《地道战》作者。
③ 新中国成立前,首都图书馆馆舍位于宣武门头发胡同的一个四合院内,1953年移至西华门大街35号,1956年迁入国子监。

约定一个时间，人家自己坐公共汽车或者是骑自行车来，那个时候没有出租车。座谈会后我们也不请吃饭，也没什么劳务费，他们都是自己来自己走。但是他们都很高兴，因为他们直接听到了读者对他们所写的书的真实反应。

1952年在北京市图书馆头发胡同大阅览室门前《暴风骤雨》作者周立波与读者合影
一排右起：刘德原、张艾丁、周立波、孙伏园

头发胡同时期我们还做了一件事情，就是晚上给群众放幻灯片。那个时候图书馆有一架幻灯机，我们便用剪贴的画报当幻灯片，这些幻灯片从镜头反射出来的图像效果和画报一样。我记得当时为配合抗美援朝的宣传，我们给群众放过空军英雄张积慧打下美国王牌飞机的画片。对于图书馆要不要给群众放幻灯片，我认为好的东西就是要宣传，利用画报对群众进行思想教育是一种简便易行的群众教育方式。

利用流动图书车送书下乡

北京市人民政府对于群众的公共文化事业非常关心，1953 年，因为北京市的行政区划改变，原五区政府被撤销并到别的区，市政府就决定将原来五区政府的办公地点，也就是西华门 35 号和南长街 82 号拨给北京市图书馆用于扩充馆址。这样我们就从原来头发胡同的一个近 700 平方米的小四合院搬到了西华门 1700 平方米的大院子里。西华门 35 号的前院是一个大四合院，五区政府在的时候在后面又新建了一排简易的二层楼，我们把前面的院子辟作阅览区，简易二层楼的一层当作书库。南长街 82 号这个后院供不对外的工作部门使用，比如书库和采编部门。搬到西华门之后，我们把作为大阅览室的正房与简易的二层楼相连接，这样不但扩大了阅览室的面积，还把书库和阅览室连在了一起。东西两边的房子，一侧用于外借，一侧用于报刊阅览。在这里我们加强了外借工作，增设了外借处，同时继续开展一般性的阅览工作和阅读辅导活动，并加开了文化书车。1954 年，国家进口了两辆布拉格汽车作为流动书车，北京、上海各一辆。北京这辆先交到国图（当时还叫"北京图书馆"），后来国图将这辆车连同一部分图书一起转交给了北京市图书馆。它的任务是送书下乡。当时北京市图书馆在农村前前后后建立了一百多个图书流通站，通过这辆流动书车就把北京市图书馆的服务和图书流通站连接起来了。流动书车的影响和作用引起了北京市政府领导的关注和重视。当时的北京市副市长王昆仑指示说，光一辆流动书车还不够，要再增加一辆。后来市政府直接让运输公司给我们又配了一辆 1942 年产的日本老尼桑。同时市政府又拨款，我们按照第一辆书车的样子改装了这辆车，车内两旁是书架，车有后门，人从后门进来可以从前门下去，在车内可以选书。这样，这辆车跟之前那辆布拉格汽车的内部结构就是一样的了。在此基础上我们又在车上准备了几张折叠的桌子和好多的马扎，车开到一个地方，就可以把活动桌椅拿出来，给有需要的人看书用。此外，车里还带了展板，因为除了提供图书服务，我们还是要做宣传工作，比如搞妇幼卫生常识展览等。

20世纪50年代首都图书馆宣传队开着流动图书车
到门头沟三家店做文化宣传工作

主持接收法文图书馆、孔德学校图书馆，并建立天坛参考阅览室

我们在西华门时期最大的工作任务就是接收了大量的图书。从接收地来说，第一个接收的是法文图书馆的图书，第二是孔德学校图书馆的图书，第三是财政局实物库的图书，第四、第五就是房管局、公安局的一些藏书。

法文图书馆的地址在台基厂，就在王府井路口一直往南走的那条路上。1953年，政府把法文图书馆的图书交给北京市图书馆接管。我当时身边也没什么人手,就只好辛苦冯秉文去接管这批图书。这批藏书,一部分是价值比较高的中文古籍,一部分是外文书。法文图书馆虽然叫作图书馆,但实际上是个书店,一方面它根据海外需求选择中国的古籍出口,另一方面按照中国人的需要再从国外进口外文书。因为这个性质,所以我们接收的这一部分图书复本量不是很大,但是价值比较高。这一次我们一共接收了17万册图书,要知道我们北京市图书馆从1913年成立到解放初期一共才有11万册图书。这次图书接收工作应该说是一个非常大的工程。参与接收工作的人员除冯秉文外,还有四五个原来法文图书馆里的中国人。在这次图书接收工作完成之后,我们选留了两位同志在北京市图书馆继续工作。这是接收法文图书馆的大致情况。

继法文图书馆之后第二个接收的是孔德学校图书馆的图书。孔德学校就是现在的北京市第二十七中学的前身。当时由于北京市属中学调整,收藏在二十七中图书馆的这些图书就全部划归到了北京市图书馆。这次接收的图书以中国文学和戏曲艺术类的中文古籍为主,总量有4万多册。

这两批图书比较起来,法文图书馆的书质量比较好,但是因为它是做买卖的,所以它的藏书不系统。而孔德学校图书馆的图书主要来自马隅卿①对中国文学、戏曲艺术的系统收藏,所以这一部分图书在全国图书馆界来说是一个特藏,别家没有。其中有很多车王府曲本、升平署本等,包括车王府曲本里的子弟书就是在那个时候归到我们这里的。

接收的法文图书馆的图书、孔德学校的图书以及后来几批财政局实物库的图书,再加上头发胡同原有的线装书,使北京市图书馆的图书量在短时间内剧增。由于西华门那边的1700平方米大部分都用作阅览室,后院

---

① 马廉(1893—1935),字隅卿,浙江宁波人。曾任北平孔德学校总教务长、北平师范大学教授、北京大学文学院教授。我国近代著名的藏书家,在抢救、保存我国古代小说戏曲资料上贡献颇多。

两层小楼楼上承重不够，只能利用楼下当书库，于是这么多书放哪儿就成了一个大问题。我们没有办法，只能向上级请示，要求解决。很快市政府来了批文，决定把天坛祈年殿东边的神厨和宰牲亭划拨给北京市图书馆使用，准确说是借用。神厨有三个大殿，就基本解决了我们没有地方藏书的问题。

之后我们就建了天坛参考阅览室，应该说图书接收工作跟建立天坛参考阅览室是联系在一起的。在图书馆分批次接收了大量的图书之后，我们对这些书进行了挑选，把其中的外文图书挑出来，存放在了西华门那边二层小楼的楼下书库；全部的线装书和旧平装书，我们就转到了天坛参考阅览室。

在天坛参考阅览室的修建上，我们把神厨的正殿整修，改作阅览室，东、西两个配殿作为书库使用。当时北京市政府的副秘书长李绪刚很关心这件事情。我根据他的指导意见，将天坛参考阅览室定位为供学者研究使用。于是，在后续室内修建改造的时候，我们在大殿里边设置了好多小隔间，一人一间，里面有书桌、座椅和书架。那些借了书的学者，可以在这个房间里面从事研究工作，借来的图书就存放在小房间里边的书架上，不用每天借还。这样的小房间我们一共设置了六七个，专供研究者使用。

在天坛参考阅览室的藏书整理上，我们有一些思考，也有一些研究。总的说来，整理工作基本上是按照图书馆业务的常规流程和"简便易取"的原则进行的。这些从多个来源接收进来的图书，本就有些杂乱。因此，在整理时，首先就是要保证财产的安全，故而在分类、编目、整理的同时要进行财产登记，按财产号排架。由于需要整理的图书数量巨大，再加上人手不够、时间紧张，我们就雇了一些临时工，主要是一些老先生来一起做这个事情。对于这些临时工，我们根据文化水平和年龄做了具体分配，并做了短期的培训。我刚才说了，天坛参考阅览室的图书整理要采取"简便易取"的原则,这个不单指最后的使用,在整理的方法上也是尽量从简。当然这个从简是说排架从简,但是著录绝对不能从简。这方面在冯秉文的那篇《北京市图书馆天坛参考阅览室始末》① 中有具体总结,所以我就不再详细说了。几十个人几个月的时间,整理十几万册图书非常不容易,图书整理由冯秉文和参考部主任朱英负责,当然主要工作还是冯秉文来做。

在天坛参考阅览室开设之前,我们谈不上为科学研究服务,这个从图书馆的名称上就可以看出,它由最初的通俗图书馆改为普通图书馆,说明它是面向大众做文化普及工作的。到了西华门,由于这一阶段图书数量剧增,为我们的中文古籍藏书奠定了基础。借此契机开辟的天坛参考阅览室,是北京市图书馆为科研服务迈出的第一步,同时也是向大型综合性图书馆迈出的重要一步。

筹建北京市图书馆分馆(城区图书馆)

1955 年初,薛汕馆长调走后由副馆长黄真同志主持全馆工作,这个时候我被派到市委党校去学习,这是我第一次系统地接受政治理论教育。半年后,我学习结束回馆,由于黄真同志被调到市委党校工作,我就接任了他的副馆长职务,负责北京市图书馆全面工作。筹建北京市各个城区的图书馆这项任务主要是在我担任副馆长期间进行的。

筹建城区的图书馆是在一次北京市政府办公会议上决定的,具体时间我记不清了,当时的会议决定要在北京各个城区都建立图书馆,并把任务交给了文化局,文化局后来又把这个任务交到了北京市图书馆手里。北京市政府为此拨款 20 万元。我们根据当时北京市城区规划,最终筹建了东单、西单、东四、崇文、前门这五个区的北京市图书馆分馆。

第一,解决馆舍问题。筹建北京市图书馆分馆首要的任务同时也是最

---

① 见首都图书馆编:《启迪民智　书脉传承:首都图书馆建馆百年纪念文集》,学苑出版社,2013 年,35-40 页。

大的困难就是找房子。这件事虽然是市里边直管的，但当时任务并没有下达到各区，还是要由北京市图书馆来办理。我们找到了各区的相关负责部门，请他们来协助办理，可是各区都没有多余的空房来办图书馆，最后只能是利用北京市图书馆原来的馆址和各区所管辖的文化站来解决房子的问题。其中，东四分馆使用的是魏家胡同西口的文化站，东单分馆使用的是东总布胡同的文化站，崇文分馆使用的是大石桥火神庙文化站。而这个时候，北京市儿童图书馆和北京市图书馆都要搬迁，于是前门分馆就用了原来儿童图书馆在韩家潭的房子，而西单分馆则用了北京市图书馆在西华门的馆址。西四区和宣武区一直没有找到房子。但是到了1958年之后，随着城区进一步规划，东单区和东四区合并为东城区，西单区和西四区合并为西城区，前门区一部分划给了崇文区，一部分划给了宣武区。这样对于我们来说，西四区取消了，没房子的问题也就不存在了，而宣武区房子的问题也解决了，使用的是原来前门分馆的馆舍。

第二，图书馆统一采购。我们为筹建各区图书馆成立了两个筹备组，一个组负责房子和家具设备的添置，另一个组负责图书的准备。图书准备包括采购图书和对图书的加工，要进行分类、编目、编制书目卡片和印刷卡片等工作，书目卡片最终要印刷六份，各区图书馆各一份。

第三，招募人员。原来在西华门的时候，北京市图书馆的工作人员有四五十人。建立各区图书馆时，市人事局在人员的编派上是有所控制和考量的，这样北京市税务局的一部分人员就被分配到了图书馆。然后我们又在社会上招收了一部分人。但是这一部分人不完全是图书馆用人，还包括文化馆要增加的人员，所以文化局就为这些新招收进来的人办了一个学习班。这些人进来之后，先要进行业务学习，再有就是进行政治审查，之后才被分配到各个区的图书馆。到了1956年底，各区的北京市图书馆分馆的筹建就基本完成了。以前的材料都说是1956年市政府做出的决定，但根据我的记忆还要再往前。

因为后来北京市图书馆搬迁到国子监，我们就把原来占用天坛的地方还了回去，取消了天坛参考阅览室。这样，在1956年北京市图书馆所形成的事业格局大致是：北京市图书馆下面管理一个少年儿童图书馆和五个区的市图书馆分馆。对于这五个区的图书馆来说，市图书馆相当于总馆，统一进行图书采购并对图书进行分类、编目、制作书目卡片，然后分送到各个分馆。分馆的主要业务是阅览和外借，分馆的财务由总馆来负责。这个时期可以说已经建立了市有总馆，区有分馆，分馆下面还有文化站的北京市图书馆网。而这个结构的建立是在搬入国子监之前完成的。

搬迁国子监

1955年，国务院拨款70万元用于国子监和孔庙的修缮。周总理对修缮古建有一个重要批示，大意是古建修缮之后要加以利用，要让群众能够自由地出入、参观。按照这一指示精神，市政府决定将国子监用作北京市图书馆馆址，在国子监修缮的时候既保持了原貌，也考虑到了图书馆的使用便利。1956年，北京市图书馆正式迁入国子监。国子监是元、明、清时期的最高学府，搬到国子监，北京市图书馆的馆舍面积一下子扩充到了七千多平方米，占地面积两万多平方米，馆容馆貌都有了新的变化。从这个时候起，北京市图书馆可以说跨进了全国省市级图书馆的行列，这是一个非常大的跨越。

往国子监搬迁的时候，北京市图书馆没有馆长，就我一个副馆长。要搬到新的地方，我们就考虑是否要改个名字。因为当时北京图书馆和北京市图书馆这两个名字极易被混淆，北京图书馆是国家图书馆，北京市图书馆是市属的图书馆，名字只有一"市"之差。那么如何在与北京图书馆区别开来的同时，又能够表明北京市的这样一个含义？当时北京市有一个首都电影院，也是文化单位，因此我就提出那就改名为首都图书馆（简称"首图"）吧。所以说这个名字是我想的，但不是我创造的。之后我们向文

1959年首都图书馆为纪念五四运动四十周年,在国子监辟雍举办了图书展览,图为读者进入会场的场景

化局做了请示报告,文化局又向市里边做了报告,1956年10月批下来:原北京市图书馆改名为"首都图书馆"。既然叫了新名字,就得挂个新牌子。作为文化单位,我们想请郭沫若郭老这个文化名人给题个馆牌,就让办公室主任拟了个公函送到郭老的办公室。当时郭老没在,我们的人就跟他的秘书说明了来意。两三天之后,郭老的秘书就给我们打来了电话,说:"郭老已经给你们写好了,来取吧。"我们没想到这件事这么顺利地就办成了。郭老题写的馆名字不大,我请了美术公司,把郭老写的原件给复制放大,刻了一个馆牌。首都图书馆的馆名和馆牌就是这么来的。郭老的亲笔题字我装裱了,现在在首都图书馆很好地保存着。受此启发,少年儿童图书馆的馆牌后来是请宋庆龄副主席题写的。

有了新的馆址,中央又发出了向科学进军的号召,文化部也颁布了文件指示,省市图书馆要把向科学进军、为科学研究服务作为主要任务。于

1959年首都图书馆为纪念五四运动四十周年，在国子监辟雍举办图书展览，图为读者观展盛况

是在新馆的使用上和所定的工作任务上，我们就把为科学研究服务放在了主要地位。在新馆舍的设计使用当中，除大阅览室和外借处是普通阅览室之外，还设立了好几个研究阅览室和专库。

建立地方文献资料专库及其他专库

根据全国图书馆工作会议的精神，1957年首都图书馆工作的基本任务由原来的以科学研究服务为重点，改为为科学研究服务和为普及文化教育工作服务两个并重。然而，北京市的大馆林立，首都图书馆也要为科研服务，如何能站得住，怎样突出自己的服务特点？这是我们当时考虑的主要问题。为自然科学和技术科学服务离不开外文资料，而首都图书馆原来没有多少外文藏书，后来虽然增添了部分的俄文书和英文书，但科技图书占的比重比较小，因此我们从馆藏来讲，为科研提供服务是有一定局限的。经过几次研究，首都图书馆最后明确了主要以地方文献作为科学研究服务的一个重点，然后是中国文学，因为我们中国文学的藏书还是很有特点的。既然确定了以地方文献为重点，我们的藏书当中到底有多少地方文献资料？当时这个家底还不清楚。为此，我们在1958年成立了一个专门的机构，叫地方文献组，就设立在参考部下面，还是由冯秉文负责。机构设立之后，紧接着就要考虑到它的藏书问题，当时就决定要建立一个地方文献资料的专库。首先把我们馆所藏的地方文献，不管古今都要收集到一块儿。古的这一部分就是中国的古籍和民国时期的一些平装书，这些书当时都是归参考部管理的。而新的则是指跟地方文献有关的入库新书，我们统一调过来，收归到地方文献专库来加以收藏。从入藏的整体情况来看，新的东西不多，主要还是以旧书刊为主。在那个历史时期，这个情况就让我们有了一些思想顾虑，怕被人扣上"因循守旧"的帽子。虽然有这个顾虑，但工作上没有停，还是继续在做。

地方文献的专库和专业组建立之后，1963年6月，在国子监的辟雍，我们又举办了一次地方文献资料展览，实际上应该算是一个书刊展览。这一次的书刊展览吸引了一些重要人物，其中北京市委书记邓拓（笔名马南邨）来参观的时候是我陪同的。我和邓拓同志认识，不过不是职务上的认识，而是通过读者与图书馆之间的这种关系认识的。他作为图书馆的一个读者，经常到参考部来借书，他写《燕山夜话》的时候，我们也会提供给他一些资料。我在陪同他参观展览的时候讲了我的顾虑，也征求了他的意见，我问他："我们这样搞方向上有没有什么问题？会不会有点儿厚古薄今？"他参观完后给我的回答是："你搞地方文献资料，就放心大胆地去做。"我们的这个谈话虽然不是上下级之间的谈话，但是他作为市委的领导给我这样的鼓励，我的心里也就踏实多了。

我们做地方文献工作，出了两本书，第一本书叫作《北京参考资料备检》，第二本就是《北京地方文献联合目录》。《北京地方文献联合目录》不仅收录了首都图书馆一家的馆藏，同时还包括北京地区其他各大图书馆中收藏地方文献的情况，这样尽管我们的藏书没有那么多，但是我们所掌握的资料范围就大了很多。

除了地方文献专库的这些图书，我们又想到报刊里也有很多关于地方文献的资料，需要把它摘录出来，因此我们又进一步开展了报刊资料索引工作。报刊资料索引是一个很大的工程，当时正好教育局有批教员因为一些原因不能安排上课，就问图书馆能不能给安排点工作。我当时的想法是，我们想搞报刊资料索引正好缺人手，图书馆受编制的限制，只有这么多人，但是我愿意多做一些工作。这些人能来就是帮我们，给我们增加力量。前前后后来了大概有三十来个人，包括后来文化局、市文联来的一些人，就和我们一起把北京的报刊资料索引工作开展起来了。说起来这个工作做得也很不容易，除首都图书馆以外还要分别到各个大图书馆，跟人家订好协议，从他们收藏的旧报刊里，一种一种地去翻，一篇一篇地去找。从1961年到1964年，这几年下来一共收录了从清末开始的北京报刊资料索引7万多条。应该说这一部分工作我们是靠着外来的力量去做的，因为当时地方文献组只有三个人，做不起来。所以还得感谢当年教育局给了这么一批人，我们才完成了这么一个大工程。

在国子监时期，除地方文献专库以外，我们还建立了其他几个专业库，对书库也进行了相应调整。接下来我要说的是书画专库。我们在西华门时期进行图书接收的时候收了一部分书画，但没有整理。搬到国子监之后，经过逐步整理，后续建立了书画专库，并集中开展书画的编目工作。书画专库到底应该收藏什么？当时这个专库主要是为这一批未整理的书画而建的，但是除此之外，馆藏还有大批量的碑帖，这些属于书法范畴，另外还有一些珍贵的大画册。这些如果搁到普通阅览室，大家借来借去就容易被翻烂了，于是这些也都被定在书画专库的收藏范围内。书画专库里边，除了这些珍品，还有一部分是水陆画。这个并不是私人收藏的，而是北京的一些庙宇、寺庙收藏的，最初是被收入到财政局实物库里边，我们在接收财政局实物库的时候，它就跟着一起被接收了过来。水陆画是什么呢？水陆画是寺院或者私人举行水陆道场普度众生、超度亡灵时悬挂的宗教人物画。这种画本身的艺术价值并不高，但是从民俗研究角度来说，还是非常有价值的。

此外，我还要说说内部书库。建立内部书库起因于1955年国务院发布了处理反动淫秽荒诞书刊的指示，针对的主要是图书出租业。国务院指示要对图书出租业所出租的图书进行审查，审查后的书分三类处理：属于反动淫秽荒诞的书刊要查禁、没收；不是那么反动的要收换，其实也是没收，但是会用新书替换给出租业主进行出租；还有一类书没什么问题，可以保留，继续出租。对于查禁和收换的图书，还是要保存下来，每种两册交到图书馆。这部分图书，图书馆是不能提供借阅的，只能收藏，所以我们建了一个内部书库。内部书库除了查禁和收换的图书外，还有一部分是作者有政治问题或是内容涉及有政治问题的人的书。这些馆藏图书我们要从普通书库里提出来，也存放到内部书库，我们叫提存。这部分图书是随着政治形势的变化而不断增加的。另外，还有一部分书是属于内部发行的，本来就不让公开，也放在内部书库。所以内部书库大概包含这么三个部分：查禁的、提存的和内部发行的。

这个时候，我们对原有的各个书库也进行了调整。以线装书库来说，同一种书由于来源不同，分为甲、乙、丙、丁四类分别存放。到底这一种书有几本？不是很清楚。所以我们对线装书库做了一个调整，建立了基藏书库。在建立基本藏书书库的时候我们把多余的复本挑出来和中国书店进行了交换，各取所需，也补充了一些馆藏。对于平装图书，我们当时有普通外借书库和农村外借书库，也同样需要建立一个基本藏书书库。这个基本藏书书库建立之后归普通阅览室管辖，如果是外借书库里没有的书，外借读者又很需要，就可以到基本藏书书库里借用。在新中国成立十周年的时候，我们在辟雍举办了一个优秀文学图书推荐的展览，需要从书库里面提书，却发现我们连一个新本子都找不出来，这些书因为总是被借阅都比较陈旧了。所以我们认为在基本藏书书库里边还需要存一些保存本，保存本就不再供读者使用了。这样通过调整，在平装书基本书库里边除了基藏本又留了保存本。但不是每一种图书都留保存本，只是针对那些流通量比较大的、大家用得多的书，我们才做了这样一个设置。基藏书库不同于农村书库和外借书库，农村书库和外借书库这两个书库的书是拿来供读者使用的，而基藏书库的书主要是用来藏的，所以要保存好。

继续开展农村工作并支持郊区县图书工作

农村工作我们是有一定基础的，从西华门时期就已经开始了，一直延续到国子监时期。当时的流动书车，到国子监时期也都一直在使用。就农村工作而言，我们通过不断的实践也逐渐总结出了一些工作办法。接下来我简单说一说为农村读者出借图书的方法。最初我们是直接在农村建立图书流通站，建了几十个到上百个，这种方法我们试行了一段时间，但是经过验证之后发现这并不是最好的方法。后来我们以县图书馆、区图书馆、文化馆、文化站作为首图的流通站，由首图定期给它们换借图书，通过它们向农民读者出借图书。为了简化借书手续，当时我们是用夹板来计算数量的，一个夹板大概有二十本，借书不用写借了多少，写借了多少板就行了。夹板是用绳子把三合板穿起来，一捆一捆的，都是在农村书库里提前就做好的。为了让大家借书方便，我们当时都用的这个方法。

那么省市图书馆要不要为农村服务？我的回答是肯定的，应该为农村服务。那么如何为农村服务？我总结北京市的经验写了一篇叫《省市图书馆怎样为农村服务的问题》的文章，认为当时的农村工作较以前还是有所变化的，比如送书下乡，不单只是满足群众的文化生活需求，还要了解他们在生产当中遇到的问题，主动提供书刊资料。

刘德原在1963年《图书馆》第3期上发表《省市图书馆怎样为农村服务的问题》，深入探讨了省市图书馆为农村服务的必要性并提出了切实可行的服务方法

当时城里已经建立了城区图书馆，郊区还没有建立图书馆，只有文化馆和文化站。我作为市图书馆的馆长，一直以来都是以立足本馆，放眼全市作为指导思想，我觉得满足全市读者的需求是我的责任。城区图书馆负责街道读者的借阅问题，郊区没有图书馆就没有办法满足郊区读者的需求，所以我下了很大的力量支持郊区县文化馆把图书工作做起来。这个时候主要是通过两个方面来支持，一个是图书，一个是业务辅导。

为了加大郊区县文化馆的图书量，我们开始给它们提供图书，后来就把农村书库里的书全部都交给了各个郊区县的文化馆。1958年北京市文化局拨了一笔14万元的专款给首图建立书库，但我把它用于支援郊区县图书馆的建设。我认为只有郊区的图书馆工作开展起来，加强起来，才能真正达到服务于全市读者的目标。后来像通县、顺义、大兴在建图书馆的时候，我们都派人去支持了。还有密云、延庆、平谷、怀柔地区，我们也派人去帮助他们整理图书，加强他们的工作。

开展业务辅导工作

在业务辅导方面，我们认为只有把全市的图书馆的工作积极性调动起来，业务工作有所提高，才能够做好全市的读者服务工作。所以1957年我们专门成立了一个业务部门叫辅导部。以前在西华门时期我们就已经有了辅导工作，但是还没有专门的部门，在国子监时期我们就正式把它建立起来。业务辅导部建立后在一个时期曾经和推广部合并成立推广辅导部，后来由于社会形势变化，推广工作停了下来，推广辅导部又改回辅导部，专门做业务辅导。对于这个工作，我的基本思想是我们的业务辅导人员不管是下到工厂还是农村，要清楚自己就是去搞业务辅导的，不是去当领导，不能指手画脚。1958年，各城区图书馆在行政上已经不归首都图书馆领导了，但是依然有着业务辅导的关系。这个时候辅导人员到各个基层单位去，就必须明确我们只是起参谋作用，一定要尊重人家。在业务辅导工作当中，我们提出要因地制宜，多看看人家的条件是什么，不能生搬硬套。辅导部除去业务辅导，还有一个任务，就是帮助区县图书馆编制提存书目。我之前说过，首图的内部书库里有一部分藏书就是提存图书，那个时候区县图书馆是基层小单位，只有几个人，没有上面的行文，也没有命令下到那里，那么图书的提存工作就主要靠我们派下去的辅导人员进行指导。那时辅导部的主要工作方式，一是印发文字材料，搞小报进行业务指导；二是要下去对个别地区进行当面的具体帮助，最主要的一种方式就是办学习班。学习班开始时有短期的也有较长期的,再后来就有更长的,当时叫作业务学习辅导班,办班目的是提高在职干部的业务水平。之后改叫在职干部中等专业教育业务进修学校,学习两三年,达到中等专业水平后发结业证书。

业务辅导工作的范围主要是抓三大系统。一个是公共系统,包括城区图书馆、郊区图书馆、文化站,这个公共系统首图自己来管。一个是工会系统,工会系统要请求外力,市总工会下面有劳动人民文化宫,劳动人民文化宫里也有个图书馆,我们请他们一起来做工会系统的图书馆工作。劳动人民文化宫给当时的业务辅导工作出了很大的力。还有一个就是教育系统,主要是针对中、小学图书馆。我们和教育学院一起组织中学教员的学习班和教育系统的学习班。首都图书馆的业务辅导工作应该说对全市图书馆工作的开展起到了重要作用。

我从1955年到1964年作为首图的副馆长,一直全面负责图书馆工作。到了1964年,孙裕之来到首图,开始任馆长。

参加第一期图书馆馆长研究班

1958年文化部办了一个文化学院,院长叫黄洛峰,副院长叫李长路,他们都是文化部的老干部。当时这个文化学院在原来的农业大学①租了一块场地,组织了第一期图书馆馆长研究班。我参加了这个研究班。对于这个班,大家是有争议的,主要是因为这个班的人集体编写了一本叫《社会主义图书馆学概论》的书。由于这本书是在"大跃进"批判资产阶级学术权威的时候编写的,"左"的倾向比较严重,对一些专家也都是点名批评,所以这件事现在有些人避讳,不说这个,但是我认为不能不说。第一,是因为这个图书馆馆长研究班是文化部的文化学院第一次举办的,在文化部

---

① 这里的农业大学指北京农业大学,即现在的中国农业大学。1958年该校更名北京机械化农业学院,故此说"原来的农业大学"。

的历史上是有过这么一档子事的。这一班大概有 50 多人，人员组成基本上分为三种：一部分是老革命，这里面有 1926 年就参加革命的老党员，这些人都是从其他革命岗位上转业到图书馆来当馆长的；还有一部分是学图书馆学专业的到各图书馆当负责人的；再有一部分就是军人转业，如起义的国民党团长被安排到图书馆当馆长，不过大部分都还是老干部。尽管参加这次研究班的人员参差不齐，但是大家在一起也还是总结了中华人民共和国成立之后新的图书馆事业发展的一些经验。第二，这本书里面第一次提出"社会主义图书馆学"这一概念，在此之前没有这个说法。但是这个概念也争议很大。图书馆到底有没有阶级性？我的观点是，我们今天是社会主义，我们的图书馆当然是社会主义图书馆，它和资本主义国家有很大共同之处，连列宁的论述中都赞扬西方的图书馆。但它也确实有不同之处。不同之处就在于它的阶级性，就是不能反对共产党，不能反对社会主义，图书馆再怎么办也不能反对社会主义。现在对于这点，我们更有依据了，是什么呢？就是《中华人民共和国公共图书馆法》。《中华人民共和国公共图书馆法》里面就明确提到了公共图书馆要坚持以社会主义核心价值观为引领。

"文革"期间首都图书馆的工作

"文化大革命"首图闭馆期间，大部分的工作人员都被下放到了南口农场去劳动，后来又转到团河农场去种果树和养猪。首都图书馆这边留有几个人照看着馆里的工作，主要是参考部那边还不断地有人来查找资料，需要接待。

在"文革"期间，有件好事就是我们接收了一大批唱片，为后续建立的音像特藏库建立了基础。当时原首都历史与建设博物馆筹备处①的梁丹同志调到了北京市文化局下属的文物组工作，他就跟我商量，说他们收了

---

① 即首都博物馆筹备处。

一大批唱片，都是黑胶的大唱片，有两万多张，这些东西不属于文物，他问我们要不要？我说我们要。就这样我们从文物组那儿接收了这些唱片。接收进来的时候，唱片都是用纸袋子装着的，我想既然接收进来了，那我们就要加以整理和保存，但是没钱，用什么把这些唱片保护起来呢？这时我就找了北郊的一个电影制片厂，它那儿有那种胶片盒子，胶片用过之后剩下的空盒子都在仓库里面堆放着。我说正好，这些唱片可以装进这个空的铁皮盒子里。我想请人家把他们的废盒子给我们，但是人家说支援你们那得给点钱吧，我就说我没钱。最后他们也没要钱就让我们把盒子拿走了。当时首图有个军队转业过来的工作人员叫哈淑杰，原来是搞话剧的，我们就安排她来整理这些唱片，并进行编目、装盒上架。这样，这个音像资料室就逐渐建立起来了。之后随着发展，除了黑胶唱片，音像资料室慢慢又有了磁带和录像带。

"文革"后恢复读者服务

1976年"文化大革命"结束，1977年首图主要的工作任务是归还人民大学的图书。完成这个工作任务之后，我们就恢复开馆。重新开馆后，读者读书的热情高涨。那个时候我们是早上九点开门，后来改为八点半。每天开门之前，门口早早地就排起了大长队。一开大门，读者就像潮水一样往里涌，百米赛跑一般，到大阅览室抢座位。谁先进去谁就先领一个座位号，这座位号是有数的，一共300多个座位，没有座位的人就只好站在院子里边了。我们发借书证时，真的是挤破门——一说要发借书证了，图书馆就挤得满院子都是人。后来因为需求量大，我们就按单位分配，每个单位分配几十个借书证。

图书真正全面对大众开放，是在1978年以后。这个时候普通大众有阅读的需求，我们也认为需要全面开放。文化部文物事业管理局图书馆处在首图召集了上海、天津、山东、辽宁、吉林等省市级图书馆负责人一起开会，讨论图书开放问题。会后，首图成为全国第一家全面开放借阅的图书馆，《北京日报》在报眼上登了这个消息。

"文革"之后我们迎来了读者读书的盛况，为此我们在首图馆内增设了读者座位，但还是不够用。造成这个情况的主要原因是当时来图书馆的学生们特别多，他们也不一定就是在那看书，一大部分都在那里做自己的作业，这就占用了大阅览室里的很多座位。我也曾经找这些学生了解过，问他们为什么非要到这儿来做作业？他们说："环境不一样，大家都在那里安安静静地学习。我到图书馆来做作业，比我在家做作业的效率高多了。"而且学生来后必借一本书，把借的书搁在旁边，还是做自己的作业。因此我们就想把彝伦堂旁边的一个政治学习资料室改成科技阅览室，想给真正需要看书、查找资料的读者提供一个地方，但这一计划未能实现。

1980 年，我离开了首都图书馆。

任职中国图书馆学会秘书长

我是 1981 年调到中国图书馆学会（以下简称"学会"）的，人事关系也随着学会转到了北京图书馆。中国图书馆学会成立于 1979 年 7 月 9 日，7979，所以好记。成立大会是在山西太原召开的，关于学会介绍的资料有很多，我就不在此多说了。

我在学会工作了 7 年。在第一届理事会中，谭祥金任秘书长，我担任副秘书长。谭祥金那时在澳大利亚学习，我就相当于常务的副秘书长，主持学会的工作。第二届理事会我被任命为秘书长，还是主持秘书处的日常工作。到第三届的时候我就没有参加了，因为这个时候我已经办理了离职休养的手续。

中华人民共和国成立之后，图书馆界的从业人员多次提议成立全国性的图书馆学会,但是此事真正开始筹备是在粉碎"四人帮"之后。1978年3月,文化部文物事业管理局在南京召开了全国善本书总目编辑工作会议,参会的代表都是全国各地图书馆的主要领导人。借着这次会议,大家聚到了一起,因此又提出了筹备图书馆学会的倡议。这次的会议由北京图书馆馆长刘季平主持,在会上与会代表推选北京图书馆、上海图书馆、中国科学院图书馆、首都图书馆、北京大学图书馆、四川省图书馆、广东省立中山图书馆、陕西省图书馆、辽宁省图书馆、南京图书馆和北京大学图书馆学系、武汉大学图书馆学系一共12家单位作为筹备组成员单位。其中牵头单位是北京图书馆。虽然有这么多的筹备组成员单位,但是实际工作是由北京一些筹备单位选派的干部组成的办事工作小组来完成的,像北京图书馆抽调的是徐文绪,中国科学院图书馆抽调的是戴利华,首都图书馆抽调的是王维新,北京大学图书馆抽调的是高卓贤,北京大学图书馆学系抽调的是吴慰慈,由这几位年轻的干部组成了学会筹备工作小组。这几个人都是很精明强干的,后来也都分别担任了馆长、系主任等重要职务,应该说这几位干部对于学会的成立做出了卓越贡献。

中国图书馆学会是一个群众性的学术团体,是由中央宣传部批准成立的,在民政局做了登记。实体的办事机构挂靠在北京图书馆下面,学会经费纳入北京图书馆的预算之内,人员编制也是纳入北京图书馆的人员编制之中。当时学会经费一年只有3万,人员编制批准的是8—10人,实际上的工作人员只有7人。作为一个社会团体来说,学会自身是有独立学科要研究的。因此,在横向方面,我们还要和其他学会加强联系,比如科技情报学会、档案学会、博物馆学会。我们和这些学会互相推一名理事加入对方学会中,我就被推荐参加中国档案学会,所以我既是图书馆学会的秘书长,同时也是中国档案学会的一个理事。

此后,各省也都逐渐地建立了自己的图书馆学会。北京地区有点特殊,因为北京的图书馆太多,所以北京地区建立了三个图书馆学会:一个是北京市图书馆学会,由首都图书馆来负责,它管理的是市属单位的图书馆;一个是由中央的一些机关图书馆和科学研究系统的图书馆组成的中央机关和科研系统图书馆学会;还有一个叫作北京地区大学图书馆学会,北京地区学校很多,所以有单独的一个北京地区的大学图书馆学会。

在中国图书馆学会理事会的领导下,学会第一届有两个专业委员会:一个叫学术工作委员会,由佟曾功副理事长兼任负责人;还有一个叫编译委员会,由丁志刚担任负责人。在第二次会员代表大会之后,学会的组织机构有所变化,除学术工作委员会和编译委员会外,还增设了科普与教育工作委员会,增设的这个委员会的主任由冯秉文来担任。在这3个专业委员会下面又设有各个专业组,比如说学术委员会下就有12个专业组。

对于学会来说,它是以组织学术活动为主要工作任务的。学会每年在制定工作计划的时候,要先由各个委员会的专业组提出自己的计划,常务理事会秘书处综合所有上报计划整理出学会年度计划,提交到常务理事会。常务理事会再根据实施条件、时间和使用经费多少进行讨论,讨论通过之后,各专业委员会的各专业组就可以分头执行了。

按照学会章程规定,会员代表大会是学会的最高权力机关,理事会是代表大会的执行机构,而常务理事会行使理事会的职责和领导会务的日常工作。全国有22名常务理事。要经常召集全部人员开常务理事会也不大可能,所以研究决定,经外省市的常务理事们同意的情况下,在京的常务理事开会,可以代表常务理事会。因为全国常务理事有22名,北京地区就占了15名,也算过半数了。所以常务理事会的工作,经常是在京的常务理事们开会研究讨论。

学会第一届理事会的理事长是刘季平,秘书长是谭祥金,我担任了副秘书长的职务。第二届理事会的理事长是丁志刚。第二届的第二次理事会,是1986年4月在四川新都召开的。因为第二届代表大会所通过的章程里面做了一点修改，修改决定两年召开一次理事会，理事会的理事长和常务理事可以改选和补选，所以第二届的第二次理事会就改选佟曾功担任理事长，补选了谭祥金同志作为副理事长。因为谭祥金是北京图书馆的副馆长，所以就由他来主管学会的工作。在第三次会员代表大会之前，按照学会工作计划，1987年3月要在山东威海召开一次各省学会秘书长工作会议，拟讨论和评估中国图书馆学会和各省图书馆学会工作情况，征求各省学会对全国学会的工作意见，总结经验教训，商定理事名额和会员代表名额的分配原则并产生办法草案。山东省图书馆学会为这次会议进行了筹备，但是因为一些原因会议被取消了。

参与及主持的几次重要学术活动

在我的记忆当中，学会召开过几十次的学术活动。在这里由我自己也参加和主持了一些活动。我到学会后做的第一件事是在1981年6月组织了一个学术交流会。当时由我和中国科学院的辛希孟，还有北京图书馆的李兴辉组成了三人讲师团，由我带队，我们到内蒙古、宁夏、甘肃、陕西、青海做了一个多月的巡回讲学。我讲的主要是图书馆的管理工作，辛希孟主讲图书馆事业及其发展趋势和智力资源与文献工作的经济效果，李兴辉是《中国图书馆图书分类法》的主编之一，所以他讲的是《中国图书馆图书分类法》的体系结构和使用，还有主题词表的使用。

学会的主要任务是搞学术活动，而举办学术活动并不是为了学术而学术，应该是为了促进图书馆事业的发展，提高图书馆内部的业务工作和管理水平，所以我认为我们开展的活动要从实际着眼。

1984年11月，学会在杭州召开了一个基础理论学术讨论会，这也是图书馆学理论研究方面的第一次会议。这个讨论会是要清除"左"倾、右倾对图书馆的干扰，主要谈论图书馆学的研究对象、图书馆的职能、图书馆的方针和任务等方面的一些基本问题。这个会议我参加了。北京大学图书馆学系的关懿娴先生也出席了会议，她是图书馆界的老教授，留过英，

1981年2月中国图书馆学会讲师团在山东做学术交流

是英国图书馆协会的会员，也是北大的老师。组织这次会议的是学会学术委员会基础理论研究组的组长沈继武，由他和项弋平两个人来主持会议。在这次会议上，在学术研究，尤其是基础理论研究方面，大家各有各的看法，各有各的主张。我们并不要求必须取得一致，学术会议就是要百家争鸣，各抒己见。这一次会议作为第一次图书馆学基础理论学术会议，引起了大家对基础理论研究的广泛兴趣。

1985年9月，学会在贵阳召开了读者工作经验交流和学术讨论会。这次会议侧重于读者工作，主要是讨论图书馆如何为科学技术的发展服务，如何推广先进的科学技术来帮助读者，让读者加以利用，以及能够产生一些什么样的效果。会议由学术工作委员会读者工作研究组组织，当时主持会议的有北大的张树华教授和中国科学院图书馆的彭桂原同志。我在会议的开幕式上做了发言，发言中提出"读者服务工作分三个层次"这样的说法。我认为不管是大图书馆、中图书馆还是小图书馆，为读者服务都大概分三个层次：一是高层次服务，指为科研服务；二是提供参考资料的服务，指为进行一般学术研究的读者提供参考资料；三是普及工作的服务。张树华、彭桂原两位专家听到我的这个说法，认为确实有些见解，但这些不过就是我自己工作当中的一点体会。

1986年11月，学会在南宁召开了文献资源共享和合理布局的专题讨论会。这个会议的主持人是黑龙江省图书馆的李修宇。开幕式上，我也做了发言。我没有写文章，但是我在发言当中主要讲了一点情况。我们国家的文献资源是十分匮乏的，但是在资源布局上还存在着重复浪费的现象。当时我做过一些调查，了解到西宁市的某个图书馆曾经采购过五部相同的大部头的书，这些书价格非常高。我认为在一个市里面没有必要花几十万去重复购买，同样的书有一两部就够了，大家可以共同使用。重复采购是一种浪费，这个现象在当时相当严重，更为严重的是各单位互不通气，资料保密、垄断。这样既阻碍了科学研究的发展，也给国家造成了极大的浪费。我在会议上提了这个情况。解决这一问题，就需要实行资源共享，但是资源共享必须要有一个合理的布局。关于这点大家都很重视，也都有所认识。这次会后，由李修宇主持申报了国家社科研究项目，专门对图书的资源共享问题，以及全国性合理布局文献资源进行研究与探讨。这次会议从学会的角度上来讲，是一次重要的会议。

最后我还要说的一个会议是1984年11月在安徽芜湖召开的图书馆改革学术座谈会。这次座谈会是由学会学术委员会科学管理组的张德芳来组织主持的，他来自四川省图书馆。中国科学院的辛希孟等是主要参加人员。会后出版了《图书馆改革学术座谈会资料汇编》。这次会议作为图书馆改革的学术讨论会，外界对其有不同反响，有的认为开得好，有的也给予了批评意见。但我认为我们这个会开得及时，开得有必要，也开得有成果。在会议的最后我做了总结发言，并用了三句话来肯定这次会议。首先我明确的是，我们是学术讨论会，当前我们遇到了问题，图书馆要不要进行改革？要进行改革，这是中央的号召，也是图书馆发展的需要。那么怎么进行改革？谁都没有一个现成的经验或者能拿出一个样本来，我们只能在改革的实践当中去发展、去总结、去改正。对于图书馆到底能不能做一些经营性的项目，在这次会议上也展开了讨论，因为当时已经出现了图书馆办公司的情况。那么图书馆能不能办公司？我认为也不能说绝对不可以。我举了个例子：比如过去有的老图书馆开饭馆，是为了方便读者，让读者来读书的时候能够解决午餐问题。我们现在的图书馆也可以开食堂，既服务读者，又能赚点钱，这也是可以的，但在这个过程中不能改变图书馆的性质。对于图书馆可不可以向读者收费这一问题，我在会上明确表示，图书馆是提供给公众共同使用的，借书不应该收费。图书馆本身应该是公益性质的机构，普通的借书如果还要收费，那就成了租书铺，就不是图书馆了。不过对于专项劳动，我认为是可以收费的。关于这一点我在英国谢菲尔德市图书馆参观的时候特别注意过，他们在为钢铁企业做专题索引时是收费的，而且有自己的收费标准。当图书馆专门为某一单位提供单独服务的时候，我认为是可以收费的。所以关于收费还是不收费的问题要有一个区分，不能一概而论。外界当时就说，你们这个会有点铜臭味儿啊，净讲钱了。这个是不可避免的，当时因为刚刚开始讲改革，图书馆本来就很困难，对于改革怎么改，大家也比较迷茫。不过现在越来越明确了，图书馆作为一项公共文化事业，由国家设置、国家拨款，那么它所提供的公共服务就不能再收费了。至于我之前说的专题索引、专项服务，我现在依然认为对其收费还是合理的。

在学会召开的几十次学术讨论会中，我认为有两件事是值得载入史册的，一件是召开少数民族地区工作学术座谈会，另外一件是在我担任秘书长期间成立了少年儿童图书馆工作学术研究组。少年儿童图书馆的工作在某些方面区别于成人图书馆的工作，有它自己的特点，是需要进行专门研究的。所以为了推动少年儿童图书馆事业的发展和研究少年儿童图书馆工作的特点，学会于1982年5月在天津设立了少年儿童图书馆学术研究组，组长由湖南省少年儿童图书馆熊钟琪担任。第二年学会在湖南召开了全国少年儿童图书馆专题学术讨论会，1987年学会又和文化部图书馆事业管理局在温州联合召开少年儿童图书馆工作经验交流学术研讨会，会议由文化部图书馆事业管理局副局长鲍振西主持。这次会议对以后的少年儿童图书馆工作和学术研究都产生了重要的影响。学会在成立了少年儿童学术研究组后，又委托北京大学图书馆学系和华东师范大学图书馆学系，由北京大学的郑莉莉、华东师范大学的罗友松和王渡江三个人共同编写了《少年儿童图书馆学概论》一书，这本书于1990年出版。

调查少数民族地区图书馆事业发展情况

少数民族地区的图书馆和其他地区比较起来，设施落后、不足，而且人员匮乏，工作很难开展。我一直比较关心和重视民族地区图书馆工作。由于当时在学会的工作机构设置里面没有少数民族地区的图书馆工作组，因而经过文化部和民委的同意，学会首先组织了一个调查组，由我带队赴新疆了解少数民族地区的状况。这个调查组除我以外，还有代表国家民族事务委员会（简称"国家民委"）的民族文化宫图书馆[①]馆长李久琦，北京图书馆少数民族语文组组长王梅堂。当时我们三个人在新疆做了一个月的调查，我们到了喀什，到了吐鲁番，还到了几个县市。在喀什我们看到，它的图书馆是土坯房，很破旧。吐鲁番也是，那里的图书馆就是几间民房，也很不像样。我们到另外的一个市，忘记是哪个市了，在它的一个文化站下面有个图书室，我们进去一看，刚刚擦抹过灰尘的痕迹都还留着，有的地方土还很厚，这说明它之前没有开门，是因为我们去了才临时把土掸一掸。这等于有设施却没有起到设施的作用，当然设施也很不像样。

---

① 民族文化宫图书馆1959年建成开放，1989年4月经国家民委和文化部批准，改称"中国民族图书馆"。

1982年8月少数民族地区图书馆事业调查组到新疆调查访问，右四为刘德原

调查回来之后我们向文化部写了报告。1983年7月，由文化部、国家民委和学会联合在北京召开了"全国少数民族地区图书馆工作座谈会"。当时我们在北京租了一个宾馆作为开会的地点，有13个省市自治区18个民族的图书馆界代表100多人参加了这个座谈会。会议开了7天，受到了中央领导的重视。开幕式上我做了发言，文化部图书馆事业管理局的局长杜克做了报告，学会理事长丁志刚讲了话，国家民委文化司的一位同志，还有民族文化宫的主任白奎，都在主席台就座并且讲话。新华社的记者也参加了这次会议，并把我们了解到的情况和参会人员发言汇报里的一些情况整理写了一份内参。内参里是有批评意见的，主要批评的是个别与会代表提到的某个县的县长对于采购图书的不良态度，认为这个县长不重视文化工作；还有就是在一些经济困难的落后地区，存在"连水都喝不上，还读什么书啊"这样的一个思想认识。另外有的少数民族地区的代表在来之前跟领导汇报，说要到北京去开会，领导很吃惊，说："你们还能上北京

去开会,我都没去过北京,你们能跑到北京去?"这些都是会上大家反映的一些情况和存在的问题。

在经过几天的会议讨论与经验交流之后,大家提高了认识,也增强了信心,原本大家信心都是不足的。会议的最后,中央领导及有关部门领导像当时中共中央书记处书记习仲勋和邓力群、中国科协主席周培源、文化部部长朱穆之、中共中央统战部部长兼国家民委主任杨静仁等接见了会议代表。在这个接见会上,文化部主管民族文化工作的副部长丁峤风趣地和那些少数民族的代表说:"捎个话给你们的领导,你们不单单是能来北京开会,你们告诉他们,'我们来北京开会的时候中央部门的领导还接见了我们',让他们要很好地重视图书馆工作。"这些话对大家确实是一种鼓舞。我们这一次座谈会留了一张合影,但是很遗憾的是我现在不能够把这些人全部都认出来了。

这个座谈会后就成立了少数民族地区图书馆研究组,民族文化宫图书馆馆长李久琦是这个研究组的组长。这次会议有的人说是民族地区图书馆发展的一个新纪元,也是一个新的发展阶段。因为我们在做新疆调查的时候曾经写了报告,报告里面提出两个建议:一个是开这个座谈会,另一个就是要培养民族地区图书馆干部。在这一次会议之后,文化部采纳了这个意见,由文化部出资在北京师范大学开办了一个两年制的专为少数民族地区培养人才的专修班。我们做了调查,开了会,又办了干部培训班,从学会的角度上来看,我们不仅仅是进行学术讨论,还达到了促进图书馆事业发展的目的。

学会除了举办学术活动,还协助有关单位研究制定和修改、审订各项技术标准并加以推广。比如学会曾经对《中国图书馆图书分类法》《西文文献著录条例》《汉语主题词表》《文献著录总则》《中国分类主题词表》等一些图书馆标准化的文件进行修订、审订和出版,其目的就是要将这些在全国图书馆界加以推广。为了使推广更有效果,学会多次举办了以培训师资为重点的辅导员学习班。这个辅导员学习班主要培养的是讲师，这些讲师回到各省后再继续办班推广，这样就可以有效地推广这些技术标准。后来这个工作方法逐渐成为学会的一个成熟的经验。

学会成立以来也开展了一些外事活动。第一件大事就是恢复了在国际图联的合法席位，并且和许多国家建立了人员交流、互相学习和交往的关系。1980年8月，丁志刚和梁思庄参加了在菲律宾马尼拉举行的第46届国际图联大会，并且在会议期间与国际图联主席和秘书长达成以"坚持只有一个中国"为前提的书面协议。

1984年9月刘德原（右一）在英国布莱顿英国图书馆年会招待会上与印度国家图书馆馆长（右四）、尼泊尔大学图书馆馆长（右五）等合影

1984年，应英国文化协会的邀请，我国文化部图书馆事业管理局组织了对英国图书馆的访问，我作为学会的代表参加了此次活动。在访问期间，我们参观了英国的科技外借图书馆，我对这个图书馆很感兴趣。它的外借业务主要是通过邮寄、电报和复印工作进行的。利用复制外借的方式，他们和许多国家建立了关系。我后来又参观了谢菲尔德市的市立图书馆，在它的入口处我觉得有值得我们学习的地方：图书馆一进门的地

1984 年刘德原在英国访问时留影

方就设有一张桌子，里面坐着一位高级馆员来解答读者的咨询。读者有什么问题，会先到高级馆员这里。对读者来说，特别是新读者，一进门就有人来解答疑问，在服务体验上肯定是不一样的，这就给读者提供了很大的方便。我还参观过英国的一个郡，大概是彼得郡，我有点记不清了，它的图书馆制度是总分馆制，郡里边有一个总馆，其他各个地方有几十个分馆。那个时候他们已经都实现了计算机化，实行通借通还——这个馆借的书，可以到另一个馆去还。这在当时来说，也是我们在为读者提供便利服务方面应该努力的目标。

1985 年 11 月，由学会组织，我作为团长和北京图书馆的李兴辉、山西省图书馆的赵树林、河北大学图书馆的王振鸣、中国中医科学院图书馆的薛清禄和文化部图书馆事业管理局的刘小琴，一行 6 人访问了香港图书馆界，参观了九龙区的图书馆和大学的图书馆。在这里我发现所有的图书馆，特别是公共图书馆都设有儿童室，我在英国参观的时候也是这样的。他们这些儿童室办得比我们要好一些，妈妈可以带着孩子一起看书，学前儿童就可以来。儿童室的地面铺的都是软和的垫子，室内不光有书还有一些小书桌、小书架和各种玩具。我觉得不光大图书馆应该设有儿童阅览室，专业的儿童图书馆也要办出特色，不能跟成人馆一样，一进门就是读书。孩子们的兴趣是多种多样的，儿童阅览室或者儿童图书馆应当根据儿童的特点办出自己的特色模式。在香港参观访问时，香港图书馆界的代表就提出要参加中国图书馆学会，那时候香港还没有回归，怎么办呢？访问回来后，我们在学会内部就开始研究这件事，后来我们就在章程上增加了一个会员制度，境外的图书馆可以作为通讯会员加入中国图书馆学会里来。

1985年11月以刘德原（左一）为团长的一行六人访问香港九龙中央图书馆

我在学会工作了7年，于1987年5月离开了图书馆学会，正式离休。离休之后，我这个人闲不住，又参加了中国老教授协会，并被选为协会的理事，在老教授协会还担任了一段时间的图书情报专业委员会的主任。在这段时期我和冯秉文、鲍振西、北京大学的庄守经，还有情报界的一些人，包括中国人民大学、北京师范大学图书馆学系的一些同志一起，开过一些会，进行过一些研究，想多做一些工作，但是比较困难，没有做出什么可以诉说的成绩。

1996年刘德原与首都图书馆代表参加在北京举行的第62届国际图联大会
左起：副馆长黄海燕、前馆长冯秉文、前副馆长刘德原、馆长金沛霖、副馆长常林

筹办爱乡图书室

我曾经当过小学教员，所以很难忘记当年领孩子们读书的声音。"晚来倍感故乡情，难忘当年教读声。愿以余生酬故里，图书万卷育兰青"是我写给爱乡图书室的，这四句话表达了我想要建立一个农村图书室的想法。我年轻的时候很爱读书，晚上经常点着小油灯看书。那个时候书是很难得的，我家里虽然有一点，但是很少。我小的时候喜欢看中国的古典文学，都是跑十几里路到外村去借，想看书就不怕路远，所以我懂孩子们想看书但是又没有书看的感受。我就想，既然我从事了一辈子的图书馆工

小读者在爱乡图书室门前和刘德原（后排中间）合影

作，那我就在老家建个图书室吧，这样至少可以满足那边孩子们的读书的需求。在老家，我家有一块祖产的土地，2004年我就在这块地上盖了几间房子，算上家具、书架、桌子、凳子都在内，花了三四万块钱。除了这些基础设施，最主要的就是图书。如果要买几千册或是上万册新书，我没有这个能力，所以我就想找一些图书馆界的朋友看看能不能帮忙。我先找了北京图书馆的陈力副馆长，他很支持我，给了我三千册的下架图书，当然这些书都是他们淘汰下来的。后来我又找了国图期刊部，期刊部有一些不入藏的期刊，我认为还是挺有用的，主要是关于农村养家禽之类的那种小册子，适合农村。他们一共给了我两千册。这五千册书刊，为我建立图书室打下了一个基础。有了房子，有了书，还得有人来管理，我就找了我的一个乡亲和他媳妇来替我管理。最初我每月给他们500块钱，后来不断变化，我现在每月支付他们1000块钱。就这样，条件都满足后，爱乡图书室于2004年的5月1日正式开张了，地点就在我的老家——河北省易县的固村庄村。

小读者在爱乡图书室内读书

既然软硬件设施都有了,我又干了一辈子图书馆工作,我想这个图书室的管理也总得有个样子,所以我就拟了一个章程。章程里边首先我给图书室的定位是民办的、公益性的文化事业;再有就是我自主管理,主办人是我们夫妻两个人,承办人当时是我的乡亲刘德申,因为现在德申已经故去了,另外换了人,也是我的乡亲,叫刘德仁。那么图书室的主要任务是什么?当时我这个图书室是以十六大精神和"三个代表"重要思想为指导方向,宣传先进文化思想,普及科学文化知识,满足村民对阅读图书的需求,基本上是这三个任务。同时还有两个服务,即为经济建设和精神文明建设服务。我以前给村支部写过报告,我这个图书室要接受县图书馆、县文化站的业务指导,也要接受村党支部、村民委员会的指导和监督——虽然是自主管理,但是绝对接受指导和监督,这是我图书室章程里边的要点。

《爱乡图书室章程》

图书室怎么开展借书业务？我拟定了一个试行的借书办法，最主要的内容是借书可以一次借两册，借期是两周，但是必须办理借书手续，不能随便拿走。要爱护图书，不能撕毁、污损和丢失，如果丢失，要加倍赔偿。借走图书要收押金，押金是按照书上的定价来收的，还回图书如数退还。我也提到了如果读者认为我的藏书不能满足需求，读者可以提出来想要看的书，我可以向县图书馆代借，或者是添置，满足读者借书需求。

同时，我对工作人员也提了几点要求。既然是图书室的管理人员，那么就要按照我所提出来的要求来对待读者：要宣传先进文化思想，礼貌待人，热心为群众服务；必须按规定时间来开放借阅，不能想开就开，不想开就不开；图书、书架要经常进行整理，只按大类排架；因为是开架，让读者自由取放，所以每天都要做一个统计；现在图书室里光盘也有几千张，所有外借的图书和光盘都要进行登记。这是我对于图书室的管理员提出来的几点要求。

在图书方面，我原有的五千册图书很难满足读者需求。当时我看到新闻说金盾出版社也在农村办图书室，于是我就给金盾出版社写了信，没想到出版社还真答复了我，并且一下子给了我估价两万块钱的新书，而且后续又给了我两次，都是新出版的图书。有这些书的补充就基本上满足了我的图书室藏书量的需求。

图书室成立之后，保定地区的出版机构在我那儿挂了"示范农村书屋"的牌子，还把它的书和书架子都放到了爱乡图书室，这些我都是单独摆放着的。另外，图书室还得到了社会各界的资助，比如像易县的文化卫生局就捐助了两千块钱，县图书馆的齐馆长和马馆长都以个人名义资助了我，齐馆长还给图书室出了不少力，村里老乡刘德才也资助了我。另外县里边有个关心下一代工作委员会，他们到爱乡图书室去看了之后，觉得图书室正符合他们扶助的条件，也给了我五千块钱，我用这钱更换了新的桌椅。保定地区的宣传部也觉得我办爱乡图书室是个好事，又奖励了一万块钱。另外还有几位作家，把他们写的书和他们用不到的书都捐给了图书室。总体说来，大家都对农村建设图书室这件事很热心，为我的爱乡图书室提供了很多鼓励和支持。

在建设这个图书室的过程中让我觉得最难的，就是如何进一步提高它的服务功能。我希望这个图书室不仅仅是借阅图书，还要能够提供阅读辅导。我原来给图书室的管理员写过一个计划，但是目前实现不了，原因是他们没有那么高的文化水平，让他们来做阅读辅导，来办读书活动是有点困难的。想进一步提高图书室的功能现在不太好办，我也没有这个能力了。在图书室最初创办的时候都是我自己在管，比如图书室开张，得通知一下乡亲们，我就印了广播稿，发到了本村和附近几个村。图书室门口黑板报的内容也都是我写好了稿子寄给他们,他们再写在墙上让大家来看。在这些广播稿里,我编过一个顺口溜,叫作"本室藏书千万卷,免费借给乡亲看;春种秋收讲科学,水肥土种田间管;鸡鸭牛羊有专书,防病防疫保安全;农业技术样样有,学习知识最当先;常常借书回家看,保你丰收都高产",还有"图书馆是知识的宝藏,知识就是财富,知识就是力量。多读书吧,多读书,你会获得渊博的知识,多读书会增添无穷的力量。知识越多,你就能创造无尽的财富;知识越多,你就能快步进入小康"。像是这样的稿子我写过几篇,说是新诗也好,说是顺口溜也行,据说乡亲们还挺欣赏。

图书室除了基础设施和图书,现代化的电子设备和上网问题也是需要解决的。图书室的计算机上网老断,老不通,每个月六十块钱网费也交了,但是使用时还是不行。文化部全国文化信息资源共享工程在图书室装了一套设备,后来那个服务器出了故障也没法用了,目前只有放电影的投影仪可以使用。但是放电影是季节性的,夏天不下雨的晚上,可以用光盘放露天电影,一场电影的观众是四五十人到七八十人不等。开始的时候图书室的小院子里挤得满满的都是人,在大门口外边还有人。不过现在不行了,现在家家都有大电视机,看露天电影的人就少了。

我办这个图书室的目的是为村民服务,因此我盖房子不占集体的一分土地,用我自己的祖产,盖房子的钱也是我来出。任何人来借书,一律不收取费用,完全公益。村里边说图书室的电费由村里来出,我说不要村里出,还是我出。我就是不想花村里边的钱,我完全是义务的,这是我办这个图书室的一个原则。

对于这个图书室,我今后的打算是:如果我老家的村子里有能力办一个图书室,那我就把我的图书室交给他们,如果村子里边办不了,那我就继续办下去。为了保证图书室正常地运转下去,我给图书室留了一笔钱作为基金,由我儿子代管。在我有生之年,我会自己来管理这个图书室,在我过世之后将由我的儿子继续把这个图书室办下去。

有人问我为什么叫"爱乡图书室",不叫作"德元图书室"。最初我也想过用"德元图书室"这个名字,后来我觉得还是叫"爱乡"吧,干吗非要用个人的名字呢。我的乡亲们,我的家里人,也都说叫"爱乡"好,乡亲们都说"爱乡图书室,我们都管,不光是你管,我们也管"。在我的心里,我希望这个图书室能够一直办下去。

我对图书馆工作的一些体会

从 1949 年我就开始做文化馆的图书阅览工作,一直到现在,我还管理着我的爱乡图书室,这些都与图书馆相关。要是把这些都算作图书馆工作的工龄,大概还没人比我更长吧。我也算是做了一辈子图书馆工作了。在这一辈子的图书馆工作当中,我没有时间去搞学术研究,我把主要精力都放在一些具体工作上了,后来又做了一段图书馆学会的工作。我是一个图书馆工作的践行者,在多年的实际工作当中,我对于图书馆这一门学科也略有一点感悟。

我认为图书馆学这门学科的研究应该立足于实际。图书馆是人类文明进步的一个产物,有了图书馆才能够产生图书馆学,图书馆学理论的来源当然就应该是实践。图书馆学的研究对象,我认为从宏观上来讲一个是研究图书馆事业的产生,也就是它是怎么来的;再一个就是它是如何发展的,它怎么样适应社会的需要。我们要研究它发生、发展的规律。比如说研究国家性的文献布局和图书馆的网络化,以及全民都能均等地享受公共文化等这些问题,都是从宏观上进行研究。那么从微观上来讲,有人说图书馆学研究的是"藏"和"用"的关系,这个观点我也赞同。从个体来讲,一个图书馆最基本的职能就是传承,当然"传承"我认为应该调过来说：承—传。先继承下来，然后再传下去，这才叫传承，先得有"承"，后来才有"传"。这个"承"，承什么？图书。图书是人类文明的结晶，我们要把人类的智慧结晶承下来再传下去，传给旁人传给后代，这是图书馆工作最基本的价值。所谓藏用，藏就是藏书，对于藏什么样的书也要研究。比如说儿童图书馆藏什么？专业图书馆藏什么？不是说所有的图书都要藏，要挑选适合本地区的、适合任务需要的图书来收藏。收藏进来之后要进行图书组织，怎么把它组织得好，这也是藏的问题。那么用呢，就是把这些藏书给读者使用。有人说图书馆重藏不重用。我认为，藏就是为了用，没有只藏不用之说。像甲骨文留下来是为了以后验证历史，这是为了用；私人藏书楼是为个人和其子孙所用，这也是为了用；现代图书馆则是要给读者用，给公众用，给社会用，这还是用。

我前面讲过，科学家说要把潜在的知识形态的生产力转化为现实的物质形态的生产力。书是知识形态的、潜在的生产力，要转化给谁？转化给读者。我们都说生产力有三个要素：劳动力、劳动对象、劳动技能。当读者掌握了知识，他的复杂的劳动技能就提高了，生产力也就随之提高了，这个过程在图书馆学界也有一个说法，叫中介说，我认为这样说也对。所谓中介，就是把潜在的知识形态的生产力通过图书馆这个中间介质转化为现实的物质形态的生产力，这个过程不是自动的，而是需要图书馆在里面做一些工作的。当然，这只是从研究图书馆的个体来说，并非研究整个图书馆事业。

图书馆既然是人类文明进步的一个产物，传承就是它最基本的职能，而这个职能我认为是其他文化事业所不能代替的。那么说到公共图书馆的基本职能，我认为不管是大图书馆还是小图书馆都有三个共性的任务。

第一，要为政治思想服务。什么是政治呢？我说说我的理解。我认为爱国主义是政治，社会主义思想、共产主义思想还有社会主义道德这些都是政治。宣传爱国主义、共产主义、社会主义和社会主义道德观念，这些就是为政治思想服务。还有，现在提出要实现中国梦，这个也是政治，我们要为实现中国梦服务。所以，这个为政治思想服务，是图书馆脱离不开的。

第二，要为发展生产服务。所谓发展生产，也就是发展社会生产力，大图书馆为科研服务，小图书馆为普及科学知识服务。为科研服务的目的是提高科学研究水平，继而提高生产力。普及科学知识则是知道鸡鸭怎么养，田怎么种，怎么防病，怎么丰收，这也都是生产力。不管是大图书馆还是小图书馆都要为发展生产服务。

第三，要为文化生活服务。公共图书馆一定是要为文化生活服务的。读书就是最好的文化生活。读者来图书馆吟诵诗歌，欣赏美术作品，也是得到了文化享受。

长期以来，我都认为图书馆工作是一个受人尊敬的职业。高尔基曾经说过"书籍是人类进步的阶梯"，那么对于图书馆的工作者，我的比喻是"我们图书馆工作者就是扛梯子的"，我们给读者扛梯子。

有一段时间大家都在讲图书馆精神，还有人在研究图书馆精神从何而来。我对此也有我的看法。图书馆精神是什么？这要先从图书馆怎么来的说起。图书馆是随着人类文明的进步而逐渐产生的，有了图书馆才有了图书馆学，有了图书馆才有了图书馆精神。图书馆精神从哪儿来？我认为是从图书馆里来，是从图书馆员这个职业中来。说到图书馆精神，我认为它实质上就是一种无私奉献的精神。图书馆借图书给读者，是希望读者可以通过阅读，得到精神上的愉悦，学到技术，提高文化，创造财富。而在这个过程中，图书馆不会因为借给读者一本书，就要求读者回报什么，图书馆就是把知识无私地奉献给读者。这个精神就是图书馆精神，这个精神就来源于我们这个职业。所以，某个市的图书馆曾经让我题字，我写了四句话："书山铺路者，学海驾舟人。红烛精神美，读者做知心。"什么意思呢？我们讲图书馆好比书山，好比学海，在书山上我们愿做铺路的人，在学海当中我们甘做驾舟人,这些都体现了图书馆人的红烛精神,燃烧自己,奉献他人,同时我们也把读者一直当作知心朋友。我写的这四句话是对咱们图书馆工作人员的一种赞誉,也是我工作一生的感悟。

2017年9月刘德原于家中接受首都图书馆口述采访

随着经济的腾飞,建设文化强国的需要,我们国家的图书馆事业已经步入了网络化时代、数字化应用的时代。图书馆工作已经向着更广阔的服务范围、更深层次的服务方向发展。能够让全国人民平等地享受公共文化,这是我们的目标。但是实现这个目标,我觉得还有许多课题需要我们做更深入的研究,并实际地去解决一些问题。比如说现在的以县图书馆为总馆,乡图书馆或者乡文化站为分馆,村为点的分布模式,从县到村的图书采购应该怎么管?图书的补充、更新怎么办?还有一个大问题,即村的图书室由谁来管?是每个村里派一个图书管理员还是靠村子里边的人来兼职？现在大家也在研究用义工、志愿者。我觉得是要进行这样的研究，但是不管是义工还是志愿者，都牵扯到一个组织问题，这个组织它需要有人管理。按照我的经验，没有专人管理，完全依靠义工不太可能，起码要有个能负起责任的兼职人员。那么一旦设置了专人来管理图书室，这个管理员也要生活，那这个人归哪儿管就又成了问题，归村里还是归县里？如果归县里管，一个县有几百个村子，一个村子一个图书室，那一个县图书馆能管得过来吗？如何解决这个问题是我一直在关心的。全民要均等地享受公共文化，这是目标，但是要实现这个目标，我觉得任重道远，也亟须研究。

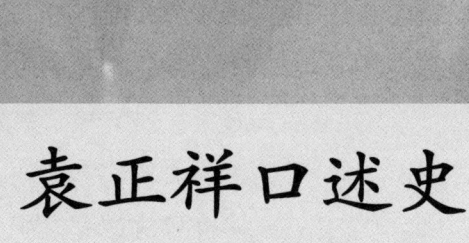

袁正祥口述史

赵 燕 辛 影 访问
辛 影 赵 燕 整理

第一批中国记忆"中国图书馆界重要人物专题"共建共享项目

实施单位

新疆维吾尔自治区图书馆

建设时间

2016年4月至2016年10月

工作团队

负 责 人：历　力

访　　问：赵　燕　辛　影

文稿整理：辛　影　赵　燕

影音记录：辛　影

速　　记：赵　燕

剪　　辑：辛　影

资　　料：辛　影　赵　燕

袁正祥，男，汉族，1929年12月出生，青海民和人。中共党员。图书馆管理专家。新疆军区八一农学院（今新疆农业大学）图书馆研究馆员。曾任该馆副馆长、全国高等学校图书馆工作委员会委员、新疆图书馆学会专业教育委员会主任等职。1949年参加中国人民解放军，1956年被选派至北京大学学习，进修图书馆学专业。在工作期间为学院图书馆20万册各文种图书制定了比较完整的编目规则，编写了《八一农学院图书馆工作手册》，为八一农学院图书馆的发展奠定了良好的基础。著有《巩宁城今昔》等。

求学经历

我叫袁正祥,生于1929年农历腊月初一①,乳名"初一存",昵称"尕存",青海省民和县联合乡下塬坪人。

我受教育的经历,可以说不是一帆风顺,而是崎岖艰辛。我的学业是分三段来完成的:第一段是小学;第二段是在业余文化学校,完成了初中、高中的各门课程;第三段是到北京大学图书馆学系,完成图书馆学专业的学习。

2016年,袁正祥在新疆农业大学校园内接受采访

---

① 指1929年1月11日,农历戊辰年腊月初一。

小学读书

小时候由于我的父辈中没有一个识字的,因而他们深受作为白丁的痛苦。比方说,我的父亲由于生活问题,曾做过小本生意,卖一些头绳、针线之类的日用品,每天挑着货郎担,摇着拨浪鼓,走村串巷换粮食。粮食他挑不动,过几天骑着毛驴去收账,不识字他这个账就收不了。但是他有账,用什么办法呢?是用点点圈圈或长短道道来做他的账。这未免有些遗漏,按他自己的话说,就是"睁眼瞎"。所以,他因为受了这样的痛苦,就想在我这一辈人中间培养出一个识字的人,就是有文化的人。我哥哥9岁的时候,家人送他到离家十余华里的黄池田家小学去读书,家里人希望他成才。但事与愿违,我哥哥不愿学习,几个月后,就退学回家务农。

10岁那年,我背着我哥哥背过的书包,手里提着装有白面馒头的篮子,由大人领着,到我哥哥上过的那个学校去报到。看到老师,我就给他磕了三个头,然后,双手递给他装有馒头的篮子。老师接过篮子后说:"好好学习。按时到校。"老师的话不多,只有两句八个字,但是我把它记在脑子里,刻在心坎上,晚上睡在炕上,反复想着老师的教导。第二天吃过早饭我告别奶奶,一溜烟跑到学校,在老师指定的位置坐好。等了一会儿,同学们到齐了,老师在讲台上对大家说:"今天开学了!同学们要好好学习!不要迟到早退。"老师又说:"我先点名,叫到哪个同学的名字,就答'到'。"点完名之后,老师还说:"现在选举班长、副班长。"班长由四年级学生中提名,副班长由三年级学生中提名,然后举手表示通过。班长选完之后,老师宣布说,班长维持课堂秩序,负责带领同学们打扫室内外卫生,副班长协助班长工作。之后,老师让班长领同学们去搞室内外卫生,下午开始正式上课。不久,室内外卫生搞完了,同学们都带着干粮去了离学校不远处的一个叫"泉儿沟"的地方。这里有一片沙滩,用手刨一个小坑,一会儿清水就能聚在那个小坑里,同学们一面玩耍一面午餐。到了下午同学们又回到教室,不久老师进教室门,班长就喊:"起立!"老师说:"同学们好!"然后同学们坐下,老师就开始讲课了。

这个学校只有一间教室,一年级到四年级的同学都在一个教室上课,第一排是一年级的学生,第二排是二年级的学生,第三排、第四排是三、四年级的学生,每一个年级有四五个学生,加起来有二十多个。老师姓刘,名叫刘勋,视力不好,经常在黑板上写错字,发现后又把它改正过来。老师站在讲台上说:"二、三、四年级的同学先预习过去学过的课文,一年级同学打开课本,我读一句,大家跟着读一句。"那时候念的书是《三字经》,老师就读道:"人之初,性本善……"同学们就跟着念,读了好几遍,老师说同学们不但要会读,还要会认和会写。老师又领读了几遍,然后就给二年级学生去讲课了。我们一年级的学生便开始复习,四个年级的学生在一个教室听课,复习时不能大声读出来,是默读,是心里读,然后按老师写的字和字的笔画来复习。放学后,我在回家的路上也是一面读、一面认、一面在地上拿个棍子写,晚上在家再学一会儿。从此,我不管是刮风也好,下雨也罢,虽然学校离家的路比较远,但我从来没有迟到或早退,一直坚持好好学习。

这个学期快结束的时候,发生了一件意想不到的事情。我跟平常一样,到学校听老师上课,忽然在教室里昏倒了。等我醒来的时候,时间已经是中午时分,我趴在吊在树杈上一只公羊的肚子上,看到家里人为我忙碌着,一会儿我哥哥拉来了一头毛驴叫我骑上回家。在回家的路上,我的三叔对我说,你得的是"羊羔疯",你的肚子趴到羊的肚子上,把毒气拨出来就好了。快到家的时候,家里人焦急地在大门口等着,我由于非常疲倦就去睡觉了,我三叔给家人们解释我的病情。我在家只休息了一天,就去学校上课了。

到了第二学期,我转学了。我的三姑父在总卜小学当老师,我就转到总卜小学,吃住在三姑姑家里。那个学校比黄池小学条件好,学校在一个山坳里,去学校要经过一片竹林。我之前没见过竹子,更没见过竹林。竹林里有一口清泉，再往前有一座小庙，庙里除神像外，有两个教室，一间是一、二年级的教室，另一间是三、四年级的教室。我姑父教一、二年级，我就在姑父教课的班上学习，我姑父对我要求很严，轻则打手掌，重则打屁股。有一次，他叫我背书，我背错了行，他叫："停！看书！"我没看清楚，他又叫我背，背到那儿还是错，就打了我一次屁股。从此，再没发生过这样的事情。这个学校环境比原来的好，我学习的积极性就更高了。但好景不长，我的三姑姑没到半年时间不幸得病身亡，我只好回到原来那个学校上学。

到了四年级的时候，家里人给我定了亲，就是现在的老伴。那个时候男女之间是不能互相见面的，她见不了我，我也见不了她。有一年春节晚上看社火，经同学指点，我从远处看了她一眼，之后，再也没有见过她。四年后我又转学到巴州乡的一个中心学校上学。这个学校有四五十个学生，有校长也有六个老师。学生可以住校，有些老师家比较远，也是住校的。当时，我为了减轻家里的负担，一面给老师做饭，一面读书，完成了两年的学习。小时候，我做的饭不是很好，只是擀面条、烙饼子之类，缺的课程由有关老师给我补上，就这样学到六年级毕业。

要饭背煤

1944 年的冬天，时任青海省主席的马步芳，借抗日为名，扩充他的统治势力，决定实行"三丁抽一"①政策。我家有父辈五人，加我哥哥共六个人，按他的规定，就要两个当兵的。我哥哥去验兵，由于他患眼疾验不上，家里人没办法，就东躲西藏到处逃跑。我从学校回家后，跟家人一样白天钻到山洞里，晚上就出来找吃的，或者是研究对策，或者是探听消息。抓兵的风声越来越紧，我们都在自家附近的山洞里藏着，晚上听到家里狗叫的声音，就偷偷摸摸走到家门口附近探听消息。风声越来越紧，家

---

① 每户有三个成年男人的，就叫三个壮丁，"三丁抽一"即从三人中抽一人去当兵。

人决定叫我跟一个邻村姓王的到另一个安全的省——甘肃境内躲兵。我俩坐上羊皮筏子过黄河，过了黄河就到了甘肃境内。那时候，我年龄很小，我俩想一面要饭，一面做工。结果求工的时候没人要我们。原因是，那个姓王的年龄比较大、比较壮实，要他不要我。而家里人把我托付给他，他不好把我甩掉。所以，我俩开始的时候，每天要饭。当时要饭的人比较多，一天要不上半个转包城。什么叫"转包城"呢？就是把黑面装在里边，周围包一些白面圈起来，像花卷之类的馍馍，有钱的人家把转包城里的白面吃掉，剩下的就是半个黑面馍馍，一天能要到半个黑面馍馍，就相当不错了。我们白天要饭吃，晚上找个避风躲雨的地方过夜。

有一天，我们看到一个招工的告示，告示说，管吃管住，还发工资。我俩应召了。去了之后后悔了，因为这是国民党的军队治理黄河，把一些民工抓去当苦力的。告示是骗人的，每天背石头、背沙子，劳动很累，晚上不能睡觉，民工们只能坐在帐篷里打盹儿。劳动很重又吃不饱，但是不好好劳动，就皮鞭缠身。还听说，前两天有两个年轻人，被抓去当了兵。哎呀！我俩太后悔了，我们是为了躲兵出来的，现在自投罗网！到了半夜，就是天快亮的时候，周围有站岗的，我俩偷偷绕过岗哨，离开了那个是非之地，去了甘肃永登县一个产煤的地方。这个产煤的地方有我认识的一个人，他姓梁，是一个开煤窑的。怎么认识的呢？我三姑姑还没出嫁的时候，他曾来我家提亲，所以，我认识这个姓梁的。我就到他家说明来意，他说："我知道你是上学的，我刚好缺一个记账先生，你如果愿意的话，在我这儿当记账先生吧！"我当然很高兴，但是我那个同伴又怎么办呢？那个姓梁的看出这个情况，他对我的同伴说："这个地方有个白银厂正在招人呢，你愿意的话我托人去说，你到那儿去！"他很愿意。然后，他将我领到煤窑去熟悉情况，教我怎么记账，怎么管理等，就等于现在的岗前培训。我的文化水平不高，但记那点账，还是绰绰有余的。

过了几天，我觉得光给他记账，他不一定给我钱，我还是自己下窑背煤吧！有一天拿事①到上房来，我对他说："我要下井背煤，你能不能给我准备一副煤曳（包括背垫、背篓、"猫儿"和刮板），要特小号的。"背垫就是背上垫的垫子，背篓就是装煤的筐子，"猫儿"就是挂在腋窝底下的照明灯，刮板就是刮脸上汗水的牛肋条。那时候，买不起毛巾，而且井下非常热，毛巾是擦不干汗的，用牛肋条从脸上一刮，汗会像水一样往下淌。第二天，拿事领来一个负责给我挂煤曳和领我下井的人，那人就给我示范，如煤曳怎样背，绳子怎么拴等。然后，他一边说，我俩一边往煤窑井下走。煤窑里先是一个陡巷，就是直上直下的一个井，大约有一百来级梯子。下完陡巷就是平巷，说是平巷，实际上像蚂蚁穴，就是挖过煤的地方。我俩下陡巷时，因为我第一次下那么多的陡巷梯子，腿有点发颤，我暗想如果背上煤，腿更加发抖，不知还会发生什么事儿，就觉得自己想背煤可能还背不成呢！在平巷里一个坑一个窝的，很难找到路，他给我说："你一定把回来的路看好，要不然进去出不来，进去容易出来难。"我俩再往前走有一个水巷，什么叫水巷呢？就是流水的巷道。他跟我说："你过水巷的时候必须要慢，而且要用脚摸地下，摸准了以后再抬脚。"我俩脱了鞋子过了水巷，又到一个非常狭窄的地方，空手可以弯弯腰过去，如果背上煤必须趴下才能通过，但不是很长，一米左右，是非常难通过的。过了狭窄的地方之后，有两条正在挖煤的巷道，他说："你在这儿装吧！"我就装了煤，回到原来的路上，经过平巷，上了陡巷。背的也不多，因为是第一次，多了怕背不动。

从这以后，我就一天背两次煤，卖煤的钱归自己零花，所以，心里还有点安慰。煤窑上有好多忌讳，一个忌讳是开水开了不能说"滚了"。为什么怕"滚"字呢？因为那个陡巷上，不小心人就滚下去死了，这是非常

---

① 拿事，即负责煤矿井底下工作的人。

忌讳的，不管谁说，别人听到以后，非打死你不可。第二个忌讳的就是"猫儿烫"了，挂在腋窝下的灯把你烫了一下，不能叫"烫"，叫"烫"同样是犯了忌讳。因为井下温度高，在这种情况下如果体温升高极易晕倒，所以忌讳说"烫"字。那要叫什么呢？叫猫儿"舔了"。这些忌讳必须遵守。煤窑上一切都是黑东西，那个黑面馒头，用黑手一抓，整个馍馍更加黑了，吃的都是这些。旧社会背煤是最累最重的苦力。我当时觉得，背煤虽然苦，但能有一点微薄收入。再说，我是躲兵出来的，到现在为止没有把我抓去，心里有点安慰！但好景不长，没过两个月，我的四叔找到我说："家里人东跑西藏的，春耕粮食种不上，还是决定你去当兵！"我服从家人的决定，就离开了煤窑。当时我也想过，三个壮丁抽一个当兵的，六个壮丁抽两个当兵的，我不是壮丁，为什么把我送去当兵？我心里虽有点怨言，但不敢反抗，还是服从家人决定去当了兵。

投笔从戎

1945年5月8日是我离家当兵的日子。从煤窑回家的第二天，家里人号啕大哭，像送葬一样，把我送到一个山顶上，直到看不见为止。我的三叔是家里的掌柜，他领着我去验兵，我们到县上，验兵的地方在享堂，我们到县城离享堂还有几公里路，他带我理发、吃饭。往前没走多远，看见远处排着一列横队，就是验兵的场所。当时，我看了半天，没有一个人出列，就是说一个人都验不上。我还没有到跟前，那个验兵的便招手让我到他跟前。我去了之后他问我，"尕娃①识字不？"我说："识一点。"他说："写一写。"我就在准备好的白纸上用毛笔写了"当兵"两个字。他一看："哦！这尕娃字还写得不错嘛。"就叫一个当兵的把我送到十三团二连，给连长讲："暂时编在你们连里，这尕娃识字。"连长是个回族，在马步芳部队里，当官的大部分都不识字，那些排长连长都是文盲。他就觉得来个识

---

① 尕娃，即小孩。

字的人，有文化有可能将来当上官，比他高了不好办。他存有这种心理，就跟文书说："领去帮你抄花名册。"文书领着我把准备好的花名册让我照抄一遍。其实我小时候练过字，在方砖上用泥水和毛笔练字，写的字还是可以的。等一张抄完了，文书拿着花名册，给上面看字去了。我从文书办公室出来之后，我的三叔还在门口等着。三叔带着微笑，一方面，刚才这一幕他都看见了，另一方面，他觉得回去可以耕田了，再不用到处跑了。文书回来后，连长又对文书说，把这尕娃领到十一班，给班长交代清楚，暂时编在他们班，帮你抄写花名册。文书领着我到十一班，见到班长说："连长说了，他暂时编到你们班里。他识字，可以给我抄写花名册。"班长听说我识字，心里想，这可是宝贝啊！在马步芳部队文盲多的情况下，不管是班长也好，排长、连长也好，都求我写家信，看家信。领我的那个文书，他的字也没有我写得好，对我也赞不绝口。在一般情况下，军队里当兵，尤其是新兵，那是非常受虐待的。我识两个字，他把我抬高了一点，也就是训练的时候，叫我打个靶什么的，此外，就给文书抄抄写写。说是抄写花名册，实际上文书和我两个人每天也做别的事，哪儿有那么多东西可写的。就这样过了一个多月，传来部队去新疆的消息！

这个部队是骑兵部队，过了几天，从牧场赶来军马，要喂养半个多月时间，才能离开。这些军马虽有一点散群放牧形成的野性，但又不乏其通人性的本能。在放牧的阶段，它们几年和人不在一起，野性就出来了。我们开始抓马，后来钉马掌，再后来就是练习骑马。人和马渐渐熟悉了，人接近时马就不那么惊诧了，很快就能驯服它。那时，我十四五岁，身体又比较矮小，但我不怕死不怕苦，上马我可以跳上去，下马我可以跳下来，经过骑马训练，上下马动作一般都能顺利完成。有一天，一个当兵的把我领到团部说是有事，同去的还有两三个跟我年龄差不多的人。一个军官开口说："部队要到新疆去，新疆很远，你们年纪小，如果不愿意去的话，可以留在82军服役。"当时我先开口说："别人能到我也能到啊！我愿意去!"结果,一个当官的把我领到连长那儿,对连长交代说:"这尕娃很勇敢!他愿意去新疆,你们在路上好好照顾他!"听起来这只是一句话,实际上他确实是这样做了。

西出阳关

1945年6月20日,我随骑五军部队开拔新疆。从享堂出发的时候,在道路两旁全是人,我的奶奶和家人不知在什么地方,我没看见他们。第一站到青海省会西宁,马步芳给我们牛肉、马肉慰劳了一番。然后,我们到青海省门源县的牧场牧马一个月。我们每天除了牧放马,还有一个科目就是抓马训练。战马成群时是不容易被抓到的,在马群里也有领头马,它往前一跑所有的马都跟着跑了,所以,在抓马的时候,有些人被踢伤,也有被踏死人的情况,马很不容易抓到。我非常喜欢我的马,它是一个矮个子马,面部有点白色,我经常拿馍馍、饲料之类的东西去喂它。它远远地看见我,一喊就来了。我把东西给它喂上,拿刷子刷刷它的毛。马通人性啊!它用头抵着我,表示有一点友好的意思。一个月之后,就开始往新疆走了,没走之前,我看见了两件事,使我心里非常难受。有一个当兵的背着马鞍子、枪和行李,手里牵着光背马,很吃力地晃晃悠悠地走着。后来听说,他不小心让马鞍子把马背压出了一个疙瘩,所以罚他背马鞍。第二件事情,有一天,全连官兵集合在一起,有个军官领着两个当兵的,抬着五六个死人头,来到队列前,指着死人头说:"想当逃兵的人听着!这就是当逃兵的下场!"这两件事,虽然对当时的部队起了一点威慑作用,但它充分表露了旧社会和旧军队恶毒的一面。我当时有点害怕,但也没想过当逃兵,如果我想当逃兵的话,就不到新疆来了。当时部队白天放马,夜间行走。夜晚行军是很困难的。每次行军开始走的时候,我是随着部队走的;天黑以后,我就骑到马上睡觉,信马由缰,马走到哪儿我也不知道。有一次,我骑在马上做梦,梦里我走到一个清泉边饮马,嘴里还嘘嘘出声。醒来一看天已经快亮了,眼前尘土飞扬,我知道部队就在前边,赶快加鞭追赶。人困马乏，自顾不暇，班长知道了也不追究。因为，我有一个"这尕娃愿意去新疆，你们路上好好照顾"的尚方宝剑。一天晚上，部队正在行军的时候，忽然雷鸣电闪，大雨倾盆。听到停止的号音，人们就在马肚子底下躲雨。第二天传来消息说，马肚子底下躲雨的人，有的被马踏伤，有的被马踏死。以后，改为晚上牧马，白天行军。

　　部队走到一个叫野马滩的地方，沿途看到被前头部队射杀的野马、野牛、野羊的尸体，有的已经腐烂，有的鼓胀起肚子，有的被割走了大腿……给野生动物带来了灾难。过了草地，到戈壁滩，最大的困难是缺水。家里人给我做的一双鞋子，叫牛皮窝窝，是用生牛皮做的，用水泡软，里面装上草才能穿。缺水的时候，用马尿搞湿装上野草也行，还有一个办法就是用自己的尿液浇湿，装上野草也能穿。

　　到了玉门关，部队缺粮，三天没吃饭，第一天以水充饥，第二天、第三天就不行了，人们全躺在帐篷里动不了。到了第四天粮食来了，叫做饭的每人分一点炒面，搞成稀糊糊慢慢喝。有的班不听劝告，偷偷烙饼子，吃后肠子挣断，人死了。吃糊糊的人一点一点地吃，慢慢就好了。在玉门关就想到人们常说的一句话，"到了玉门关，两眼泪不干，向前看戈壁滩，往后看鬼门关"，是非常凄凉的景象。戈壁滩行军，水是很难解决的。后来，部队下了一道马上驮水的命令。这样一来，人不能骑马就更辛苦了，马的负担也更重了。戈壁滩上的水是一种咸水，喝了很不舒服，严重者会拉肚子，但没有办法，还得用咸水做饭，用咸水解渴。到了一个兵站先做饭，做饭哪有现成的烧柴，戈壁滩上哪有牛粪马粪的，都没有啊！在草地里还好一点，捡些湿草，烧的时候，拿羊皮做的吹火器，先把湿草水分吹干，然后点火。要把以一个班为单位的十二个人的一顿饭做熟，时间是很长的。有时，刚好把饭做熟了，还没有到嘴里，备马号一响，就得赶快把饭倒在地下，收拾伙食垛子，哪儿还有时间慢慢把饭吃完再走，不行的。所以，在行军中，缺吃少粮，时饱时饿，属正常现象。多数情况下，一天一顿饭是可以吃上的，这就是戈壁滩上行军的一些困难。

有一天晚上，我们走到安西（今甘肃瓜州）。安西那个地方一年只刮一场风，从春刮到冬，这一场风是不停的。天亮一看，只见安西城的城墙外的沙子，一直堆到城垛子上，形成了一条路。我们目睹了人们说的"一年只刮一次风，从春刮到冬"的这句话。到了星星峡，星星峡是甘肃跟新疆交界的地方。星星峡石山环抱，遍地沙砾，没有树，不长草，风起则飞沙走石，风息则酷热灼人，一片荒凉景象。大部队行走，扬起满天灰尘，遇到刮风，流沙满天，耳朵、鼻孔、眼睛内全是沙尘，吃进胃里的也不少。只有在遇到水多的兵站时，才能漱口和洗脸，还不能浪费。走到哈密时，我们休整了一个礼拜，检查人员伤亡、军马倒毙和军械丢失情况。虽然没有公布检查结果，据说人员死亡、枪支弹药丢失等为数不少。从哈密再往前走，经二堡、柳树泉、一碗泉即到七角井。当时，新疆省（代）主席朱绍良命令"骑五军抽一个团的兵力先达迪化①"。军部据此电令，派我所在的十三团坐汽车火速赶到乌鲁木齐。我们这个部队，就从七角井改乘汽车赶往乌鲁木齐，把马交给别的部队。我与马分别的那天，抱着马头，恋恋不舍，不由自主地流出了热泪。我的马非常安全地把我驮到七角井，我对它非常感谢。离开时，我流眼泪，马也流了眼泪，真是通人性的。

我们从七角井坐汽车到了乌鲁木齐，住在小东门外，过了一个礼拜，后面的大部队也来了，我们共同举行入城仪式。我们由青海省民和县享堂镇出发，历时108天，行程4000余华里，终于在1945年秋天到达了目的地——新疆迪化。到新疆不久，从各骑兵部队传来噩耗，每天有几人死亡，有说是肺痨而死，还有说尘土堵肺门而死。虽不知何病，肯定与长途跋涉劳累有关。我所在的那个部队驻扎在米泉一带，我由于一路疲劳过度，加上得了痢疾，病倒了。连长叫我去放牧几只羊。

---

① 迪化，今乌鲁木齐。

我们之后又换防到头屯河,那里原是苏联人搞的一个钢铁厂,苏联人撤走时,将钢铁厂破坏殆尽,只留下两栋破旧楼房。楼里有取暖的"壁炉",外面是铁皮包着的,里面用土块垒起来的,因年久失修,烟囱被烟灰堵死,而火烟倒流。我们就住在这样的旧楼房里,每天晚上要死几个人,早上抬出去埋掉,死因是一氧化碳中毒。时人不知其理,讹传闹鬼,一到晚上怕鬼缠身,越怕越靠近火炉,好像与火光越近越安全,其实恰恰相反,死的人更多了。我为什么留了一条命,没有死呢?当时给部队每人发了一斤驼毛,让大家捻成线织成毛背心,限时验收。因为,我小时候就会捻线、织毛衣、毛袜等,对我来说这是驾轻就熟之事。所以,我一到晚上就在煤油灯下,教别人捻线、织毛背心,有时,还帮别人写信,读家信等,没有机会到壁炉跟前,就免了一死。

这一段我讲得长了一点,简而言之,就是我在小学期间,中断了学习,被马步芳部队抓去当兵,又到了新疆。

夜校习文

我受教育的第二阶段,就是在业余学校学完了初、高中各门课程。这是新中国成立后的事。1952年8月,新疆军区八一农学院成立,地址在老满城。这一年的年底,又成立了业余文化学校,为什么成立业余文化学校呢?因为八一农学院是从部队转过来的,各级领导或者工作人员,文化程度一般都不高,甚至有些人不识字,要管理高等学校,显然很不适应。成立业余学校,培养这部分干部是办业余文化学校的初衷。当时共成立了三个班:第一个班叫识字班,就是针对不识字的,或识字不多的人,人数还比较多,从识字开始;第二个班叫速成班,针对识一点字,但程度不高,想用快速的办法从一年级往上学的人;还有一个班叫提高班,就是从初中开始学习。我就参加了提高班学习。业余学校是在八一农学院内部成立的,农学院领导非常重视,希望能很好地培养这些干部,让他们不断提高科学文化水平,以便逐步适应管理工作的需要。中层领导也非常重视业余学校，保证了晚上、礼拜天的学习时间。业余学校老师是从新参军的青年中选拔了十几位当文化教员，给八一农学院的学生教文化课。参加文化学习的学员们，学习努力，非常刻苦。如农学院最早的党委书记，名叫孟梅生，他参加了速成第二班学习。他识些字，是从革命部队中学来的，但程度不是很高。他学习努力，积极认真，经过几年学习，对他的工作和文化程度有很大提高。我当时在初中班。经过了几年（1952—1956年）的努力学习，我学完了初中和高中的全部课程。

北大进修

到北京大学图书馆学系进修（1956—1958年），是我完成学历的第三阶段。1954年，新疆八一农学院调我到图书馆担任领导工作。当时，农学院图书馆初建，规模较小，工作人员少，条件很差，要求很高。老师上课时没有教材，学生学习没有参考书，仅有的几万册图书，于1954年图书馆失火时损坏了一部分，加上管理不善，丢失不少。在这样的情况下，领导很着急，老师同学们意见很大，供求关系十分紧张，压力全在我身上。我向领导提出，能不能派人到北京大学图书馆学系进修。领导同意，一面向北大联系，一面物色人选，条件是不论男女，年龄在20岁到25岁，高中文化程度，愿意做图书馆工作的。条件虽然不高，但物色的几个人，都不愿意去学习。一是他们不喜欢图书馆工作，当时图书馆地位比较低下，人们把图书馆看作后勤仓库、库房等，没有像现在评价这么高，还有就是因家庭经济困难而不愿离开。有一天，时任院党委书记孟梅生同志碰见我，对我说："没人去，你去学，你愿意去吗？"我嘴上说自己文化程度不高而推辞，内心里我非常希望去学习。他看出我的心思，然后说："就这么定了，你去学吧！"

1956年乌鲁木齐还没通火车，我坐了一辆卡车，中途换火车，经过四天五夜的时间，才到北京。我没坐火车之前，有人说坐火车很累，我不相信，坐火车有什么累的啊！到京后，我的两腿都肿了。那时候的火车不像现在的,(那时烧煤,)坐得人的眼睛鼻子全是黑的。我下了火车,叫了一辆出租车。我说到北京大学,他把我拉到北大的旧址沙滩了,一打听才知道,北大已经搬到西郊海淀了。我又与他重新议价后,才到了西郊北大。我到北京大学图书馆学系,见了系主任王重民先生,他非常高兴地说:"欢迎你的到来,我们已经接到你学习的公函,而且做了安排,你的导师是陈鸿舜副教授。"当他把我引荐给陈先生的时候,我脱帽向陈先生鞠躬,然后说:"陈先生,我的文化水平很低,希望你多费心。"陈先生笑着对我说:"你能看报纸吧!"当我给他汇报我在业余学校已经把初中和高中的课程全部学完了的时候,他高兴地对我说:"那没有问题啊!你的文化程度不低啊!"然后他说:"你一路辛苦了,先去休息,过几天我们再定进修计划。"

1957年北大进修时期,袁正祥(右)与同学严仁辑合影

之后,系里的行政秘书把我领到北大的有关单位,办理食宿手续。最后,我见到了系党支部书记,我把党组织关系交给他,他高兴地说:"我们的领导力量又增强了,希望你多做一点社会群众工作。"当时,他还通知我说:"明天我们要召开支部大会,希望你参加。"我第一次参加支部会议,会上被选为党支部的副书记,主要做学生的思想政治工作。第二天,他又碰见我说:"教工选你当工会副主席,工会主席是陈先生,是你的导师。"我点头答应,心里暗想,这两个职务,一个是党支部副书记,一个

是工会副主席，可能对我联系群众或熟悉老师以及学习是有好处的。但我又觉得有可能，在工作或学习的时间上，会发生矛盾，或对学习有一定的影响。过了两天，我到陈先生的办公室，他拿出拟好的进修计划，对我说："两年内你要学完两年半的课程，是非常吃力的，你能行吗？"我说："行！"他说："要么减去两门课吧！"我说："不减！一门也不减！"我接过他拟好的进修计划，写了同意两个字，同时签上了我的名字，陈先生也签了名，由教学秘书送到北大教务处，一是备案，二是按计划实施。开学后我一面感到紧张，另一面觉得忙不过来。紧张到什么程度呢？有一次我紧张得摔倒了：中午在睡午觉的时候，我看错了时间，把秒针看成了分针，一轱辘从床上爬起来就摔倒了。因为我一人一间房子，不知道过了多久，等我醒来的时候发现自己躺在地下。还有一次，学校召开支部书记会议，我们系的支部书记，是老师兼任的，他找到我说："今天我的课程实

1957年北大图书馆学系欢迎苏联图书馆学专家雷达娅，在颐和园
西湖边餐厅聚会，餐后合影
一排左起：舒翼翚、陈鸿舜、王重民、雷达娅、刘国钧、邓衍林，
三排左一为袁正祥

在调不开，你去参加一下会议吧！"我就去了，但耽误了两节课。课外活动时间，我本来安排了复习课程或学习外语，但不是团支部开会就是和同学交谈。我当初想到的，有可能工作与学习的矛盾已经出现了。我就觉得自己太忙了，我主要是来学习的，我做这么多群众工作，有思想负担，影响了我做群众工作的积极性，心中产生了想少搞点工作，多学点知识的想法。此时，新疆八一农学院党委孟梅生书记到北京开会，我向他汇报了我的学习情况。当谈到我担任的社会工作多，影响学习的时候，他说："你是图书馆的领导，你一方面学习图书馆学知识，另一方面，还要做群众工作，以便提高领导工作方法，怎么是影响学习啊？"我马上想到毛主席说的"读书是学习，使用也是学习，而且是更重要的学习"这句话。事后，我从改进学习方法入手，解决了我思想上的疙瘩，学习工作两不误，又恢复了原来做群众工作的热情。

1958年秋天，全国高等学校图书馆工作会议在北京召开，我接到学校通知，代表新疆八一农学院列席这次会议。高等教育部召开的这次会议，对高等学校图书馆的性质、地位、作用、经费、干部等，都有详细的规定，对我的学习有很大的帮助。到了第二年，就是五四青年节的时候，国家领导人和北大学生在中山公园举行了一次联欢活动，给了图书馆学系两个名额，男女生各一名。经党支部研究决定，我作为研究生去参加这次活动，第一次零距离见到了周总理和陈毅副总理，跟他们握手、跳舞，享受了一次特殊待遇。还有一次，就是对知识分子社会主义教育，举行了一次赴外地考察参观活动。这次活动给了图书馆学系一个名额，经党政工会研究，让我以进修教师名义参加。我用一个礼拜时间，到东北参观了大连造船厂、鞍钢的无缝钢管厂，对我教育很大：既看到了国家工业建设的大发展，也看到了海防建设成就，让我受到了很大鼓舞，这是我第二次得到的特殊待遇。学期结束的时候，我向我的导师陈先生递交书面总结，总结了这一学期学习的情况，然后拟定了下一学期的学习计划。平时听课中，有什么不明白的，我经常请教我的导师陈先生，每次他都能很好地给我解答。我和陈先生，一方面是师生关系，另一方面他是工会主席，我是副主席，是工作关系。我非常尊敬他，他也非常爱护我，相互之间非常亲密，非常和谐。在北大期间，虽然工作学习时间比较紧张，但我觉得很愉快。凡是上课的老师，我们都很熟悉，特别是青年教师，因为青年教师中有的要求上进，有的提出入党，我是党支部副书记，应特别关心他们。我和同学的关系也是非常好的。尽管困难很多，例如家庭的困难，经济的困难，等等，但我从小就非常喜欢学习，在这样一个美好的环境里，我觉得非常愉快！尽管那时很忙，许多休息时间被占去了，但在我心里却没有不好好学习的任何私心杂念！

学习快要结束的时候（1958年春），系里安排我用一个月的时间，到中国人民大学图书馆进行实习。中国人民大学图书馆把下属部门一律称科室，如采录科、流通科或办公室等。我从采录科开始到其他各科室进行实地操作、记录。各科室实习完之后，所发现的问题或不清楚的地方，我都要向科室负责人请教、讨论或商量。实习结束后，整理记录，作为实习报告经我的导师陈先生审阅、通过后，送北大教务处备案存档。在实习过程中，我发现了一个问题。什么问题呢？我觉得图书馆的工作，是承上启下的，应前后一致，随意性不能太强，否则容易造成混乱，失去连续性，业务人员就无法进行工作。如何解决这个问题才好呢？我想了好长时间。如果，编一本图书馆工作手册，能否解决这个问题呢？我没有把握，就与一块进修的太原工学院图书馆的刘宛佳同志商谈。她是个老同志，图书馆工作时间比较长，我把想法跟她一说，她认同我的意见，她说很好。于是，我俩就用一个多月时间，起草了一个《图书馆工作手册》的框架手稿。这个框架手稿，老师没有讲过，之前也没听说过，我就请教了一些老师，说明为什么要搞这个东西。结果几个老师都觉得，图书馆确实存在这样一个问题，但当时还没有一个好的解决办法。老师们觉得"你这个办法可以试试看,首先在你们图书馆做一个实验"。我把这个东西搞完之后,经过征求一些老师的意见,就把它留作编《新疆八一农学院图书馆工作手册》参考。这是后话。

1958年12月学习结束后,我经过八一农学院领导同意,到东北的十几所高校图书馆去参观学习。通过参观想解决这样一个问题,即所学理论能否与实践结合起来。当时正赶上1958年的"大跃进",东北各高校图书馆也掀起了跃进高潮。许多高校图书馆,在"大跃进"中提出了很多想法与做法。很多图书馆把每个人的想法和意见汇总在一块,按先后顺序作为科研课题来研究讨论,并将好的做法和新经验加以应用或推广。回北京之后,我参加了在北京召开的大中专图书馆跃进誓师大会,我在会上发了言,题目是《东北高等院校图书馆在跃进中》。这篇发言稿被编入《北京市高校展览资料汇编》(1958年10月)内。1958年12月,我要离开北京了。离开时,感激之情在我的内心油然而生。像我这样一个人,小时候家贫无钱念书,后来被抓去当兵。能够有今天,能够到北京大学进修图书馆学专业,我感到非常荣幸。我要感谢党,感谢北大,感谢北京大学图书馆学系。我恋恋不舍地写了一首诗:"今离于北大,何日喜相逢。任去天涯角,情深意更浓。"这是我写的第一首诗。其实我不会写诗,由于感情冲动,就凑了四句。以上就是我完成图书馆学大专这样一个学历教育的过程。就像开头说的,我接受学习的经历,不是一帆风顺的,而是崎岖艰辛的。

惜时如金

我的前半生不论学习或工作,都得过一些不同程度的奖励。三段学习经历的过程中,第一段是在旧社会度过的,第二、三段是在新中国成立以后完成的。第一段在旧社会小学阶段,我得到过口头表扬。第二、三段,我也曾得到过"先进工作者"或"学习积极分子"的奖励。不过,我把这种奖励和荣誉作为前进的动力,没有因荣誉而产生骄傲、不求上进或自满等情况。学习中的困难是免不了的,而且是很多的。我最大的困难就是工作与学习时间的矛盾。我在业余学校学习的时候,一面工作,一面学习,不能在工作时间进行学习,也不能在学习时间搞一些工作,这两个是分开的。做图书馆工作的人,手中全是书,有时候看看报纸看看书时间就浪费了,我不允许别人这样做,也不允许我自己这样做。所以,我对时间分秒必争,抓得很紧。我的学习经历不像学生,从小学、中学到大学,在他们成长的过程中有集中的时间可以学习,我不是这样子。我学习的时间是从生活中争夺来的,利用业余时间、休息时间、礼拜天、节假日等,睡觉时间一般控制在五六个小时之内。那时候,八一农学院起床是敲钟的,起床钟一响,我已经学了一个小时了,不论下雨、刮风都雷打不动,晚上一般都学习到凌晨一两点。我在北京大学进修图书馆学专业的时候,也同样是工作与学习有很大矛盾。虽然工作学习两不误,但主要是利用我的休息时间实现的。如晚饭后,我会到北大图书馆复习功课,一直学到下夜一两点①,然后到饭馆吃一碗一毛钱的面片汤饭,就回去休息。我早晨六点钟起床,一般睡三四个小时,时间都是这样争取来的。所以,我长期养成了分秒必争的习惯。

  我对零星时间的利用也是很注意的,比如看电影之前,必须拿出记外语单词的卡片,看一遍,走路的时候脑子总是想问题,甚至有病躺在病床上的时候,同样不忘学习。所以,我把零星时间全部利用起来,看起来一两分钟,时间很短,但把它集中起来,犹如绳锯木断、滴水成冰,就会有效果。我把时间看得这样宝贵,到现在我还是这样的。时间在我脚下是不会白白流走,时间在我碗边、在我床边也不会白白流走。时间就是金钱!时间就是胜利!

---

① 袁老解释说,当时是"大跃进"时期,图书馆24小时开放。

走上工作岗位

初识图书馆工作

图书馆事业是随着经济、科学、文化的发展而发展起来的。新中国成立初期,各项事业比较落后,百废待兴,人们都从国家建设大的方面考虑问题,有些人把图书馆看作后勤的仓库,是借借还还或保管物品的一个单位。所以,很多人都不愿到图书馆工作。我在北大学习的时候,若问北大图书馆学系学图书馆学专业的同学:"你是哪个专业的?"他很可能不好意思说自己是图书馆学专业的,而说:"我是学文学的。"由于对图书馆工作重视不够,在人员配备方面,一些不识字的人或文化不高的人调到图书馆工作,引起人们对图书馆产生一些不正确的看法。还有些人认为,图书馆只搞消费,不出产品,挣不了钱。这种狭隘的认识,也是一些人不愿到图书馆工作的原因。我从小就喜欢学习,喜欢书,想从书中汲取知识来充实自己。把我调到图书馆工作,后来又去北京大学学习图书馆学专业,就等于进了知识的宝库,进了知识的海洋,就有机会有条件把自己充实好,为人民服务,为社会谋福利。这是我最大的享受。

规范农大图书馆业务管理

我初到八一农学院图书馆去当领导的时候,图书馆工作搞得很乱,这个图书馆成立时间不长,就用过三种不同的图书分类法:第一种是杜定友十进图书分类法,第二种是中小型图书馆图书分类法,第三种是中国人民大学图书馆图书分类法。工作人员也不懂图书馆业务,分类、编目、目录组织以及出纳制度等图书馆业务都不懂。我学完后,离开北大在返疆的路上,就想回去以后,我一定要把图书馆基础工作夯实。如果从原有基础上发展起来,就等于沙滩上建房子,不是很牢固的。学习中,我把所了解的八一农学院图书馆的这些乱象，都在我学的课里向老师或口头或文字地请教过。回到八一农学院之后，正赶上大炼钢铁，我和同志们一块儿拉运矿石。在劳动期间，我经常思考八一农学院图书馆如何改编馆藏图书的四个问题：一是，彻底改革还是局部改良；二是，采用哪种图书分类法；三是，能否将所有中外文图书期刊使用一种分类法；四是，改完后用何种办法保持前后一致、上下贯通。经过深思熟虑，上述四个问题，我分别用脑思、腹稿一齐合成，完成了新疆八一农学院图书馆夯实基础、规范业务管理的草稿计划。把学校图书馆基础夯实，必须将原有的馆藏全部重新分类、编目和排架，必须彻底改革，绝不能局部改良。采用分类法的问题，我在学习的时候，已经了解到，也做过对比。科学专业图书馆，只有两种分类法可选择：一种是中国图书馆图书分类法（简称"中图法"）；另一种是科学院图书馆图书分类法（简称"科图法"）。这两个分类法各有各的优点，也各有其不足之处。中图法，适于综合性或公共图书馆使用；科图法，类目比较详细，适于科学专业图书馆类分图书。从这两个分类法之间选择，我院图书馆显然应选择科学院图书馆图书分类法。下一个问题，就是用一种分类法，能不能分类各种文字图书，当时在学术界是有争论的，认识是不一致的。图书馆用一种图书分类法，好处是显而易见的。我决定把八一农学院图书馆所有文字的图书，一律用科图法类分，这样对读者、对业务工作，都非常方便，甚至把期刊也用科图法相关类目进行分类。最后一个问题就是彻底改编馆藏图书完成后，如何保持前后一致，上下贯通，不再产生乱象。这个问题待后详谈。上述四个问题和一些细节经详细考虑后，对图书馆内的一些党员、团员以及积极分子，我把我的想法一个一个问题地跟他们商量研究，统一思想，变为群众的自觉行动。

1959年，学校任命我为八一农学院图书馆办公室主任兼党支部书记。我组织全馆人员，开展了一场辩论，主题是"改编馆藏图书，大家有什么不同意见"。辩论的结果是，大部分同志觉得，彻底改编比较好，对今后发展有利。还有些同志，虽然同意彻底改编，但觉得工作量太大，20万册图书，按现有人员来搞，得猴年马月才能够完成。针对这个问题，我向大家解释说，学校答应可以从家属里雇两个长期临时工，还可以利用社会力量如退休人员、家属、中小学生、大学生等。利用这些社会力量，经我测算，用一年半到两年时间就可完成彻底改编工作。通过辩论，大家取得了一致意见，并经领导批准，召开了改编图书的誓师大会。会上宣布"新疆八一农学院图书馆改编馆藏图书计划"，会上同志们有些表决心，有的提建议，发动群众，搞得轰轰烈烈。

1959年下半年开始，我们就把20万册馆藏图书，按汉文、维吾尔文、外文的顺序，先进行汉文图书的改编。事先培养了骨干，做了实验，按计划组织人力，能者把关，以"流水作业"的方式实施。流水作业法的全部工序分四个环节：第一，分类编目；第二，加工；第三，登录；第四，图书上架。流水作业是从分类开始的，分类后，将分类号与排架号用铅笔写在书名页右上角，编目员按照"著录条例"规定的项目，刻写目录卡和书卡各一张，夹入书中，经校对无误后进行加工。图书加工包括印刷、粘贴、注销三部分。印刷时，以著录格式刻好的蜡纸除印5张目录卡外，另加印一张登录页，书卡、书标每册书各印一张，印完后，一起夹在书内进行粘贴。粘贴前，先将原来的书标撕掉，再贴上新书标，同时，插换新书卡，再用毛笔涂掉原登录号，然后进行登录。登录时，用号码机在书封面、书名页、封底左上角、登记页、书卡及工作目录卡六处打上相同的号码。登记完毕后，图书入库排架，卡片按要求组织各种目录。

做好校对是保证改编图书质量的关键。因此，必须选派工作细心、责任心强，并且熟悉业务的同志担任校对工作。图书上架是一项繁重的劳动，应事先按大类计算好位置，以免反复倒架，浪费劳力。在利用社会力量方面，即便在每个环节都有把关的，还不放心，经过多次检查，发现错误，纠正后再进行。既然要打好基础，千万不能再乱，再乱了问题就越来越大，就更麻烦了。在馆藏改编过程中，一个关键问题，就是保持工作热情一贯高涨。当时没有钱，连喝一口水的钱都没有，一分钱都没有花，除了买卡片和两个临时工的工资外，没用一分钱。晚上、礼拜天、节假日都没休息，我们晚上一般都加班到十二点以后。过一段时间我就把领导请来给大家鼓鼓劲儿，还有"口惠"，就是表扬一下，没有实惠的东西，就这样保持了一贯高涨的工作热情。有病的同志，带病工作，有事的同志尽量少请假，终于按时完成了改编汉文图书的计划。搞外文书的时候，尽管文种不一样，但因为已经熟悉了这个流程，速度仍比较快。还有一个问题，改编图书和日常工作不能发生冲突，不能把门关起来或图书馆不开放，那是不行的。我们把学生用的主要参考书，通过快速的办法解决，新书随到随整，其他工作是照常进行，也按时开放。还有个问题，就是今后能不能保持一致。我原来学习的时候，拟搞一个工作手册来解决前后一致、上下贯通的问题。

1960年下半年，馆藏汉文图书已改编完成，除少数人继续改编维吾尔文和外文图书外，我们组织编写了《新疆八一农学院图书馆工作手册》（以下简称"手册"）。参加编写的还有祁颐、顾久康、方正和陈玉梅。手册是把图书馆的书刊、工作人员和读者，紧密联系成为一个整体，能够相互联系，上下贯通，前后一致，科学化规范化的一个文本。馆内有的同志问我一些业务上的问题，我有意不回答，让他们去看工作手册。因为工作手册人手一册，我也是遵守工作手册的，也不能乱说，要以手册为依据。所以，工作手册又成了领导的帮手。我们编写的工作手册，虽然有些地方不够准确，不够完善，看起来都是零零碎碎的，但它对新疆八一农学院图书馆的发展，或图书馆各项业务工作的统一，起了十分重要的作用。另外，我在图书馆工作中，比较重视藏书建设。藏书是图书馆存在的基础，藏书建设的好坏会影响图书馆性质，影响读者工作。农业院校图书馆要突出农业学科，应做到经典著作齐备，学科图书齐全。我经常向农大各学科带头人、教授或副教授,了解本学科目前发展动向,或有什么新的著作。这个工作我是经常做的。藏书建设的重点突出了没有?能否形成农业院校图书馆这样一个特色?图书馆必须掌握发展情况,否则是看不清发展方向的。

人在曹营心在汉

我在工作期间,还做了一些其他工作,无论是劳动还是一些重要工作,学校领导在会上都会点名让我去做。如学生军训、夏收、修河滩公路,1960年最困难的时期,让我去食堂抓伙食,兼任林学系的党总支书记等。我把这些工作都作为党对我的培养教育,每次我都愉快地接受了。"文化大革命"后,我被任命为预科部副主任兼党总支书记。任命之后,我就觉得三年荒个秀才,"文化大革命"前后十几年我不搞图书馆工作,如果再这样下去,我就把图书馆的业务荒废了。我虽然在预科部工作,但是人在曹营心在汉。我对图书馆工作是有感情的,因为我学的就是图书馆学专业。新疆维吾尔自治区文化厅听到把我调到预科部当领导,给我透消息说,他们拟请自治区组织部,准备把我调到自治区图书馆去当馆长。在此过程中,我虽然在预科部做领导工作,但图书馆的事,图书馆的会议,我一直是参加的。学生的工作我也尽力去做好。在这个工作期间,我主要做师生的思想教育工作。我还参加了"向解放军学习"的培训班,培养学生的三八作风①。现在是军训,那时是学习解放军的三八作风等。培训班结业后,我回学校代理林学系党总支书记,开展"向解放军学习"的试点工作。我除了在教师中做政治思想教育工作,还要在教学上把关,掌握方向。但我总觉得我做这些工作时没有像我做图书馆工作时那么热情,只是

---

① 是指1939年5月26日毛泽东为延安中国人民抗日军政大学成立三周年所发表文章中的三句话,即"坚定正确的政治方向,艰苦朴素的工作作风,灵活机动的战略战术",加上之前为该校确定的八字校训"团结、紧张、严肃、活泼",合称"三八作风",指解放军在长期革命斗争中形成的优良作风。

凭过去的一点工作经验,做了一些这方面的工作。

研究乌鲁木齐方志

在改编馆藏图书的过程中,我通过一次偶然的机会,发现了《乌鲁木齐史话》这本书,打开一看内有"巩宁城"①的一篇文章。巩宁城的情况,我是不了解的,文章看完之后,我想:工作、学习、生活,一辈子在这块土地上,就应该了解这个地方的一些情况,巩宁城是清朝的一个城,人们都应该知道。此后,我就开始对它有了兴趣,开始收集这方面的一些史料。首先,确定了时间段,巩宁城是清乾隆三十七年(1772)的时候建起来的,到同治三年(1864)毁了,前后加起来共计有92年的时间,我决定将这个时间段里的史料,全部收集起来。我每年寒暑假,至少利用两周的时间,到新疆大学图书馆古旧书堆里去淘宝。当时,没有复印机,只能手抄。这方面的史料,都是零零碎碎的,都是几句话,没有上百字或者几十字的。我把它抄下来之后,按照时间顺序排起来。

首先,我把92年纪事编起来,如巩宁城都统向清朝乾隆皇帝的奏章以及皇帝的批复,还有巩宁城都统、副都统的任职时间、姓名等。除新疆大学图书馆之外,凡是我开会或参观所到的图书馆,都要问有没有这方面的史料。如有的话就借阅或抄下来,甚至写信向一些图书馆搜集这方面的史料。就这样一点一滴地收集史料,用三十多年时间,收集得也不少。抄来的史料我利用早晚、休息时间及时进行整理,还曾在病床上整理过,前前后后整理了好几本,"文化大革命"中丢了一些,之后重新把它搞起来。巩宁城史料填补了乌鲁木齐市史志相关内容的空白,把这些史料收集起来是很有意义的。问题是怎样利用它,如果大家看不到,等于白费劲儿。在整理过程中,我才逐步把题目(标题)定下来,如巩宁城驻军方面史料较

---

① 清乾隆三十七年(1772),在迪化城西,另筑新城曰"巩宁",移住满营官兵约三千人于城中,此城俗称老满城,与后来在迪化城东修建的新满城相对而言。同治三年(1864)巩宁城毁于战火。现新疆农业大学内有巩宁城城墙遗址。

多，就把这个作为题目定下来，再如巩宁城屯田、马场等，一共定了二十几个题目。离休前，我只写了几篇文章刊登在《八一农学院院刊》上，退下来之后，把书名确定为《巩宁城史话》，才开始系统撰写。有些报社记者采访我的时候，把我写的有些文章换成他的名字，整版登了出来，曾发生过两三次，如某报记者，一个二十来岁的小姑娘，就干了这件事。我对她说："你未经我同意，把我的文章登上，这是侵犯权利。你把我的名字换成你的大名，这是剽窃。你要给我公开赔礼道歉。"她哭哭啼啼地对我说："爷爷！我已经犯了这方面的错误，从记者成了实习记者，如果再要向你公开赔礼道歉，我的饭碗就丢了。"我问："那你说怎么办？"最后，她写了一个不是道歉的道歉——她在原报下角写了这样一句话："某某文章是新疆八一农学院袁正祥老师写的。"我便也没有再追究。

巩宁城旧址是（乌鲁木齐市）沙依巴克区管辖的地区，沙依巴克区档案馆需要这方面的史料，便派人来到我家对我说，他们跑遍了乌鲁木齐几个图书馆，连一篇写巩宁城的文章都没有找到，花钱到北京图书馆或档案馆，复印回来的几份史料也不能用，"听说您写了一本《巩宁城史话》的书，您愿意的话，我们给您公开出版"。但是后来因为一些原因没有出版。新疆八一农学院宣传部知道这件事后，于 2014 年 8 月将我撰写的《校史钩沉》与《巩宁史话》两部分内容合并，名为《校园史话》，作为"满城书香"系列丛书之一，内部出版。后经重新编排，更名为《巩宁城今昔》，由中央民族大学出版社作为"'一带一路'大型系列丛书——新疆

《巩宁城今昔》封面

是个好地方"① 之一公开出版发行。

国内外图书馆的差距

读者是图书馆存在的基础，没有读者，图书馆也存在不了。这和商场与顾客的关系是一样的，一个商场没有顾客，这个商场就不会存在，也不会发展，图书馆也是一样。读者工作在图书馆的重要性，国内外的认识都是一致的，不过做法是不一样的。刚才我说的，商场与顾客的关系是"顾客至上"，图书馆与读者的关系也是"读者至上"，图书馆应是"读者之家"等，虽有这样一些提法，但都不是很到位的，而且国内外情况也不一样，做法也不完全相同。我退下来之前，美国纽约公共图书馆中文部主任朱光复和新疆图书馆界一些同志开过座谈会，主要讲了两个问题：一个是读者工作，就是读者服务工作；一个是经费，就是图书经费。朱光复把他带来的照片，用幻灯机放了一遍，我们了解到他们那个"读者之家"是日夜开放的，在图书阅览室内，有人喝水，有人吃饭，有人躺在凳子上，两腿跷到阅览桌上睡觉，也有看书的，做各种各样活儿的都有。他们认为这样做，读者非常方便——这样的"读者之家"体现了他们的理念。我们觉得国情不同，"读者至上"的认识虽然一致，但具体做法有所不同。国内强调"读者至上""一切为读者着想""急读者之所急"等，过去都不到位，因为工作人员的文化程度比较低，实现不了。我举个例子，有读者说："同志，给我借一本《水浒》。"回答道："水壶你到办公室去借，我这儿哪有水壶啊！"你看他连《水浒》的书名都搞不清楚。又比方说，"飞碟应该属于哪个类呢？"说："应该属于鸟类。"显然都是水平不高的表现。水平不高，图书馆工作人员对读者服务就做不到位，达不到为"读者至上"的要求。经过多年的努力，现在图书馆地位、干部队伍、先进的设备以及电子计算机普及等有了翻天覆地的变化，图书馆员还在编制专题

---

① 该丛书是国家出版基金资助项目。

书目，指导读者阅读等。这些都是从为读者服务角度来着想的，但还不能满足读者需要，还应继续加强。

"文革"结束后的满怀激情

"文化大革命"结束了，人们看到了曙光，看到了希望。当时我的心情是非常激动的，接二连三地做了几件有开拓性的、有意义的事情。第一件事情，我提议制定《新疆维吾尔自治区高等学校图书馆工作条例》。事情是这样的，1979年新疆图书馆学会成立大会，在新疆大学第二招待所举行。我①和新疆医学院图书馆的邓馆长、八一农学院图书馆的倪馆长同住一个房间。会议结束的第二天早晨，我们准备收拾东西回单位的时候，我对他俩说，今天我们到新疆大学做私人访问。他们同意了。后来我又约了党校金馆长。到新疆大学之后，新疆大学图书馆的力易周馆长、张绪海馆长、吐尔逊馆长接待了我们，并且把我们领到了学校的会议室。坐定之后，大家开始漫谈起来。谈的问题很现实，也很重要，但是没人掌握会场，也没人做记录。这个漫谈会整整开了一天，中午除吃饭外也没休息。到了下午7点钟的时候，我说了一段话，大意是光靠学会和协会是不行的，我们高校也应该办一些事情，比方说制定一个工作条例，经过批准就有依据了，事情就好办了，他们也很同意。我接着又说，请新疆大学力馆长向教育局的张帆局长汇报我们的意见，等他同意后，我们再组织制定条例。因时间关系，这个漫谈会就此结束。过了两天，新疆大学的力馆长给我来电话说，张帆局长非常同意搞一个条例，包括编制、干部、经费方面的内容。而且他还说他会让高教处来组织这件事，我听了之后非常高兴：

---

① 袁正祥当时任八一农学院图书馆副馆长。

我们私下的议论，很快就合法化了。于是，在新疆维吾尔自治区教育局领导下，新疆大学、八一农学院、新疆医学院、新疆工学院图书馆的同志们共同制定、起草了这样一个条例。经过反复研究，反复讨论、修改，正当我们准备报自治区批准这个条例的时候，1981年9月，《中华人民共和国高等学校图书馆工作条例》公布了，所以就没有上报，但它在实际工作中，仍然起了一定作用。

1981年全国高等学校图书馆工作会议在北京召开，会上成立了全国高等学校图书馆工作委员会，我被选为委员，1982年新疆高校图工委成立，我又被选为副主任委员。新疆高校图工委成立后，在新疆大学举办了第一期图书馆业务人员培训班，我在班上讲"图书馆学基础"课。1983年，我负责在新疆八一农学院举办第二期新疆高校图书馆业务人员培训班。培训班结业之后，我带领学员到兰州、西安、武功等地去参观。在参观期间，我在兰州的时候，同甘肃高校图工委的副主任王正宇同志谈西北五省（区）图工委之间协作问题，他听了之后，非常同意。到了西安，我又和陕西高校图工委副主任石方和叶文礼两位同志谈这个问题，他们也很同意。后来，我写信给青海高校图工委主任蔡成瑛、宁夏高校图工委副主任付新海同志商谈这个问题，他们也很赞成。后来，在一次全国会议开会的代表中，我们又进一步酝酿讨论此事。终于在1984年，由甘肃高校图工委主持召开了西北五省（区）高校图书馆第一次协作会议，会上成立了西北五省（区）高等学校图书馆协作组，确定了协作的目的、协作项目、协作组织形式。这次会议决定：按新疆、宁夏、青海、陕西的顺序，每年召开一次协作会议，研究讨论协作工作，举办交流刊物，编写《西北高校图书馆年鉴》《西北地区高等学校图书馆的历史与现状》等。西北五省（区）图工委的协作，有利于各省（区）高校图书馆事业发展，有利于各校的教学科研，有利于各校图书馆建设，对西北五省（区）图书馆事业发展起到促进作用。

1982年，我组织召开了新疆八一农学院图书馆学组的第一次业务研讨会——新疆八一农学院图书馆学组是1981年成立的，到1982年就召开了第一次业务研讨会。参加这次研讨会的，除本院图书情报资料人员外，还有自治区图书馆学会、乌鲁木齐市图书馆学会、昌吉自治州图书馆学会领导，还有自治区高校图工委、中国科学院新疆分院、新疆高校各图书馆馆长以及论文作者，共有120多人。研讨会开了两天，收到论文20多篇。会议流程是先大会宣读论文，然后小会讨论。参加会议的同行们争先恐后，畅所欲言，积极发表意见，气氛非常热烈。自治区图书馆原馆长周香平同志评论说，八一农学院图书馆学组举办的业务研讨会很好，在新疆图书馆界开了一个好头。其他一些同志也有这样或那样的评价。通过这次业务研讨会，新疆八一农学院图书馆专业人员的业务水平有所提高，在图书馆学理论方面也受到了一些教育，同志们表示一定要继续努力，再接再厉，把新疆八一农学院图书馆办成新疆农业图书情报资料中心，为教学科研做出更大成绩。会议决定每两年召开一次，到1989年已经举办过四次业务研讨会。

我在担任新疆维吾尔自治区高校图工委副主任期间的主要工作有：积极贯彻执行《中华人民共和国高等学校图书馆工作条例》，调查了解新疆各高等学校图书馆自1981年以来的工作状况和发展情况，培训高校图书馆专业干部等。我在担任自治区图书馆学会教育工作委员会主任期间做的工作，主要是举办了10余次业务人员培训班、研讨班、中专班。在大专班、北大函授班、电大档案班，我讲了图书馆学基础、藏书建设、读者工作以及目录学等方面的课程；还编写了供职高班使用的"图书馆学概论""读者工作"两门课的教材；两次被自治区图书馆学会评为学会优秀干部，受到自治区科协大会奖励与表彰。

我担任新疆高校图工委副主任期间，除前面已经讲过的工作以外，我再讲两件：第一件事是我想搞一个新疆高校图书馆事业发展规划，我提出先把情况调查清楚，曾在新疆高校图书馆进行了三次调查，每次都印了调查表，了解从 1981 年以来，各馆在领导班子建设、领导干部配备、业务人员调配、藏书建设发展、设备增添、服务工作质量、馆舍建筑、图书经费增长情况等方面的一些变化。通过调查，为新疆高校图书馆事业发展规划提供了数据。第二件事就是在自治区教委领导下，组织检查组到新疆大学、新疆八一农学院等八所院校，检查关于贯彻执行《中华人民共和国高等学校图书馆工作条例》的情况，采取的方法就是：一听、二看、三座谈。一听，就是听取主管学校图书馆的副校（院）长和图书馆领导汇报工作；二看，就是到各业务组，一边看，一边议；三座谈，就是跟学校领导、图书馆馆长一起讨论如何贯彻条例，怎样搞好学校图书馆。检查工作对贯彻与执行条例起了促进作用。检查完之后，新疆高校图工委评出新疆八一农学院图书馆作为贯彻条例较好的单位，出席了全国高校图书馆经验交流会议。

挚爱写作和阅读

写作心得

我写了一些东西，不论写书、写文章或写诗，其中有一个很重要的问题，就是素材。素材一定要真实、准确，没有这些东西，写出来的书或文章是空洞的，没人爱看。如果把这些资料堆积在一块，也是不合适的。收集资料要稳妥、真实、过硬，什么时候都能成立。我写《巩宁城史话》，宣传部上报申请内部出版物准印书号的时候，很长时间批不下来，要审核我写的书是不是抄袭的，内容是否属实。如果书的素材不是很准确的话，是过不了这个关的。抄来的，剽窃来的，读者都不喜欢看。所以，我写的《巩宁城史话》这本书其成功之处，就是素材扎实。在这本书内，"可能"

"也许"这样的词是没有的,是哪一点就是哪一点,是什么事情就是什么事情。写历史要真实,千万不要虚构,关键词必须定牢、定实。少用或不用"也许是这样""可能是那样的"等不肯定的词,这是我写作最重要的一个体会。有些人看过我写的文章后,对我反馈说:"我看了你写的文章,觉得比较扎实,没有什么虚构或华而不实的东西。"还有些同志说:"你写的文章很朴素,没有哗众取宠之感,我喜欢读。"我听了也很高兴。

挚爱"读书"

对我一生影响最大的就是读书。我读书有三种方法:一是浏览,二是粗读,三是精读。我在图书馆工作期间,每一批新书,须经我过目之后,才能入库。这样做,对我领导图书馆工作、藏书建设与发展,都是有好处的。我至少做到心中有数,这一批书里,哪些是重点书,藏书应该怎样发展,可以掌握方向。虽不是所有的书我都能记住,但脑子里多少还是有印象的。我举一个例子,我院畜牧兽医系的一位教授,从甘肃农业大学图书馆借来了一本书,对我说,复印两本,一本留图书馆,一本给他自己,给他的那本复印费他出。我看过之后,就觉得图书馆以前买过,就对他说:"这本书在我们图书馆有的。"他听了后说:"嗨!图书馆有,我还能从这么远借来吗?"我说:"你等一下,我查查看有没有?现在还不敢肯定。"我查到了,这本书我们图书馆买了三本,一本就放在他们资料室,一本在图书馆,另外一本丢了。我拿着这本书给他看,还借这个机会,请这位学科带头人今后多来资料室与图书馆。后来他问我:"你怎么知道这本书有啊!"我就说:"图书馆每批新书都要经我过目,才能入库,你这本书恰好碰上了,不是我把所有的书都能记住,但大概印象是有的。"他口服心服了,并发出内心的感叹,歉疚地说:"哎哟!图书馆工作也确实是不寻常啊!光说要尊重老师,做图书馆工作的也应该尊重啊!"这是一种过目的办法,而且过目之后,还要有选择性地看看摘要或看看章节,浏览是一种多看书的办法。古人说，"走万里路，读万卷书"，现在读一万册书，要是不用浏览的办法，是很难做到的。粗读就是看目录，简单阅读每个章节，精读就不一样了，要反复读，而且要做笔记。我对专业书或经典名著必须采取精读或细读的办法，对一般书就浏览或粗读。我这一生就是读书，爱读书，读好书，一直读到现在。

离休生活

我于1989年离休，虽然离开了新疆八一农学院图书馆工作岗位，但还兼任许多职务。所以，我没有离开我的这些同人。我当时兼任新疆图书馆学会专业教育工作委员会主任、新疆维吾尔自治区高等学校图书馆工作委员会副主任，自治区图书馆系列高中级职称评审委员会委员、石河子电大聘请的图书馆学学生毕业答辩的指导老师、新疆维吾尔自治区教委聘请的新疆高校图书馆评估专家组成员，等等。还给一些大专班、北大函授班、电大档案班、新疆八一农学院办的职业班分别上课。过了七八年之后，我的这些同人们，陆续从工作岗位退下来。这时候，我已经进入了写作的高潮时期，与我的同人们很少再见面、来往。

我的爱好是比较广泛的，但是是有选择性的，选择了一些户外活动，如打网球、打门球。过去我很喜欢打麻将，但我没有继续这个爱好，因为，打麻将对身体没有好处。我学电脑有点晚。我离休前，图书馆买了一台计算机，我不敢接触它，怕眼睛受不了。我喜欢一个东西，就喜欢到底，如果喜欢上电脑，时间长了，眼睛受不了。退休后有一次，新疆八一农学院老干处组织老年人学电脑，我又没敢报名——同样的道理，怕钻进去出不来。

2009年，我外孙女考取新疆医科大学，用学校给她发的小灵通手机跟

2003年，袁正祥（左）与球友暴纯武在网球场合影

我说："姥爷，你学发短信吧！"第二天，我给她发短信。她来电话说："姥爷，谁给你帮助发的？"我说："我自己发的。"她不相信。我过去学英语、日语、俄语和维吾尔语，汉语拼音没有问题，不是很快就掌握了嘛！后来，我外孙女把她用过的笔记本电脑给我，教我学打字。在我八十大寿的时候，我的女儿跟女婿想把我过去写的文章编成一本书，为此，把文章都分给晚辈们去录入。因为他们很忙，有些人还没开始。我自己现在会打字了，就将文章全部收回来，用半年时间，打了三四十万字，把我过去写的文章，都录入成了电子版。2010年底，我的孙女和孙女婿，给我把宽带也拉进了家。女儿给我孝敬了一台台式电脑，我一面录入过去写的旧文章，一面用电脑撰书、写文章和写诗。在电脑上打字写作让我感到太奇妙了：粘粘贴贴，不但速度快，而且版面也很清爽。过去一篇文章改来改去，自己都不认识改到哪儿去了，现在用电脑写作太令人愉快了，有一种相见恨晚之感！

我有一种写日记的习惯，我小时候只念了六年书，就被抓去当兵，而我写日记却没有中断，不论写好写坏，将每天发生的重要事情，用日记的

2010年，袁正祥正在用电脑写作

方法记下来，时间长了就养成了一种习惯。哪怕少睡一会儿、睡晚一点儿，睡前，一定把当天发生的要事记下来。这些日记对我回忆青少年这段历史，起了非常重要的作用。可惜，我的日记在"文化大革命"中丢失了不少。在图书馆改编馆藏图书的时候，我偶然间发现了一本《乌鲁木齐史话》的小册子，我翻开一看，里面有巩宁城的文章。我想，我工作、学习和生活在这块土地上，就应该对这块神秘的土地进行了解。从此，我就开始收集这方面的史料，直到退下来，才开始写成文章，定名为《巩宁城史话》，陆续刊登在院刊《八一农学院》和老干处办的《桑榆》杂志上。

有一次，我去学校档案室查资料，发现一本花名册，就是新疆八一农学院第一批学生的花名册。花名册里有师团级干部、连排级干部、班长战士一大堆，数量也不少。我惊奇地暗想：啊！这哪儿是学生花名册啊！简直是一个师的领导干部配备名录，所以，我就把它写成文章。这个文章起了很大作用，现在的学生们看到文章就会知道，新疆八一农学院第一批学生是从部队来的，学校也是部队创办的。这个史料是很重要的。我们做图书馆工作的人都知道，文献资料越老越好，越老越值钱，越老价值越高。在写王震创办新疆八一农学院这篇文章的时候，我查阅了八一农学院编写的院史等很多资料,写成《功绩照后人——记八一农学院创始人王震将军》这篇文章,讲述了王震创办八一农学院的过程,体现出他为此花费了很多的心血。这篇文章大家比较重视,经常使用或转载。我这个人,爱动脑筋,想法也多,写文章的题目都是现成的。

我原想写一本《亡人录》,什么叫亡人录呢?就是把新疆八一农学院过世的人的简历、做出的贡献,写出来,留于后世。可惜啊!由于条件所限,未能如愿,后悔莫及。如果《亡人录》写成了,在新疆八一农学院校史中又增添了光彩,是非常有意义的。写日记就是把脑子里想的事,都记下来,很多事就成了后来写作的素材。我将收集的素材,根据内容归于相应的题目下,从来没有临时抱佛脚的情况,所以,我写作的素材是比较丰富的。

从事图书馆事业的收获

我用一首短诗,一首五言绝句,来形容我一生从事图书馆事业的收获:"家寒学识贫,锲索默无闻。博览珍藏典,常年墨味熏。"我解释一下,第一句话,我家里很贫寒,没能念书。第二句话,"锲索默无闻",默默无闻地去求索,锲而不舍地求索。第三句话,"博览珍藏典",我博览珍藏的一些典籍,指的是图书馆的书。第四句话,"常年墨味熏",一年又一年,受到书里墨味的熏陶。

新疆图书馆事业发展感受

中国图书馆事业的发展,依靠的是一批又一批图书馆人的艰辛与付出。这句话讲得非常好,非常经典。它讲出了我心里的话。回忆新疆图书馆事业发展也是如此。解放前,新疆只有一所图书馆,就是新疆学院图书馆。新疆学院图书馆于1935年成立,到1949年藏书只有13000册。后来,

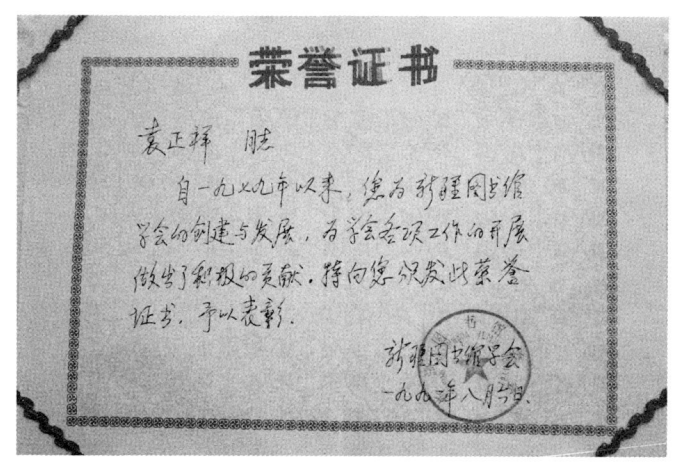

1992年新疆图书馆学会颁给袁正祥的荣誉证书

新疆八一农学院图书馆、新疆医学院图书馆、新疆维吾尔自治区图书馆先后成立。到20世纪80年代，我才开始写《新疆高校图书馆事业纪事》《新疆高校图书馆事业的创建与发展》这样一些文章，文章也记述了新疆图书馆事业发展，也是离不开一批又一批新疆图书馆人的艰辛与付出。所以，我觉得抢救记忆资源是非常重要的，非常有意义的，我是同意的。我还写了一首诗《中国图书馆界重要人物记忆有感》，现在我宣读一遍："记忆声声存宝藏，毕生理典入华章。史书怕见公婆晒，宝库流传后世扬。虽密过眸无陋昧，但疏匡正有残糠。而今点赞琅嬛业，来日心平润断肠。"

对新疆图书馆事业发展的期待

图书馆事业的发展是随经济、政治、科学、文化教育事业的发展而发展的，经过几十年的发展，图书馆事业也有了翻天覆地的变化，但是，到现在为止，图书馆的事业网还没有建成。所以，我希望我的同人们，能够为中国图书馆事业的网络化和电子计算机的网络化而继续努力。

对中国图书馆事业发展的建议

我谈的事情，不是新疆图书馆事业的问题，而是对全国图书馆事业发展有点想法。图书馆事业是科学文化教育事业的组成部分,这句话,我讲课的时候,记得很清楚。目前中国图书馆界的情况是公共、科研、高校三大系统。这三大系统经过几十年,还没有变,其中缺乏一个统一的领导,事业网是很难形成的。现在虽然有电子计算机网络,但没有事业网,计算机网络还是空的,三大系统还是各搞各的——公共系统有文化主管部门,高校与科研系统也有类似管理机构。因此,我建议在国务院下设立一个部级图书、情报、资料的机构,管理全国图书馆事业,逐渐形成图书馆事业网和电子计算机检索网。有人认为,电子计算机检索网必须要分级,第一级好办,那是总的。但从目前情况来看,也不好办,因为没有统一的领导机构,总的检索网无从设立。再举个例子,我在任的时候,参加了一次全国图书馆工作会议。开幕式、闭幕式统一了,但讨论、交流仍按三大系统分开进行,没有统一领导。所以,只有有了这样一个统一的领导机构,才能把事业网和电子计算机的检索网统筹起来。在未成立这样的领导机构之前,还是过去的办法,由自治区图书馆或省(市)图书馆,把这个任务继续担负起来,通过协作或协调的方式,多做一些这方面的工作,为全国图书馆事业网和计算机检索网开辟新的途径。

回忆相识同人

新疆科学分院图书馆的李重光,新疆医科大学图书馆的曾浚一、邓龄森,新疆维吾尔自治区党校图书馆的金拯,新疆大学图书馆的吐尔逊、力易周、张绪海,还有新疆农业大学图书馆的倪达男,新疆维吾尔自治区图书馆负责人张琪玉,等等,都是新疆图书馆事业发展的创建者和付出者。我印象最深的,就是原新疆维吾尔自治区图书馆张琪玉同志。那是20世纪60年代的事,我们搞协作,用现在的眼光看是比较开放的。乌鲁木齐市图书馆协作委员会,把各协作馆藏书统一采购,统一分类、统一编目,然后分到各图书馆去。还举办了业余学校,培养图书馆干部,提高工作人员的业务水平。张琪玉同志是新疆维吾尔自治区图书馆负责人,当时,我们都是负责人，没有什么馆长、主任这样的称呼。不管负责人也好，一般人也罢，都非常团结、亲密。张琪玉同志做事认真负责，他写的一手字非常好。还有如新医、新大图书馆的一些同志对我印象也不错，亲如兄弟姐妹。现在回想起来，和这些同志在一块儿，总是有说不完的话。当时，我们在那样一种艰苦的环境里，艰苦奋斗，共同努力，开创新疆图书馆事业，打下这样一个基础，心里还有点欣慰。

对新一代年轻同行的期望

现代科学技术日益发展，图书馆学不断深入，图书馆事业不断壮大，图书文献资料越来越复杂多样，在这样的情况下，对图书馆工作者的要求，必须是博学多才。我希望图书馆工作者积极努力，不断学习，不断进取，不断提高科学文化技术水平，赶上时代发展要求，适应现代化、自动化、数字化与科学化的要求。

家人的支持

我这一生都在新疆农业大学前身——新疆八一农学院的图书馆工作，做出的成绩和贡献，都离不开我的老伴和家人的支持。在我这些成绩里，有我老伴一半的心血，我也把她作为我一生的内助和动力。我有一儿一女，儿子袁谊国，儿媳妇方世平，两人都已经退下来，在家带孙子，孝敬老人。孙女袁芳，研究生毕业后，在自治区检验所工作，副研究员。孙女婿郭涛，博士毕业后，在自治区草原所工作，现为研究员。曾孙女乐乐，今年已经三岁了。女儿袁燕，在自治区畜牧科学院工作，现为正处级干部、研究员。女婿杨新忠，在新疆医科大学教务处工作，副研究员，两人现在南疆驻村。外孙女杨絮，在新西兰读博。外孙女婿张琛，在新西兰完成学业后，在当地打工、挣钱。四口之家，现已繁衍成十一口人的四个家庭。这四个家庭,都团结和谐。晚辈们对我非常孝顺,经常到家来看看,有时候打电话问安。逢年过节他们都会来家给我带吃、穿、用的食品和衣物。家人们团聚在一块,谈笑风生,互相交流,不亦乐乎!晚辈们继承了我们这一代人"堂堂正正做人,勤勤恳恳做事,认认真真读书,平平淡淡过日子"的好家风;继承了父慈子孝,母爱女敬的好传统;继承了敬老爱幼、团结和谐的作风。我的晚年生活在这样一个美好、幸福的时代,内心感到十分高兴、十分愉快。

老伴刘建新,今年87岁。我俩共度一生、风风雨雨、平平淡淡,相互信任、相互支持、相互理解,共同料理我们的小家,共同抚养教育我们的后代。我对她的评价是:"老伴淑娴,毕生勤俭。生儿育女,抚养眷恋。相濡一生,家务分担。操劳一生,无悔无怨。夕阳灿烂,情意缠绵。"

儿女、孙子辈都非常支持我,没有他们的支持,我晚年的写作情绪也许还没有这么高涨,也不会坚持到底。如我写的《我的人生路》这本书的

2010年,袁正祥老伴八十大寿全家合影

内部出版，从审稿、校对、排版、印刷直到出书，都是由女儿、女婿和张华存①三人完成的。这本书，除写作水平有限，出版质量还是很不错的。

我学电脑也是家人们支持的结果。外孙女杨絮是我学电脑的启蒙老师，孙女婿郭涛是我学电脑的指导老师，孙女袁芳是我学电脑的辅导老师，女儿袁燕是我学电脑的鼓励者和推动者，老伴是我学电脑的支持者。在家人的指导、帮助、激励、鼓舞与支持下，我学电脑的情绪日益高涨，学习积极性一天比一天高。如果没有家人的支持、帮助和理解，我学电脑就不会有今天这样的水平。

我曾经在电脑上发过一条信息："凡是我能做的事，不要帮忙，如果帮了忙，就是帮倒忙。"有些孙子辈想不通，对我说："爷爷！你年纪大了，我给你帮忙，为什么叫帮倒忙呢？"我说："我现在是需要锻炼的时候，你如果帮了我的忙，把我锻炼的机会占去了，这不就帮了倒忙吗？"所以，我的儿女也好，孙子辈也好，凡是参加工作的，我一般都不给他们添麻烦。自己能做的，尽量自己做，实在做不动了，到那时候再说。这是我一贯的想法，我的老伴也是这么想的。

女儿、同行眼中的袁正祥

袁燕：我叫袁燕，袁正祥是我爸。我今年55岁了，也到了退休的年龄，还在岗位上。我在新疆畜牧科学院工作，我现在的岗位是组织人事处，干的时间比较长了。按自治区的要求，我在驻喀什地区巴楚县"访惠聚"②工作队工作，三个月没回家了，刚下飞机就回到父亲身边了。

---

① 张华存为袁先生妻姐之女婿。
② "访惠聚"全称是"访民情、惠民生、聚民心"，是新疆维吾尔自治区抽调干部下基层开展的驻村工作。

2016年,袁正祥与女儿袁燕在家接受采访

我的父亲从小就对我们要求比较严格,教导我们:做人要做正直的人,做事要实实在在地去做,认真负责地去做每一件事情。父亲母亲都是非常简朴的人,也是这样教育我们的。同时,在我父亲身上还有一种"活到老学到老"的精神,到这个年龄了还在学习,这种精神特别值得我们学习。他既是一个慈祥的父亲,也是一个很好的老师。他现在还在学电脑,还撰书、写诗,在这些方面他是我们家里的每个孩子的学习榜样,对我们的工作、学习、生活都有很大影响。

我父亲值得我骄傲的事挺多的。在旧社会那样艰苦的环境下,我的父亲从小没有受到好的教育,他是自学成才的,一直在努力学习。他的人生经历,以及在图书馆工作中做出的贡献,完全是靠自己努力奋斗的结果。长大以后,我听母亲说,那阵子家里的经济收入不是特别好,在这种情况下,他还去北京大学进修两年图书馆学专业,也是很不容易的。

我们的家庭关系非常和睦。我们家孩子不是特别多,只有两个,家里人口也不是很多,但我们家庭的氛围很好。我们做子女的很孝敬老人,工作都非常上进。我们和我们的孩子,都在为我父亲而自豪,以他为榜样。

我们出生在这样的一个家庭感到非常荣幸。

我自己遇到一些心结时,就会跟我父亲去诉说,他能帮我打开。所以说,我父亲既是慈父又是老师。

"文化大革命"期间,我们家搬到玛纳斯县玛纳斯林场,搞所谓的"斗批改"。从玛纳斯林场搬回来以后,我们就住在图书馆门口的一间房子里。那时候,我印象比较深的,就是我经常在图书馆跟着我爸帮他排目录、插卡片。他一面工作,一面教育我说:"做人要做正直的人,工作一定要认真负责,不管你做什么事情,就要把它认真做好。"他这种言传身教就是对我们最好的教育。

新疆农业大学思政部副教授邓文美:我和袁正祥共同在新疆农业大学(原八一农学院)工作,他在农学院待了60多年,我是1964年从新华社调到农学院的,也待了半个世纪。退休后,我们共同参加了许多老有所为和老有所乐的活动。

袁正祥好友邓文美

我对袁老最深刻的印象就是勤奋好学。他凭借小学文化程度能够评上一个高级职称,当了馆长,当了图书馆界的专家,都是自学成才的。他从哪里去学?他从书海里学。图书馆里图书很多,多得确实成了书的海洋;

他从同行里学,他谦虚谨慎、不耻下问;他还到名校去学,在新疆大学图书馆等几个图书馆里去学过,还到北京大学图书馆学专业最高学府里学过。如此这般,他才能有这样的结果。我借用两句诗来总结一下他的这种勤奋好学:"梅花香自苦寒来,宝剑锋从磨砺出"。如果没有童年的磨难,没有他六岁牧羊,十五岁讨饭,十六岁被抓壮丁,四次死里逃生的苦难历程,就不会有他起义以后留在革命部队的光明前程。如果没有经历人生旅途中的许多磨砺,就不会有后来事业的成功,还有他近乎传奇的人生。

从袁老的这一生,我学到了很多东西。他这一生很不容易,从一个穷孩子,一路磕磕绊绊地找到了中国共产党,成为一名老党员——他的这一生值得我们这一代人学习。特别是他勤奋好学,不忘初心永远跟党走;一心扑在工作当中,发挥才智,付出心血,为图书馆事业做出了很大的奉献。他惜时如金,他抓住了珍贵的时间,让自己能够多做很多事,这都是值得我们这代人学习的,值得我学习的。纵观袁老的一生,是奋进的一生,是坚忍不拔的一生,是为祖国、为新疆、为图书馆事业,和党的教育事业奉献的一生。他离而不休,壮心不已,为了社会,为了下一代,他留下了丰富的精神财富,这些都感动着我,值得我学习。他的品德、他的厚道、他的认真,都是我学习的榜样!尽管我们也老了,但是我们也应该继续老有所为,像他一样。

新疆维吾尔自治区党校图书馆馆长金拯:我的祖籍在甘肃省,1936年出生于乌鲁木齐,我一生可以说大部分时间是从事图书馆工作。

我跟袁馆长是20世纪60年代认识的,那时乌鲁木齐图书馆协作活动搞得比较多,我是在这些协作活动中认识他的。1963年,我们一块到兰州参加"西北地区图书馆工作学术讨论会",袁馆长在会上发了言。从那以后,我们的联系就渐渐多了。他给我印象最深的就是他待人忠厚,也很谦虚,对人也很友善。我举一个例子,20世纪80年代中期,在他主办的图书馆大专班,邀我讲图书分类中社会科学这一部分,我讲了一个多月。袁馆长就让我住在他的家里，由他的老伴天天给我们做饭。我当时的讲稿没有完全写完，我白天讲课，晚上写讲稿。所以，我能把这个课顺利讲完，袁馆长及其爱人，也付出了努力。

在和袁馆长的接触中，对我影响最深的还有他好学，活到老学到老的精神。他学习非常刻苦，特别能坚持，可以说是坚韧不拔。因为他好学，所以取得了很多成绩。

袁馆长从事图书馆工作几十年了，给我印象非常深刻的就是他非常热爱图书馆事业。为了促进新疆图书馆事业的发展，他想方设法，尽心尽力，可以说，在图书馆事业方面做出了很大的贡献。下面我分别说一下。首先，在新疆八一农学院图书馆工作方面，他做了很多的工作，其中比较大的一项工作是把新疆八一农学院图书馆的20多万册图书，重新用《中国科学院图书馆图书分类法》进行分类，编目、排架、组织各种目录，为八一农学院图书馆业务工作向现代化、标准化方向发展打下了良好基础。其次他编写了一本《新疆八一农学院图书馆工作手册》，使各项业务工作前后一致，上下贯通，向规范化，标准化方向发展。

为促使西北地区高校图书馆事业的发展，他倡导和发起了西北地区高等学校图工委之间的协作，1984年10月成立了"西北五省（区）高等学校图工委协作组"，每年轮流在各省（区）召开一次协作会议，我和袁馆长一同参加过在银川宁夏大学举办的西北高校图书馆协作会议，在新疆也举办过西北地区高校图书馆协作会议，开展各项协作活动。西北五省（区）高等学校图工委协作组，还编辑出版了图书和杂志，编辑出版过《西北高校图书馆年鉴》《西北地区高等学校图书馆的历史与现状》《西北高校图书馆通讯》等，袁馆长都是这些图书和刊物的编委。

他在担任新疆图书馆学会专业教育工作委员会主任和新疆高校图书馆工作委员会副主任工作期间，也做了许多工作，取得了很大成绩。如编写《新疆高校图书馆大事记》，培养业务干部，开展学术活动，进行经验交流。

袁馆长还组织举办了各层次的培训班，如图书馆大专班、中小学图书馆培训班、中专班、职高班等，为新疆各系统图书馆培训业务干部，做了很多工作。袁馆长在这些班讲过多门课程。他不但在自己主办的各个层次的培训班讲课，而且也在北京大学图书馆学系在新疆办的函授班，还有新疆自己办的图书馆学电大班，都讲过课，对促进新疆图书馆事业的发展，对提高图书馆工作人员的业务水平，均做出了成绩。袁馆长对新疆图书馆事业的贡献很多，是新疆图书馆职称系列高级评委会的委员、中级评委会的委员，为职称考试出题评卷，参加职称评定工作。他参与了不同层次论文评审工作，在新疆图书馆界可以说是一个伯乐，是一个人才，为新疆业界的队伍壮大做了不少的贡献。袁馆长不仅在新疆图书馆界有名，在西北地区各高等学校图书馆界也是很有名的。如陕西、甘肃、青海等地区的高等院校图书馆的馆长，像兰州大学图书馆王馆长、陕西工业大学图书馆的叶馆长、陕西师大图书馆的于馆长、青海师范大学图书馆的蔡馆长，他们都很熟，袁馆长还领我跟这些馆长都见过面。

我和袁馆长接触了这么多年，我们经常聊的话题，是图书馆的协作、举办干部培训、职称评定等有关图书馆方面的事。另外就是诗词写作以及坚持锻炼身体等方面的问题。我们刚认识的时候，他打羽毛球；退休后，他打门球和网球，而且还经常参加老年门球队和"七老八十"老年网球队比赛；最近几年他散步。他一生坚持锻炼，如今快到90岁了，身体还特别硬朗。他能著书立说，而且成果如此丰硕，健康的身体起了保障作用。

新疆农业大学图书馆副馆长唐杰波：中国图书馆记忆项目利用视频、音频资料，把图书馆界杰出人物的事迹记录下来，我认为是非常有意义的一件事情，给未来图书馆从业者，了解中国图书馆历史，热爱图书馆事业，留下宝贵资料。袁正祥馆长能够作为新疆第一位图书馆老前辈入选"中国记忆"这个项目，是新疆图书馆界、新疆八一农学院图书馆的一个骄傲。这既是对袁正祥馆长30多年图书馆工作的一个肯定，又是对新疆

新疆农业大学图书馆副馆长唐杰波

图书馆事业的发展及新疆八一农学院图书馆的发展的一种肯定。这是袁正祥馆长的光荣,也是新疆农业大学图书馆的骄傲。我们作为现在的图书馆工作者应当以袁正祥馆长为榜样,继续发扬老一辈图书馆工作者吃苦耐劳、刻苦钻研、好学上进的精神,为图书馆事业的发展做出更大的贡献。

新疆维吾尔自治区图书馆馆长、新疆图书馆学会理事长历力[①]:国家图书馆从2012年启动了"中国记忆"项目。这个项目的内容是非常丰富的,而且在非遗传承项目各方面、文化艺术系列方面,都有了专题的采访。对于中国图书馆界重要人物的采访是从今年(2015年)开始的。新疆图书馆能列入这次采访的范围,我们感觉非常荣幸。这次采访的是新疆农业大学图书馆的袁馆长,他为图书馆界做出了重大的贡献,是新疆图书馆界的老前辈,为新疆图书馆事业发展奠定了良好的基础。

袁馆长是从部队转业,在新疆农业大学图书馆进行行政管理的,当时的条件非常艰辛。在建校初期,他付出了艰辛的努力。他们把这个图书馆一步一步,从无到有地建设发展起来,而且在学校中也发挥了巨大的作

---

① 历力馆长已于2022年2月退休。

新疆维吾尔自治区图书馆馆长、新疆图书馆学会理事长历力

用,使学生们能够有一个良好的阅读与学习环境。袁馆长到现在为止已经退休30年了,他还在新疆历史文献方面做了大量的研究,在丰富地方文献方面是非常有贡献的。袁馆长在他们图书馆的发展进程中,建章立制抓管理,这些都为后人留下了宝贵的财富。